Über den Verfasser

Ralf Schnell, geboren 1943 in Oldenburg (Oldb.), studierte Germanistik, Philosophie, Theaterwissenschaften und Publizistik an der Universität Köln und an der Freien Universität Berlin. Er promovierte mit einer Studie über «Literarische Innere Emigration 1933–1945». Von 1972 bis 1981 war er Wissenschaftlicher Assistent an der Universität Hannover. 1978 habilitierte er sich für das Fachgebiet «Neuere deutsche Literaturgeschichte». Von 1981 bis 1987 war er Professor für Neuere deutsche Literaturgeschichte an der Universität Hannover. Von 1988 bis 1997 lehrte er an der Keio-Universität, Tokio (Japan), zunächst als Lektor des DAAD, seit 1991 als Ordentlicher Professor für Neuere deutsche Literaturgeschichte. Seit 1997 ist er Universitätsprofessor für Neuere deutsche Literaturwissenschaft an der Universität-Gesamthochschule Siegen.

Wichtigste Buchveröffentlichungen: Literarische Innere Emigration 1933–1945, 1976; Kunst und Kultur im deutschen Faschismus, 1978 (Hg.); Die Literatur der Bundesrepublik, 1986; Gewalt im Film, 1987 (Hg.); Die verkehrte Welt. Literarische Ironie im 19. Jahrhundert, 1989; Das Verstehen von Hören und Sehen, 1993 (Mithg.); Geschichte der deutschsprachigen Literatur seit 1945, 1993; Heinrich Heine zur Einführung, 1996.

Ralf Schnell

Dichtung in
finsteren Zeiten

Deutsche Literatur und
Faschismus

rowohlts enzyklopädie

rowohlts enzyklopädie
Herausgegeben von Burghard König

Für Nicola und Nina

Originalausgabe
Veröffentlicht im Rowohlt Taschenbuch Verlag GmbH,
Reinbek bei Hamburg, März 1998
Copyright © 1998 by Rowohlt Taschenbuch Verlag GmbH,
Reinbek bei Hamburg
Umschlaggestaltung Jens Kreitmeyer
Satz Bembo und Frutiger (Linotronic 500)
Gesamtherstellung Clausen & Bosse, Leck
Printed in Germany
1990–ISBN 3 499 55597 2

Inhalt

1
Auschwitz, ein deutsches Trauma –
ohne Ende, ohne Anfang

Kann man ein «klein bißchen» Antisemit sein? Einer, der es wissen mußte, ein Schriftsteller und Historiker, Verfasser einer Studie zum Problem des Antisemitismus: Golo Mann, scheint dieser Meinung gewesen zu sein. In seinem Festvortrag anläßlich der 150. Wiederkehr des Geburtstages von Wilhelm Busch erklärte Golo Mann 1982: «Unlängst hörte ich sagen, Busch sei ein arger Antisemit gewesen. Das stimmt nicht. Natürlich war er es ein klein bißchen, wie in seiner Zeit alle Deutschen, und alle Franzosen auch» (1982: 15).

Ein «klein bißchen» Antisemit – schon die Formulierung erregt Befremden. Ist nicht die geringste Spur von Judenfeindlichkeit immer schon ein Zeichen des Einverständnisses mit Auschwitz? Heißt das nicht, das Grauen zu verharmlosen, den Massenmord zu entschuldigen, den Kreislauf vom Ausgrenzen zum Vernichten mit Zustimmung zu schließen? Wie kann man angesichts der folgenden Verse aus der *Frommen Helene* von einem «klein bißchen» Antisemitismus sprechen:

Und der Jud mit krummer Ferse,
Krummer Nas' und krummer Hos'
Schlängelt sich zur hohen Börse,
Tiefverderbt und seelenlos.
(1974: 204)

Natürlich sind solche Fragen berechtigt, so wie die Empörung, die sich einstellt, wohlfeil ist. Wie aber – so stellt sich bei der Lektüre jenes Vortrags von Golo Mann unwillkürlich die Gegenfrage –, wenn der Festredner recht gehabt hätte mit seiner Formulierung? Wenn es das wirklich gegeben hat, womöglich noch gibt: ein «klein bißchen» Antisemitismus? Erinnerungsbilder schießen durch den Kopf, Szenen einer Jugend im Deutschland der fünfziger und sechziger Jahre, kulturelle Konfigurationen vor dem traumatischen Hintergrund unbegriffener Vergangenheit:

– Der Geschichtslehrer, unterschenkelamputiert, Glasauge rechts, der in den fünfziger Jahren in der 10. Klasse des Humanistischen Gymnasiums zu Oldenburg – jener Bildungsanstalt, die einst Karl Jaspers besucht hat – den Nationalsozialismus «durchnahm» und anläßlich der Judendeportationen im Dritten Reich in Parenthese anführte: «Die Juden – sie sind ja auch ein Kreuz!» Pause, Stille, Erschrecken, der schnelle Blick über Tische und Bänke, die jähe Erkenntnis des historischen Wandels. Und dann, mit schlecht gespielter, tief empfundener Ängstlichkeit: «Schreibt auch keiner mit?»

– Das Familiengespräch am Mittagstisch des kleinbürgerlichen Haushalts, das, wie schon so oft, um die Frage kreiste: Wie konnte es dazu kommen? Die üblichen Gesten apologetischer Rhetorik: Was hätte man denn machen sollen? Immerhin: die Autobahnen! Sechs Millionen? Nie! Und plötzlich, en passant, die Erzählung über jenen Onkel, der, als Halbjude, «ins KZ gewandert» sei – «aber dagegen war nichts zu machen». Und die ohnmächtige Erkenntnis des Fünfzehnjährigen, der Paul Celans *Todesfuge* zu dieser Zeit wie ein Rauschmittel in sich aufnahm: Sie haben es also doch gewußt!

– Eine ältere Bekannte, die, irritiert durch einen Schnäuzer, den sich der Primaner hat wachsen lassen, halb angeekelt, halb komisch-verzweifelt ausruft: «Du siehst ja aus wie ein Jud'!»

– Die Mutter, die den Abiturienten ermahnt, doch nicht so viele Werke des «Juden» Bertolt Brecht zu lesen. Und die, wenn nicht überzeugt, so doch besänftigt ist, als der Sohn – nicht wissend, wessen Sache er da betreibt – ihr klarzumachen versucht, daß dieser Bertolt Brecht gar kein Jude war. Nur Kommunist.

– Der Germanistikprofessor in Köln, der in seiner Vorlesung von der «schlechthinnigen Menschlichkeit» Goethes spricht – derselbe, Gerhard Fricke nämlich, der (so liest es der Student der deutschen Literatur und Sprache später in der berühmten, erstes Licht ins historische Dunkel tragenden Dokumentensammlung von Joseph Wulf) als Privatdozent in Göttingen am 10. Mai 1933 eine im Wortsinne «flammende» Rede gegen die «Judengenossen von dem Schlage eines Tucholsky» gehalten hat. Später, während der systematischen Aufarbeitung der faschistischen Traditionen deutscher Literaturwissenschaft, nimmt der politisierte Germanistikstudent an der Freien Universität Berlin zur Kenntnis, daß dieser Gerhard Fricke sich seiner Vergangenheit öffentlich geschämt hat. Die Ausnahme innerhalb der Zunft.

Konfigurationen, Szenen, Bilder aus der Alltagswirklichkeit der westdeutschen Nachkriegsgeneration. Keine Bilder des Schreckens, keine Szenen des Grauens, vielmehr Konfigurationen der Normalität: überall nur ein «klein bißchen» Antisemitismus. Hat Golo Mann also recht gehabt, als er in seinem Vortrag diesen sehr deutschen Dichter und Maler Wilhelm Busch so nachsichtig charakterisierte? Wilhelm Busch – sein Festredner Golo Mann hat darauf hingewiesen – war ja sehr deutsch auch darin, daß er, neben jenem «klein bißchen» Antisemitismus, mit Juden befreundet war, mit dem Schriftsteller Paul Lindau und dem Dirigenten Hermann Levi. Hatten nicht auch die Eltern der um 1945 geborenen Generation «ihren» Juden gehabt, mit dem sie befreundet geblieben waren, trotz alledem? Dieser Wilhelm Busch hat ja nicht nur antisemitische Verse geschrieben – er überzog zudem die Antisemiten mit seinem Spott. Konnte man nicht allenthalben hören und lesen, daß zumindest das bürgerliche Deutschland die Tiraden eines Julius Streicher im *Stürmer* widerlich fand?

Solchen Konstellationen eignet mehr als nur anekdotische Qualität. Sie lassen erkennen, daß eine Verlängerung der Geschichte nicht nur in die Gegenwart, sondern auch in die Vergangenheit hinein die Raster verbreiteter Denkgewohnheiten zu irritieren vermag. Geschichte ist zwar analytisch, doch nicht als Prozeß in sich abgrenzbar durch epochale Daten, auch nicht das Dritte Reich durch die Zäsuren 1933 und 1945, sowenig historische Fakten isoliert für sich zu stehen vermöchten oder Evidenz beanspruchen könnten. Daten und Fakten, auch die des Dritten Reichs, verweisen auf Vor- und Nachgeschichte, auf Zusammenhänge und Kontinuitäten, auf Bedingungen und Voraussetzungen, Widersprüche und Wirkungen. Aber sie besitzen, soweit vom deutschen Faschismus, dem Nationalsozialismus die Rede ist, einen Kulminationspunkt. Nicht im Sinne einer schicksalhaft-katastrophischen Notwendigkeit oder Logik der historischen Entwicklung, wohl aber als eine Bündelung spezifischer Faktoren deutscher Geschichte. Dieser Kulminationspunkt der historischen

Entwicklung Deutschlands im 20. Jahrhundert trägt den Namen Auschwitz.

Was war Auschwitz? Die Literatur bietet eine Fülle von Versuchen – von Rolf Hochhuths *Stellvertreter* über Peter Weiss' *Ermittlung* bis zu Heinar Kipphardts *Bruder Eichmann* –, Auschwitz zur Anschauung und zum Ausdruck zu bringen. Doch das Unfaßbare Sprache werden zu lassen, ist in jedem Fall prekär gewesen. Das Grauen, das sich mit Auschwitz verbindet, läßt sich – wenn man von dem Ausnahmefall *Todesfuge* des gezeichneten Paul Celan absehen will – nicht verarbeiten, auch künstlerisch nicht. Vielleicht kann nur der Gestus einer Sprache, der weder ein konzentrierter Kunstcharakter noch abstrakte Begrifflichkeiten die Perspektive lenken, eine Ahnung von dem vermitteln, was Auschwitz gewesen ist. Eine Sprache, der die Unschuld des Sich-erschrecken-Könnens noch nicht ausgetrieben ist. Dann läßt sich Auschwitz vielleicht mit Worten wie denen des Münchner Althistorikers Christian Meier umschreiben als

> Versuch, eine ganze millionenstarke, überhaupt nicht verfeindete, weithin sogar mit Sympathien, ja mit Liebe dem Volk der Täter begegnende, erst sekundär (oder nur schwach) sich zur Wehr setzende Menschengruppe einschließlich der Alten, Frauen, Neugeborenen, Ungeborenen zu vernichten, vor allem auch: fabrikmäßig zu vernichten; ihre Angehörigen zuvor schon aus der Menschheit auszusondern, sie zum Teil, wie wenn sie Ratten wären, quälenden medizinischen Experimenten auszusetzen, ihnen nicht einmal das Recht zu lassen, in den eigenen oder überhaupt in Kleidern ermordet zu werden, ihre Körper als Material zu verwenden, die Goldzähne für die Reichsbank einzusammeln, auch die Haare, vermeintlich für U-Boote – und zwar im modernen Europa, unter direkter und indirekter Beteiligung von vielen Millionen eines Volkes, das eigentlich ein Kulturvolk zu sein sich einbildet (1996: 945 f).

Vor dem Hintergrund dieser Umschreibung darf man es als das bedeutendste Verdienst von Daniel Jonah Goldhagens 1996 erschienener, heftig umstrittener Studie *Hitlers willige Vollstrecker* bezeichnen, diesen in Deutschland geschehenen «Bruch in den Grundlagen der Zivilisation» (Meier 1996: 946) ins öffentliche Bewußtsein zurückgerufen zu haben. Was immer gegen Goldhagens Untersuchung einzuwenden sein mag, methodologisch und quellenkritisch, im Hinblick auf den Forschungsstand wie unter motivationstheoretischen Aspekten – es ist ihr gelungen, eine Schneise in das Gestrüpp des Vergessens und Verdrängens zu schlagen, das seit Ende der achtziger Jahre, nach dem «Historikerstreit», über der Auschwitz-Problematik zu wuchern begann. Eine umfassende Kritik an Goldhagens Untersuchung soll an dieser Stelle nicht geleistet werden. Es mag im Zusammenhang dieser Einleitung genügen, auf einen einzigen, problematischen Aspekt des Werks einzugehen, der einem aufschlußreichen Widerspruch entspringt.

Goldhagens Buch ist argumentationsstrategisch klug angelegt. In seinem eigens für die deutsche Ausgabe verfaßten Vorwort weist der Autor nicht nur den Begriff der «Kollektivschuld» ausdrücklich zurück, sondern er weiß auch zwischen der nationalsozialistischen Vergangenheit und der bundesdeutschen Gegenwart sorgsam zu differenzieren: «Die politische Kultur der Bundesrepublik und die meisten Deutschen sind inzwischen als von Grund auf demokratisch zu bezeichnen. Auch der Antisemitismus ist deutlich schwächer geworden und hat im großen und ganzen seinen Charakter verändert» (1996: 12).

Goldhagens Generalthese bleibt von solchen Differenzierungen freilich unberührt. Sie geht davon aus, daß der Holocaust ein spezifisch «deutsches Phänomen» im Zeichen einer spezifisch deutschen Geschichte des Antisemitismus gewesen sei, die sich nur unter dem Nationalsozialismus zum Aggregatzustand strategischer Vernichtung habe verdichten können. Dieser Aggregatzustand wiederum habe seine «exterminatorischen» Dimensionen nur dadurch gewinnen können, daß den Maximen des politischen Willens eine praktische Umsetzungsbereitschaft entsprach. Es geht Goldhagen mithin im Kern um eine Analyse der Handlungsmotivationen von Durchschnittstätern:

Meine Erklärung lautet (...), daß die ganz ‹normalen Deutschen› durch eine bestimmte Art des Antisemitismus motiviert waren, die sie zu dem Schluß kommen ließ, daß die Juden *sterben sollten*. Die Überzeugungen der Täter, ihr spezifischer Antisemitismus waren zwar offensichtlich nicht die einzige, aber doch, so behaupte ich, eine entscheidende Ursache ihres Handelns. Jene Auffassungen müssen daher in den Mittelpunkt aller Erklärungen gestellt werden. Um es ganz einfach auszudrücken: Die Täter, die sich an ihren eigenen Überzeugungen und moralischen Vorstellungen orientierten, haben die Massenvernichtung der Juden für gerechtfertigt gehalten, sie *wollten* nicht nein dazu sagen (ebd.: 28).

Leitmotivisch, ja redundant durchzieht diese Argumentationsfigur Goldhagens Untersuchung, zunehmend grundiert von einer nicht unproblematisch verallgemeinernden Simplifizierung. Aus «ganz gewöhnliche(n) Deutsche» oder «die Täter» wird im Fortgang der Untersuchung eine pauschalierende Formel: «die Deutschen». Diese Formel wiederholt Goldhagen so unablässig wie undifferenziert und invariabel, Absatz für Absatz, bis zu sechs- oder achtmal allein auf einer Seite, so daß zuletzt dem Text selbst eben der Eindruck abzugewinnen ist, dem das Vorwort zur deutschen Ausgabe hatte entgegenarbeiten wollen: daß von einer Kollektivschuld «der Deutschen» doch gesprochen werden kann. Diesen Eindruck legt dann ausdrücklich auch das Fazit nahe, das Goldhagen aus dem Studium der von ihm benutzten Quellen zieht:

> Es waren also immer die gleichen Vorstellungen und Bilder von den Juden, die bereits zum Zeitpunkt der Machtübernahme Hitlers den Deutschen eigen waren und diese dazu brachten, den antisemitischen Maßnahmen der dreißiger Jahre zuzustimmen und sie zu unterstützen. Mehr noch: Sie bereiteten nicht nur all jene, die durch die Umstände, durch Zufall oder in freier Entscheidung zu Tätern wurden, auf ihre Aufgabe vor, sondern sie veranlaßten auch die große Mehrheit der Deutschen, die totale Vernichtung des jüdischen Volkes zu verstehen, ihr beizupflichten und sie nach Möglichkeit zu fördern. Man muß den Tatsachen ins Auge sehen: Die deutsche Politik und Kultur hatte sich bis zu einem Punkt entwickelt, an dem die meisten Deutschen hätten werden können, was eine ungeheure Zahl ganz gewöhnlicher Deutscher tatsächlich wurde: Hitlers willige Vollstrecker (ebd.: 531).

Darin liegt vielleicht – von fachwissenschaftlichen Einwänden einmal abgesehen, die hier nicht zur Diskussion stehen – die größte Schwäche von Goldhagens Werk, die freilich seiner Stärke entspringt. Die Vielfalt der zitierten Materialien, die Anschaulichkeit der Belege und Dokumente, die deutliche Benennung der Täter und ihrer Motive zeichnen diese Untersuchung aus. Ihre Bündelung unter dem einen Aspekt des «deutschen Antisemitismus» folgt jedoch einem reduktionistischen Deutungsmuster. Es hindert den Autor, sich auf Widersprüche politischer und institutionengeschichtlicher Art einzulassen. Es entzieht ihm die Möglichkeit, signifikante Abweichungen kulturgeschichtlicher Prägung in Anschlag zu bringen. Es nimmt in der Sache zurück, was es als Vorsatz postuliert: historische Differenzierungspotentiale. Was Auschwitz war, bezeugen viele der Dokumente, die Goldhagen auswertet. Was zu Auschwitz geführt hat, verdunkelt die tautologisch enggeführte Formel vom «deutschen Antisemitismus». Vielleicht ist dies der Tribut, den der Gegenstand «Auschwitz» auch dem Historiker abverlangt.

«Mindestens tausend Jahre zurück» müsse man gehen, fordert Alexander Kluge in seiner *Schlachtbeschreibung,* um die *«früheste Wurzel»* der «eigentlichen Geschichte» (1978: 296) zu entdecken. Kluge nennt das den «Langzeitgriff» (ebd.). Um etwas bescheidener zu sein, sei fürs erste eine Art Halb-«Langzeitgriff» gewagt, etwa fünfhundert Jahre zurück, zu dem Verse aus Heinrich Heines früher Tragödie *Almansor* Anlaß geben, Verse, die man im Hinblick auf den Holocaust in den vergangenen Jahren gelegentlich zitiert hat:

Das war ein Vorspiel nur, dort wo man Bücher
Verbrennt, verbrennt man auch am Ende Menschen.
(1968 a: 284 f)

An diesen Versen aus dem Jahre 1823 hat man vor allem die prophetische Kraft, die prognostische Schärfe gerühmt. Vergessen wurde darüber häufig, daß Heine selber, als er diese Verse schrieb, sich auf historische Vorgänge bezog, auf die Inquisition in Spanien beispielsweise wie hier in *Almansor,* aber auch auf Vorgänge in Deutschland wie später in seinem *Wintermärchen* (1844). Anläßlich der Stadt Köln mit ihrem Ketzermeister Hochstraaten und seinen «giftgen Denunziaziönchen» schreibt Heine:

Die Flamme des Scheiterhaufens hat hier
Bücher und Menschen verschlungen;

Die Glocken wurden geläutet dabei
Und Kyrie Eleison gesungen.

Dummheit und Bosheit buhlten hier
Gleich Hunden auf freier Gasse;
Die Enkelbrut erkennt man noch heut
An ihrem Glaubenshasse.
(1971 b: 584)

Die Erinnerungsfähigkeit der Literatur verweist hier auf ein historisches Lehrstück, dem sich Irritierendes auch für das Thema *Deutsche
Literatur und Faschismus* abgewinnen läßt. In den Jahren 1507 bis 1510
erschienen eine Reihe von Pamphleten antisemitischen Inhalts, die
Titel trugen wie «Judenbeichte», «Osternbuch» oder «Judenfeind».
Ihr Verfasser hieß Johannes Pfefferkorn. Er verlangte in seinen
Schriften, den Juden den Wucher zu verbieten, sie zum Besuch
christlicher Predigten zu zwingen und ihnen ihre Bücher zu nehmen,
in denen der Hauptgrund für ihre Verstocktheit zu sehen sei. Pfefferkorn wird nicht müde, die Verderbtheit der Juden anzuprangern,
ihre Verlogenheit und Verschlagenheit. Er warnt vor ihren Täu-
schungsversuchen, vor ihrer List, im Gewande des Christentums
dem alten Irrglauben weiterzufrönen. Und er hat Erfolg: Kaiser Maximilian I. verfügt 1509, daß alle gegen den christlichen Glauben ge-
richteten Schriften der Juden dem «getreuen» Johannes Pfefferkorn
auszuhändigen seien. Dieser nimmt seine staatstragende Aufgabe
ernst und versieht sein Konfiszierungsamt mit dem Nachdruck, den
sein Haß auf die Juden ihm eingibt. Von Frankfurt aus über Mainz,
Bingen, Lorch, Lahnstein und Deutz bis zurück nach Frankfurt be-
schlagnahmt er alle Bücher, die in seinen Augen gegen das Christentum verstoßen, und übergibt sie mit ausdrücklicher Unterstützung
jenes Ketzermeisters Hochstraaten den Flammen. Ein pflichtgemä-
ßer Bienenfleiß höchst teutonischen Zuschnitts, dessen Kontinuitäten uns vertraut sind, wenn wir einige wenige Jahrzehnte, in die Geschichte des Dritten Reichs zurückschauen.

Nur: Dieser Johannes Pfefferkorn war selber Jude, konvertiert und
christlich getauft in ebenjenem Jahr 1507, da er seinen Feldzug gegen
die Angehörigen seines Volks eröffnete. Und der heftigste, nach-

drücklichste, empörteste Protest gegen sein Handeln stammt nicht aus der Feder der Betroffenen, der Juden, sondern aus der des humanistischen deutschen Gelehrten Johannes Reuchlin, Übersetzer zahlreicher religiöser Schriften der Juden und Kenner ihrer Geschichte wie ihres Denkens. Reuchlin verwahrt sich wiederholt vehement gegen die Verbrennung ihrer Schriften – und wird eben deshalb selber zum Ziel der «giftgen Denunziazciönchen» Hochstraatens und massiver Polemiken Pfefferkorns. So, zum Beispiel, dieser:

> Anklage und Schrei gegen den widerspenstigen Reuchlin, der da umgeben ist von dem Bollwerk des Teufels, ein Münzmeister der Bosheit, ein Schulmeister der Lügen, (...) ein Advokat und Patron der treulosen Juden, die allezeit darauf acht haben, wie sie den Namen Jesu und seine Gliedmaßen lästern, schänden, schmähen, verspotten, vernichten und mit Füßen treten (zitiert nach Graetz 1907 : 63 ff).

Eine Tirade, endlos und ohne Mäßigung, nicht ohne Gefahr für den Angegriffenen und Ausdruck der Heftigkeit, der Wut, des Hasses, mit dem jener «Humanistenstreit» ausgefochten wurde. Was macht diesen Streit zum Lehrstück für uns, heute? Zunächst die Konturen des ausgrenzenden Denkens mit mörderischen Folgen, die sich über die Bücherverbrennung vom 10. Mai 1933, die Judenpogrome und Konzentrationslager des Dritten Reichs bis zu den Brandanschlägen der jüngsten Zeit unschwer nachzeichnen lassen. Ihre Spuren sind in den kulturkonservativen Verdammungsallegorien der Nachkriegsjahrzehnte («Ratten», «Schmeißfliegen», «Afterkultur») ebenso präsent, wie sie in den national-chauvinistischen Werken des 19. Jahrhunderts (Gobineau, de Lagarde, Langbehn) vorgezeichnet sind. Die Kontinuität dieser Konturen verleiht dem Erinnerungsblick die prophetische Kraft eines Heinrich Heine, der schon in seinem frühen Prosafragment *Der Rabbi von Bacherach* die in Pogromen sich entladende antisemitische Wut Deutscher beschrieben hat:

> Die große Judenverfolgung begann mit den Kreuzzügen und wütete am grimmigsten um die Mitte des vierzehnten Jahrhunderts, am Ende der großen Pest, die, wie jedes andere öffentliche Unglück, durch die Juden entstanden sein sollte, indem man behauptete, sie hätten den Zorn Gottes herabgeflucht und mit Hilfe der Aussätzigen die Brunnen vergiftet. Der

gereizte Pöbel, besonders die Horden der Flagellanten, halbnackte Männer und Weiber, die zur Buße sich selbst geißelnd und ein tolles Marienlied singend, die Rheingegend und das übrige Süddeutschland durchzogen, ermordeten damals viele tausend Juden, oder marterten sie, oder tauften sie gewaltsam (1968 b: 462).

Dieser Prosatext, ein unvollendet gebliebenes Projekt Heines, ist seiner verschlungenen Entstehungsgeschichte wegen auch in der Heine-Forschung lange unterschätzt worden. Dabei zeugt das Fragment Heines von einem außerordentlich intensiven Quellenstudium des Autors, der Chroniken und Handbücher, historische Darstellungen und Archivmaterialien heranzog, darunter das 15bändige Standardwerk von Jaques Besnage, *L'histoire des Juifs depuis Jesus Christ jusqu'a présent*. Heine entnahm seinen Quellen eine endlose Kette von Vorurteilen, Verunglimpfungen und Denunziationen, darunter «das läppische, in Chroniken und Legenden bis zum Ekel oft wiederholte Märchen: daß die Juden geweihte Hostien stählen, die sie mit Messern durchstächen bis das Blut herausfließe, und daß sie an ihrem Paschafeste Christenkinder schlachteten, um das Blut derselben bei ihrem nächtlichen Gottesdienste zu gebrauchen» (ebd.: 462).

Den «tausendjährigen Schmerz» (1968 c: 271) zu beschwören, der die Geschichte der Juden in Deutschland begleitet hat, war Absicht des Historikers Heinrich Heine. Was er zutage gefördert hat, auf eine noch heute bemerkenswerte Weise, sind Konturen einer Vergangenheit, die nicht vergehen kann. Zu einer reflektierten Nachzeichnung von Kontinuitäten gehört freilich auch die Wahrnehmung von Widersprüchen, die, nach Brecht, die Hoffnungen sind. Mit gutem Grund wurde im Hinblick auf den schon zitierten «Humanistenstreit» Brechts Begriff des «Lehrstücks» gewählt, ein dramatisches Genre, das nach dem Willen seines Urhebers nicht ein Publikum belehren, sondern, recht verstanden, als «learning play» die Zuschauer zu Spielenden, die Akteure zu Lernenden, die derart sich selber Belehrenden schließlich zu Handelnden verändern soll. Handelnde – das sind jeweils die Zeitgenossen, auch dann, wenn ihr Handeln im Unterlassen besteht. Deshalb sind im Blick auf jenen «Humanistenstreit» nicht nur die offenkundigen Kontinuitäten und Parallelen dieser sehr deutschen Geschichte in Erinnerung zu rufen, sondern es gilt auch die eher verwirrende Seite, nämlich die widerspruchsvolle Argumentationsstruktur in diesem Streit wahrzunehmen, aus der sich gleichfalls lernen läßt.

Der Jude Pfefferkorn strebte offenbar weder Assimilation noch ethnische Besonderheit an, sondern die Vernichtung der eigenen Traditionen, des eigenen Glaubens, des eigenen Volks. Der Haß, der zu Auschwitz führte – er war, so läßt sich mit Heinrich Heine sagen, denkbar, lebbar «ein Jahrtausend schon und länger». Die Tatsache aber, daß der Haß in dieser polemischen Auseinandersetzung von einem Juden ausgeht und sich gegen Juden richtet, die Tatsache, daß der zum Christentum konvertierte Jude die Angehörigen seines Volks, seines Glaubens ausgegrenzt, vertrieben, verbrannt sehen will – diese Tatsachen werfen die Frage nach dem Anteil auf, den die jüdische Selbstverleugnung, die kulturelle Unterwerfung, die Assimilation an der Entstehung des Antisemitismus über die Jahrhunderte hinweg besitzen. Eines Antisemitismus, wohlgemerkt, der selber eine Ursache des Assimilationsdrangs bildete. Der Jude Pfefferkorn muß als Inbegriff und Urbild jenes «jüdischen Selbsthasses» gelten, von dem schon 1930 der Jude Theodor Lessing gesprochen hat. Gilman L. Sander hat die Dialektik dieses Prozesses in seiner grundlegenden Studie zum Thema *Jüdischer Selbsthaß* folgendermaßen pointiert:

Selbsthaß entsteht dadurch, daß die Außenseiter das Wahnbild von ihnen als Wirklichkeit annehmen, das jene in der Gesellschaft entwerfen, die die Außenseiter definieren und auf die die Außenseiter sich beziehen. Diese Übernahme eines Wahnbildes liefert die Grundlage für die Mythenbildung, die dem Selbstbild jeder Gemeinschaft zugrundeliegt. Die illusionäre Definition des Selbst, die Identifikation mit dem Wahnbild der Bezugsgruppe vom Anderen, ist so wandelbar wie die veränderlichen Größen innerhalb der Gruppe, die dem Außenseiter als homogene Machtgruppe erscheint (1993: 12).

Andererseits ist zu fragen: Was, wenn nicht die Erkenntnis der Differenz zwischen Juden und Deutschen, was, wenn nicht die Einsicht in die Besonderheiten, Eigenarten, Einzigartigkeiten der Juden in Deutschland, der jüdischen Schriften, des jüdischen Denkens, hätte dem Humanisten Reuchlin die Überzeugungskraft seiner Argumentation verliehen, die einen Erasmus von Rotterdam, einen Melanchthon, einen Franz von Sickingen, einen Ulrich von Hutten an seiner Seite sieht? Hier sind Vorläufer der Aufklärung am Überzeugungs-Werk, die in Gotthold Ephraim Lessing ihren luziden und konsequenten Nachfolger finden, einen Kämpfer für die Aussöhnung von Juden und Christen wie gegen das Verbrennen von Büchern. Aber – so ist das Spiel der Widersprüche weiterzutreiben – läßt sich heute an die Ideen der Aufklärung noch anknüpfen? Ist nicht der deutsche Faschismus eine geschichtliche Widerlegung des aufklärerischen Denkens? Ist dieses nicht am Nationalsozialismus und exemplarisch in Auschwitz für alle Zeiten gescheitert, dieses Denken, das so stolz auf der Autonomie des Geistes bestand? Das bürgerliche Individuum, das in den Werken Lessings und Schillers so ungebrochen und selbstbewußt «Ich» sagen konnte – hat das Phänomen der Entfremdung, der Verdinglichung des Bewußtseins, hat die gesellschaftliche Anonymisierung, haben die sozialen Superstrukturen diesen hybriden Selbstentwurf des Menschen nicht nachhaltig als ideologisches Konstrukt erwiesen, indem sie es zerlegt, zersplittert, dissoziiert haben? Die jugendlichen Brandstifter von heute – sind sie nicht Produkt und Resultat, womöglich Erben einer, abermals, gescheiterten Aufklärung? Hat nicht die Dialektik der Aufklärung – Erbschaft dieser, unserer Zeit – dazu geführt, ihr ureigenes Produkt, den Fortschritt, zur Bedingung ihres Untergangs zu entwikkeln? Was hilft das Vertrauen auf den Gebrauch der Vernunft, auf den Kant noch bauen konnte, angesichts von Auschwitz? Und was die Erziehung zur Mündigkeit angesichts von Ausländerhaß? Die Fragen zu stellen heißt nicht, sie zu beantworten. Sie sind wohl auch, will man sie nicht einer negativen Dialektik unterwerfen, eindeutigen und widerspruchsfreien Lösungen kaum zugänglich.

Wenn festgefügte Ordnungssysteme und eingeschliffene Deutungsmuster ihre Evidenz zu verlieren beginnen, weil ihnen die Wirklichkeit zu entlaufen droht, auf die sie sich berufen hatten, dann beginnt ein Wettlauf zwischen Neubesetzungsversuchen des geräumten Geländes. Je offener das ideologische Feld erscheint, je freier der Deutungshorizont, desto nachdrücklicher das Bemühen, Positionen zu markieren, Denkpflöcke einzurammen, die Landkarten der politischen und kulturellen Orientierung neu zu vermessen, um Wohnung in überschaubaren Räumen zu finden. Die psychischen Antriebe und intellektuellen Energien solcher Unternehmungen entspringen offenbar dem Bedürfnis nach Identitätsbildung. Unterscheidungen und Abgrenzungen werden vorgenommen, um eigenes Terrain zu gewinnen, dieses zu befestigen und zu erweitern, schließlich mit hegemonialem Anspruch aufzutreten. Der konservative Historiker Michael Stürmer hat diese Erkenntnis Ende der achtziger Jahre auf den Punkt gebracht: «Orientierungsverlust und Identitätssuche sind Geschwister. Wer aber meint, daß alles dies auf Politik und Zukunft keine Wirkung habe, der ignoriert, daß in geschichtslosem Land die Zukunft gewinnt, wer die Erinnerung füllt, die Begriffe prägt und die Vergangenheit deutet» (Historikerstreit 1987: 36).

Zumindest zwei deutlich konturierbare Versuche, die Erinnerung zu füllen, die Begriffe zu prägen und die Vergangenheit zu deuten, hat es in Deutschland während der letzten beiden Jahrzehnte des 20. Jahrhunderts gegeben: die Debatte um das Problem der Einzigartigkeit der nationalsozialistischen Judenvernichtung, die Ende der achtziger Jahre unter dem Titel *Historikerstreit* ins öffentliche Bewußtsein gedrungen ist; und die Diskussion um die Frage nach der nationalen Identität der Deutschen nach der Wiedervereinigung, die sich – ausgelöst durch den Abdruck von Botho Strauß' Essay *Anschwellender Bocksgesang* im *Spiegel* (Nr. 6/1993) – mit der Thematik einer «Neuen Rechten» im wiedervereinigten Deutschland zwanglos verbunden hat. Beide Debatten weisen inhaltliche und strukturelle Gemeinsamkeiten auf, die es erlauben, sie auf einen identischen Kern zurückzuführen. Sie folgen einem Verlaufsmuster, das seinen Ausgang von der Entdeckung einer Deutungs- oder Sinnstiftungsleere nimmt («Orientierungsverlust»), diese Entdeckung als Impuls einer Neubesetzung aufnimmt («Identitätssuche») und die Neubesetzung in Form einer innovativ sich gebenden Meinungsführerschaft darstellt («Zukunft gewinnen»). Und sie berühren übereinstimmend Grundfragen des deutschen Selbstverständnisses und der deutschen Geschichte, die immer auch und immer wieder auf Auschwitz verweisen.

Den Schreibimpuls für seinen Essay hat Botho Strauß rückblickend mit Hilfe jenes Topos des Orientierungsverlustes charakterisiert: als einen Versuch, in den «leeren Augenblick» der Wiedervereinigung «alles Fragwürdige unseres kulturellen Befindens zu versammeln und auf die Spitze seiner Fragwürdigkeit zu treiben» (Schwilk/Schacht 1994: IV). Diesem Topos hatte Strauß in seinem Essay den der Identitätssuche entgegengesetzt, in Gestalt einer positiven Besetzung der politischen Positionszuschreibung «rechts»:

> Rechts zu sein, nicht aus billiger Überzeugung, aus gemeinen Absichten, sondern von ganzem Wesen, das ist, die Übermacht einer Erinnerung zu erleben; die den *Menschen* ergreift, weniger den Staatsbürger, die ihn vereinsamt und erschüttert inmitten der modernen, aufgeklärten Verhältnisse, in denen er sein gewöhnliches Leben führt (...) Der Rechte – in der Richte: ein Außenseiter (ebd.: 24f).

Botho Strauß' Essay ist ein Exempel politisch sensibler, provokanter Literatur in der Tradition der öffentlichen Pamphletistik, beredtes Zeugnis eines «Selbstdenkers», mit Schiller zu sprechen, der quer steht zum ‹main stream› der bundesrepublikanischen Meinungsbildung. Man muß dieses Stück hochreflektierter Literatur nicht nur gegen seine Verächter, man muß es auch gegen seine Freunde in Schutz nehmen. Denn mit Hilfe der von Strauß lancierten Topoi die «Zukunft zu gewinnen» oblag den neokonservativen Herausgebern des Bandes, in dem Strauß' Essay in erweiterter Form abgedruckt wurde. Sie holten die «Phantasie des Dichters» auf den Boden der politisch von ihnen gewünschten Tatsachen zurück, indem sie unter ausdrücklichem Verweis auf das «Erinnern an nationell Eigenes» erklärten: «Wir können zwar uns aus dem Weg gehn, aber nicht der Entscheidung. Insofern ist die Zeit deutscher Sonderwege tatsächlich vorbei, was bedeutet: den eigenen endlich wieder wagen zu können» (ebd.: 11). Ausgehend von einer «Erschütterung» (Strauß) durch einen «leeren Augenblick» der Geschichte, kommt es auf diese Weise zu einer Neufüllung «alles Fragwürdigen unseres kulturellen Befindens», die sich zuletzt im Rückgriff auf historisch abgelegte Traditionsbestände zum Anspruch auf Meinungsführerschaft politisch instrumentalisieren läßt.

Diskursanalytisch vergleichbar der strukturelle Verlauf des «Historikerstreits». Auch hier zu Beginn der Versuch – durch Ernst

Nolte –, bislang besetzte Deutungsterrains freizuräumen, eben die historischen Räume der Holocaust-Forschung, die bis zu diesem Zeitpunkt von der Einzigartigkeit der nationalsozialistischen Verbrechen ausgegangen war. Die Legitimation lieferte die folgende Erkenntnis Noltes:

> Es ist ein auffallender Mangel der Literatur über den Nationalsozialismus, daß sie nicht weiß oder nicht wahrhaben will, in welchem Ausmaß all dasjenige, was die Nationalsozialisten später taten, mit alleiniger Ausnahme des technischen Vorgangs der Vergasung, in einer umfangreichen Literatur der frühen zwanziger Jahre bereits beschrieben war: Massendeportationen und -erschießungen, Folterungen, Todeslager, Ausrottungen ganzer Gruppen nach bloß objektiven Kriterien, öffentliche Forderungen nach Vernichtung von Millionen schuldloser, aber als ‹feindlich› erachteter Menschen (*Historikerstreit* 1987: 45).

Damit schien das historische Terrain freigeräumt, das bislang unter dem Zeichen einer Singularität der nationalsozialistischen Verbrechen an den Juden gestanden hatte, frei für eine Historisierung des Holocaust, die auf eine Entlastung vom Verantwortungsdruck der deutschen Geschichte hinauslaufen sollte, frei für Fragen, für die Nolte ausdrücklich das «Ethos der Wissenschaft» bemühte:

> Vollbrachten die Nationalsozialisten, vollbrachte Hitler eine ‹asiatische› Tat vielleicht nur deshalb, weil sie sich und ihresgleichen als potentielle oder wirkliche Opfer einer ‹asiatischen› Tat betrachteten? War nicht der ‹Archipel GULag› ursprünglicher als Auschwitz? (...) Rührte Auschwitz vielleicht in seinen Ursprüngen aus einer Vergangenheit her, die nicht vergehen wollte? (ebd.: 45).

Jürgen Habermas' Essay *Eine Art Schadensabwicklung* (vgl. Habermas 1987: 115 ff) ist es zu danken, daß dieser und andere Versuche, den Nationalsozialismus und seine Verbrechen der historischen Singularität zu entkleiden, ihn auf diese Weise zu historisieren und durch solche Historisierung zu einer entlasteten nationalen Identitätsbildung der Deutschen beizutragen, in einer breiteren Öffentlichkeit diskutiert werden konnten. Das hat den Versuchen, die deutsche Geschichte gleichsam zu entsorgen, um einer künftigen Identität willen, freilich keinen Abbruch getan. Im Gegenteil: Verfolgt man den weiteren Verlauf der Debatte, läßt sich anhand des Bandes *Die selbstbewußte Nation,* in dem Botho Strauß' Essay in erweiterter Fassung abgedruckt worden war, diskursanalytisch eine gradlinige Fortführung des eingeschlagenen Argumentationswegs konstatieren.

Zwei Zitate mögen dies pointieren. Zunächst eine Hypothese Ernst Noltes, die mit einer bemerkenswerten Spekulation einhergeht: «Es ist sehr wahrscheinlich, daß Hitler den Krieg gewonnen haben würde, wenn er *nur* der Vorkämpfer der internationalen extremen Rechten und unter wohlwollender Neutralität der ‹kapitalistischen› Westmächte der Befreier der ukrainischen und russischen Bauern gewesen wäre; und es ist nicht sicher, daß er die Vernichtung statt bloß die Vertreibung der europäischen Juden befohlen haben würde» (Schwilk/Schacht 1994: 154). Sodann eine Konsequenz der «Entlastung», die Ulrich Schacht, Mitherausgeber des Bandes, aus solcherart spekulativer Erinnerungsfüllung und Vergangenheitsdeutung für die «deutsche Identität nach Auschwitz» zieht: «Die Anstifter und Täter von Auschwitz *sind* nicht zu entschulden; aber die Enkel der Täter *müssen* nicht entschuldet werden. Dazwischen liegt ein Stück verbrecherischer deutscher Nationalgeschichte, aus dem heute ein Teil der Weltgeschichte des politischen Verbrechens geworden ist» (ebd.: 64 f).[1]

Wem es gelingt – dieses Fazit läßt sich aus den konzertierten Sinnstiftungsversuchen solcher Debatten ziehen –, die Stigmata deutscher Geschichte umzudeuten, sei es durch Historisierung, sei es durch Generalisierung, der trägt dazu bei, jene Hindernisse aus dem Weg zu räumen, die der Suche nach einer nationalen Identität politisch, moralisch und kulturell im Wege liegen. Wer diese Hindernisse beiseite geräumt hat, kann das frei gewordene Feld besetzen. Die im Anschluß an Michael Stürmer gewonnene, mit Assonanz an Carl Schmitt formulierte Erkenntnis lautet: «Souverän ist in der Mediendemokratie, wer über den Auslegungszustand der politischen Begriffe entscheidet» (ebd.: 57).

Die im vorliegenden Band unter dem Titel *Dichtung in finsteren Zeiten* zusammengetragenen Überlegungen sind in einem Zeitraum von mehr als zwei Jahrzehnten entstanden. Sie thematisieren den Problemkomplex *Deutsche Literatur und Faschismus* in einem bewußt weit gesteckten Bezugsrahmen. Es handelt sich um Analysen staatstheoretischer und mythologischer Diskurse des 19. und 20. Jahrhunderts, um kritische Skizzen der Schreibwirklichkeit im Dritten Reich, um Strukturuntersuchungen zur NS-Dichtung und zur Inneren Emigration, um Aspekte der Widerstands- und der Exilliteratur sowie um die Problematik des Neubeginns und der literarischen Entwicklung nach 1945. Die Untersuchungen entstammen dem Wahrnehmungs- und Reflexionshorizont eines Autors, der gegen Ende des Zweiten Weltkriegs geboren wurde, ein Umstand, der noch einmal ausdrücklich betont wird. Denn das Problemfeld *Deutsche Literatur und Faschismus* entzieht sich, sofern man nicht einer illusionären «Gnade der späten Geburt» das Wort reden will, einer neutralen oder distanzierten, wissenschaftlich objektivierenden Betrachtung. Gegen alle Versuche, eine nationale Identität auf einem freigeräumten historischen Gelände zu gewinnen, ist einzuwenden, was Nietzsche in der zweiten seiner *Unzeitgemässen Betrachtungen* mit dem Titel *Vom Nutzen und Nachteil der Historie für das Leben* bemerkt hat:

> Denn da wir nun einmal die Resultate früherer Geschlechter sind, sind wir auch die Resultate ihrer Verirrungen, Leidenschaften und Irrthümer, ja Verbrechen; es ist nicht möglich, sich ganz von dieser Kette zu lösen. Wenn wir jene Verirrungen verurtheilen und uns ihrer für enthoben erachten, so ist die Thatsache nicht beseitigt, dass wir aus ihnen herstammen (1980 a: 270).

Der Wahrheitsgehalt dieser Einsicht läßt sich angesichts der Historikerdebatten von 1986 bis 1996 nur bekräftigen. Sowenig ein kritisches Problembewußtsein allein die historische Aufarbeitung von Daten, Fakten und Materialien aus der Epoche des Faschismus ersetzen kann, so wenig läßt sich deren Darstellung unabhängig von einer strukturierenden Wahrnehmungsperspektive denken, durch die sich der Historiker in ein deutendes und wertendes Verhältnis zur «Kette» aus Verirrungen, Leidenschaften, Irrtümern und Verbrechen der NS-Zeit setzt. Auch wo diese Perspektive nicht explizit benannt wird, bleibt sie doch erkennbar, sei es als Aspekt der Forschung, sei es als politisches Interesse. Das gilt auch für die folgenden literaturwissenschaftlichen Problemstellungen. Es dürfte deshalb angemessen sein, das Forschungsmotiv, das ihnen zugrunde liegt, im Lichte weiterführender Fragen noch ein wenig zu erhellen.

Zu diesem Zweck sei ein schmaler Weg durchs komplexe Gestrüpp der Probleme gebahnt, der zurück zur Ausgangsfrage führt. Worin eigentlich unterscheidet sich jenes «klein bißchen» Antisemitismus, von dem eingangs die Rede war, von jenem «klein bißchen» Philosemitismus, das man seit Gründung der Bundesrepublik Deutschland gewissermaßen von Staats wegen zu tragen pflegt? Doch wohl nur in der Verkehrung des Vorzeichens einer Haltung, die, wie zuvor, das «Andere», das Jüdische in seiner Besonderheit nicht annimmt, sondern – nun freundlich – ausgrenzt, aussondert, ausscheidet. Dieses bißchen Freundlichkeit, gar Freundschaftlichkeit können die Deutschen sich heute leisten: Es gibt ja – der deutsche Faschismus ist vor allem ein gründlicher Faschismus gewesen – kaum mehr Juden hierzulande. Die von Hans Mayer in seinen *Außenseitern* skizzierte abgründige «Alternative: *Auschwitz* oder *Israel*» (1975: 421) – abgründig, *weil* Alternative – erlaubte den deutschen Goodwill-Touristen nach 1945, ihre Verbundenheit mit dem jüdischen Volk öffentlich zu demonstrieren, außerhalb unserer Grenzen. Den Verlust aber, den der Holocaust an den Juden, den ihr Exodus aus Deutschland auch bedeutet, hat außer dem streitbaren, doch verfemten Hans Jürgen Syberberg – in seinem Essay *Die freudlose Gesellschaft* – kaum jemand beklagt: «Deutschland ohne Juden: Verlust der Neugier des Geistes und die Schwerfälligkeit der Moden als Ersatz. Die Juden waren unsere geistig lebendigsten Partner in der Symbiose unserer Kultur. Dieser Verlust wirkt sich nun aus, wir sind unter uns» (1981: 55).

Das Bedauern, das aus dieser Feststellung spricht, die Trauer über den Verlust setzt freilich jene Einsicht in die Differenz voraus, die den deutschen Humanisten schon vor über einem halben Jahrtausend zur Verfügung stand. Symbiose, Partnerschaft – das bedeutet engen, engsten Bezug des Unterschiedenen, Sich-Unterscheidenden, nicht etwa Amalgamierung bis zur wechselseitigen Aufhebung. Dieser Gedanke war es, der Adorno in den *Minima Moralia* so heftig das Wort wider die «Melange» erheben ließ:

Die abstrakte Utopie (der Gleichheit) wäre allzu leicht mit den abgefeimtesten Tendenzen der Gesellschaft vereinbar. Daß alle Menschen einander gleichen, ist es gerade, was dieser so paßte. Sie betrachtet die tatsächlichen oder eingebildeten Differenzen als Schandmale, die bezeugen, daß man es noch nicht weit genug gebracht hat, daß irgend etwas von der Maschinerie freigelassen, nicht ganz durch die Totalität bestimmt ist (1970: 130).

Das gilt noch heute, und es gilt auch für die Versuche der Linken in Deutschland – nach 1967 und noch bis zum Golfkrieg –, in der Kritik an Israel Auschwitz vergessen zu machen. Diese Art Unvoreingenommenheit kennzeichnet eben die gleichmacherische Tendenz, die Adorno seiner Kritik unterworfen hat. Auschwitz ist nicht zu «bewältigen», weder philo- noch antisemitisch, weder künstlerisch noch wissenschaftlich, weder durch Exterritorialisierung noch durch «Melange». Die Generation der um oder nach 1945 Geborenen hat den unverdienten Vorzug, nicht persönlich verantworten zu müssen, was den Juden in Deutschland angetan wurde. «Wie einen Buckel» – so Heiner Müller in der *Hamletmaschine* (1978: 89) – trägt sie gleichwohl die Traumata deutscher Geschichte. Und es besteht auch kein Grund, sich von ihnen zu befreien. Sie bürden die Pflicht zu geschichtlichem Denken auf, die Verantwortung für eine unabschließbare Trauerarbeit, die Notwendigkeit einer permanenten Selbstreflexion.

Der Philosemitismus in Deutschland – wenn es ihn denn noch gibt – setzt den Antisemitismus voraus. Wer sich in dieser Verquickung mit gutem Grund nicht wiedererkennen mag, wird sich dennoch in der Voraussetzungslosigkeit seines politischen Denkens keine Alternative konstruieren können. Solche Voraussetzungslosigkeit wäre geschichtslos: Sie ignorierte, daß, was im Nahen Osten auch heute noch geschieht, daß, was die Politik des Staates Israel seit Anbeginn kennzeichnet, selber Auschwitz zur Voraussetzung hat. In Alain Resnais' Film *Nacht und Nebel* (1955), in dem israelischen Dokumentarfilm *Der 81. Schlag* (1975), in Claude Lanzmanns Monumentalepos *Shoa* (1986) wird atmosphärisch faßbar, spürbar, fühlbar, warum die internationale Kritik an der Politik Israels von diesem Staat abprallt wie ein Kiesel von einem Felsblock: weil die kollektive Erfahrung von Auschwitz und Warschau in den Körper dieses Volks so sehr eingegerbt ist, ja sich eingebrannt hat, daß der Wille zur Selbstbehauptung angesichts von Bedrohung eine andere als eine aggressive Identität nicht mehr zuläßt. Darum wirkt eine voraussetzungslose Kritik an Israel ebenso falsch wie Ernst Noltes Versuch einer Relativierung deutscher Geschichte im Licht des historischen Vergleichs. Jede Kritik an Israel hätte mit Auschwitz zu beginnen, jede historische Selbstreflexion mit Kritik an der Geschichte Deutschlands, mit Selbstkritik. Genügte eine historisch reflektierte Analyse politischer Kultur in Deutschland diesem Anspruch nicht, wäre sie selber ein «klein bißchen» antisemitisch.

2
Die Zerstörung der Historie.
Zur Ideologiegeschichte faschistischer Ästhetik

Der Staat als Gesamtkunstwerk

Walter Benjamins «Engel der Geschichte», der sein Antlitz einer unablässig und irreversibel aus Trümmern geschichteten Vergangenheit zuwendet, treibt im Sturm mit geöffneten Flügeln, den Rücken
voran, unaufhaltsam einer Zukunft entgegen, die ihn von seinem Paradies für alle Zeit zu trennen scheint – für so lange Zeit zumindest,
wie dieser Sturm, den wir «Fortschritt» nennen, vom Paradies her
weht (1974 c: 697 f). In diesem Bild Benjamins – einer geschichtsphilosophischen Interpretation von Paul Klees Gemälde «Angelus No-
vus», die Benjamin 1940, kurz vor seinem Freitod, in seinem Text
Über den Begriff der Geschichte entwarf – sind die Illusionen und Affir-
mationen, Gewißheiten und Glaubenssätze eines zukunftsgewissen
Fortschrittsoptimismus ihres ideologischen Charakters überführt:
Dessen Scheitern war mit der Herrschaft des Faschismus endgültig
besiegelt. Die geschichtliche Konstellation, in welche die Desillusion
politisch-philosophischer Aufklärung und technologischer Fort-
schrittsgläubigkeit mit der parlamentarisch unlösbaren Krise des
ökonomischen Liberalismus eintrat, markierte einen historischen
Fluchtpunkt, in dem die gesellschaftlichen Triebkräfte des gesamten
bürgerlichen Zeitalters zum Stillstand gebracht schienen. Die
Träume und Sehnsüchte, die Opfer und Hoffnungen, die Nöte, Ent-
behrungen und Kämpfe der bürgerlichen Wirklichkeit seit dem 18.
Jahrhundert – sie wurden am 30. Januar 1933 einer barbarischen
Herrschaft überantwortet, deren Signatur die äußerste Entfernung
vom geschichtsphilosophischen Paradies Benjamins anzeigte.

Was die bürgerliche Gesellschaft mit dem Anspruch der Aufklärung und unter dem Zeichen sozialen Fortschritts in Bewegung gesetzt hatte, erfuhr nun, im Stadium einer krisenhaften Zuspitzung
sozialer Widersprüche, seine Bändigung durch staatlich lizenzierten

Terror. Die faschistische Machtübernahme erwies die Weimarer Demokratie als eine politische Fiktion, die nur in einem formalen Sinn, verfassungsrechtlich, etabliert worden war. Die Ansprüche der politischen Identität, die das Bürgertum für sich behauptet hatte, dienten dazu, mit der Verabschiedung des «Ermächtigungsgesetzes» die Suspendierung eben dieser Ansprüche im Herrschaftsprinzip des Führertums zu legitimieren. Die sozialpsychologische Korrumpierbarkeit des historisch unabgesicherten proletarischen Klassenbewußtseins bildet ein Indiz der Illusionen, die mit dem Glauben an einen unaufhaltsamen gesellschaftlichen Fortschritt einhergingen. Unter dem demagogischen Postulat der «Gleichschaltung» konnte der Faschismus die jahrhundertelang gewachsenen, durch keine Revolution aufgesprengten Verkrustungen sozialer Ungleichheit verfestigen. Jeder Versuch einer politischen Identitätsfindung war, bei Strafe physischer Vernichtung, einer absolut gesetzten etatistischen Kuratel unterworfen. Der staatliche Machtapparat als Garant erzwungener «Volksgemeinschaft» wurde zu einem Instrument der Politik verfeinert, mit dem sich faschistische Herrschaft sowohl verwirklichte als auch selber repräsentierte. Dieses Herrschaftsinstrument diente gleichwohl nicht nur der scheinhaften Stillstellung historischer Prozesse, sondern brachte darüber hinaus in seiner Struktur den alten Traum von der Schönheit des Staates in ironischer Weise realpolitisch zur Geltung: der bürgerliche Staat als faschistisches Gesamtkunstwerk.

Der folgende Versuch, den Nationalsozialismus und seine Herrschaftstechnik zunächst von seinem staatstheoretischen Begründungszusammenhang aus nachzuzeichnen, in seinen Widersprüchen wie in seinen identischen Momenten, von Hegel über Nietzsche zu Carl Schmitt – dieser Versuch soll Aufschluß über die Frage geben, von welchen ideologischen Voraussetzungen her die Signatur faschistischer Herrschaft ihre Prägungen erfahren hat. Es geht, unabhängig davon, ob und inwieweit ihr Selbstverständnis durch eine entsprechende Realität eingelöst und gedeckt worden ist, um eine Skizze der Ideologiegeschichte faschistischer Ästhetik – in der Erwartung, daß sich dieser ablesen läßt, was das System im Innersten zusammenhalten sollte.

Die «Gegenwart unseres heutigen Weltzustandes und seiner ausgebildeten rechtlichen, moralischen und politischen Verhältnisse», so hatte Hegel in seinen *Vorlesungen über die Ästhetik* ausgeführt, lasse für «ideale Gestaltungen» nur sehr begrenzten Raum (1970 b: 253). Subjektives Interesse, das «Bedürfnis solch einer wirklichen, individuellen Totalität» (ebd.: 255), sei dort objektiv und notwendig eingeschränkt, «wo der sittliche Begriff, die Gerechtigkeit und deren vernünftige Freiheit sich bereits in Form einer *gesetzlichen* Ordnung hervorgearbeitet und bewährt hat»: im Staatsleben (ebd.: 239). In seinen *Grundlinien der Philosophie des Rechts* nennt Hegel als grundlegende Bedingung der zunehmenden Komplexität bürgerlicher Gesellschaft, die eine positive Bestimmung des Staatsgedankens als «das an und für sich Vernünftige» erfordere, die «Teilung der Arbeiten»:

> Das Arbeiten des Einzelnen wird durch die Teilung *einfacher* und hierdurch die Geschicklichkeit in seiner abstrakten Arbeit sowie die Menge seiner Produktionen größer. Zugleich vervollständigt diese Abstraktion der Geschicklichkeit und des Mittels die *Abhängigkeit* und die *Wechselbeziehung* der Menschen für die Befriedigung der übrigen Bedürfnissse zur gänzlichen Notwendigkeit (1970a: 352, §198).

Aus dieser komplexen Form moderner Arbeitsorganisation resultiert, so Hegel, eine Entwicklung, die «durch die Entzweiung der bürgerlichen Gesellschaft hindurch zum Staate» führt (ebd.: 397, §256). Ihr Zweck und Ergebnis ist der Staat als die «Wirklichkeit der sittlichen Idee» (ebd.: 398, §257), der das Subjekt subsumiert wird. Denn indem der Staat «objektiver Geist ist, so hat das Individuum selbst nur Objektivität, Wahrheit und Sittlichkeit, als es ein Glied desselben ist. Die *Vereinigung* als solche ist selbst der wahrhafte Inhalt und Zweck, und die Bestimmung der Individuen ist, ein allgemeines Leben zu führen; ihre weitere besondere Befriedigung, Tätigkeit, Weise des Verhaltens hat dies Substanzielle und Allgemeingültige zu seinem Ausgangspunkte und Resultate» (ebd.: 399, §258). Damit wird dem Staat als «Endzweck» zugleich das «höchste Recht gegen die Einzelnen» zugesprochen, während deren «*höchste Pflicht* es ist, Mitglieder des Staates zu sein» (ebd.: 399, §258).

Die geschichtlich handelnden, gesellschaftlich produzierenden Individuen erfahren in dieser staatstheoretischen Konstruktion ihre

Abhängigkeit von einer abstrakten Totalität, die sie selber – als politisches und als Rechtssubjekt – als eine lebendige und konkrete Funktion sozialen Lebens bestimmt und geschaffen haben: «die Sphäre der bürgerlichen Gesellschaft geht (...) in den Staat über» (ebd.: 397, § 256). In dem Maß, wie mit der Komplizierung sozialer Abhängigkeitsverhältnisse die arbeitsteilige Spezialisierung der Individuen diese voneinander entfernt und ihre Beziehungen zueinander sich in der Form von Verrechtlichungen zunehmend auf die Ebene gesellschaftlicher Abstraktionen verlagern, wird die von den Individuen produzierte Welt zu einer ihnen gegenüberstehenden, für die sie, nunmehr Objekte geworden, ihrerseits Funktion bekommen:

> Die *einzelnen* Individuen erhalten dadurch im Staate die Stellung, daß sie sich dieser Ordnung und deren vorhandener Festigkeit anschließen und sich ihr unterordnen müssen, da sie nicht mehr mit ihrem Charakter und Gemüt die einzige Existenz der sittlichen Mächte sind, sondern im Gegenteil, wie es in wahrhaften Staaten der Fall ist, ihre gesamte Partikularität der Sinnesweise, subjektiven Meinung und Empfindung von dieser Gesetzlichkeit regeln zu lassen und mit ihr in Einklang zu bringen haben (1970 b: 240).

Mit diesen Bestimmungen ist jener Begriff bürgerlicher Freiheit, der vom 18. Jahrhundert bis zur Gegenwart – und zwar bei abnehmender Realisierungsmöglichkeit mit zunehmend apologetischem Gestus – den Anspruch auf individuelle Selbstentfaltung und Selbstverwirklichung repräsentiert, bereits bei Hegel fragwürdig geworden. Arbeitsteilung und Entfremdung werden als die spezifischen Merkmale eines gesellschaftlichen Prozesses erkannt und benannt, der mit objektiver und vernünftiger Notwendigkeit sein ihm gemäßes Ziel in der Abstraktion des bürgerlichen Staates findet. Die von Marx im *Kapital* als Voraussetzung zur Entmystifizierung der «Gestalt des gesellschaftlichen Lebensprozesses, das heißt des materiellen Produktionsprozesses» genannte «bewußte planmäßige Kontrolle» ebendieses Prozesses und seiner «Gestalt» (1969: 94) reflektiert Hegel noch nicht als grundsätzliches Postulat auf seine staatstheoretische Konstruktion. Seine Leistung – für die konservative Staatsphilosophie bis hin zu Arnold Gehlen überaus folgenreich – besteht in der

Konstatierung einer abstrakten, gleichwohl gesellschaftlich wirkenden Institution Staat, die zum realen Subjekt bürgerlicher Herrschaft wird. Als alternative Verhaltensweisen gegenüber diesem geschichtsmächtigen Subjekt sieht Hegel entweder die «bloße Unterwerfung» angesichts des staatlichen Machtapparats oder aber ein «Anschließen» des Individuums an den Staat, das «aus der freien Anerkennung und Einsicht in die Vernünftigkeit des Vorhandenen» hervorgeht (1970 b: 240).

Unterwerfung oder Einverständnis – dies sind die alternativen Verhaltensweisen, die Hegel als politische Dispositionen im Verhältnis von Individuum und Staat theoretisch fixiert. Deshalb konnte Carl Schmitt seine staatstheoretische Dreiheit *Staat – Bewegung – Volk* 1933 im Anschluß an Hegel entwerfen, freilich im Sinne einer faschistischen Deutung des Hegelschen Staatsbegriffs. Denn Schmitts Interpretation der Hegelschen Konstruktion unterschlägt den sozial positiven Gehalt dieser Staatstheorie, die als Ausgleich der individuellen Freiheitsrechte mit den Formen gesellschaftlicher Verrechtlichung angelegt ist. Gewiß erfährt der preußische Verfassungsstaat durch die apologetische Konstruktion Hegels eine Idealisierung, die im politischen Opportunismus des Philosophen ihren lebensgeschichtlichen Anlaß besitzt. Doch ebenso darf als sicher gelten, daß Hegel – wie Herbert Marcuse in *Vernunft und Religion* betont hat – in dem modernen Staatsgebilde seiner Zeit auch eine «Verkörperung der Errungenschaften des modernen Zeitalters, nämlich der deutschen Reformation, der Französischen Revolution und der idealistischen Kultur» (1972: 360) gesehen hat.

Dennoch: Der intellektuelle Gestus einer bedingungslosen Hinnahme des staatlichen Zwangscharakters als einer für sich bestehenden übergeschichtlichen Abstraktion hat zur Konsequenz – dies ist kritisch gegen Hegel festzuhalten –, daß die geschichtlichen Konkretionen des Staatsgedankens ebenso als *quantité négligeable* angesehen werden können wie ihre Veränderbarkeit durch ein politisches Handeln, das über den bei Hegel sich findenden, an das bürgerliche Individuum fixierten politischen Handlungsbegriff hinausgeht (1970 a: 399 f, § 258). Am Beginn der «vernünftigen» Selbstbesinnung des Bürgertums auf die soziale Organisation seiner Angelegenheiten steht mithin eine staatstheoretisch legitimierte Selbstbeschränkung, die als abstrakte Institution akzeptiert und verinnerlicht, was gerade nicht als «Endzweck» (Hegel), sondern geschichtlich, als Medium politischen Handelns und als Ausdruck gesellschaftlicher Kräfteverhältnisse, entstanden ist. Die Hegelsche Rationalisierung der erkannten Abhängigkeit von gesellschaftlichen Superstrukturen bewirkt deren Legitimierung a posteriori und fördert eine Mythisierung des Staatsbegriffs, die Nietzsche, in höchst widerspruchsvoller Weise auf Hegel bezogen, auf seine Weise fortentwickeln sollte.

Nietzsche – zutiefst antihegelianisch im theoretischen Ansatz wie in dessen sprachlicher Realisierung – entwirft in *Die Geburt der Tragödie* eine geschichtsphilosophische Vision, die gleichermaßen zur Mythisierung der Geschichte wie zur Ästhetisierung sozialer und politischer Phänomene drängt. Um im Rahmen der eingangs zitierten Bildinterpretation Benjamins zu bleiben: Hegel versucht, das Antlitz des «Engels der Geschichte» von den Trümmern der Vergangenheit abzulenken und hin zu einer bürgerlich wohlgeordneten, objektividealistisch aus Notwendigkeit und Vernünftigkeit konstruierten Gegenwart und Zukunft zu wenden – eine Konstruktion, die das verlorene Paradies dem schließlichen Vergessen anheimgibt, weil sie in der Signatur ihrer Zeit das historisch Mögliche verwirklicht sieht. Nietzsches Tragödientheorie hingegen bildet, in schrillem Zusammenklang mit den Maximen Zarathustras, den geschichtsphilosophischen Sprung mitten hinein in jenen Sturm, der vom Paradies her weht, getragen von der Sehnsucht nach dem metaphysischen Ursprung ebenso wie von dem Willen, dem Sturm, und sei es um den Preis des Untergangs, zu trotzen. Die Trümmer der Geschichte wie die der profanen Wirklichkeit erfahren in einem Akt beschwörender Verklärung ihre Sublimierung zum ästhetischen Schein:

Denn dies muss uns vor allem, zu unserer Erniedrigung und Erhöhung, deutlich sein, daß die ganze Kunstkomödie durchaus nicht für uns, etwa unserer Besserung und Bildung wegen, aufgeführt wird, ja dass wir ebensowenig die eigentlichen Schöpfer jener Kunstwelt sind: wohl aber dürfen wir von uns selbst annehmen, dass wir für den wahren Schöpfer derselben schon Bilder und künstlerische Projectionen sind und in der Bedeutung von Kunstwerken unsre höchste Würde haben – denn nur als *aesthetisches* Phänomen ist das Dasein und die Welt ewig *gerechtfertigt*: – während freilich unser Bewusstsein über diese unsre Bedeutung kaum ein andres ist als es die auf Leinwand gemalten Krieger von der auf ihr dargestellten Schlacht haben (1980 b: 47).

Bei aller objektiv-idealistischen Konstruktion hatte Hegel noch entschieden auf der Differenz von Ästhetik und Wirklichkeit bestanden und dem Staatswesen jeden Kunstcharakter abgesprochen: «Der Staat ist kein Kunstwerk, er steht in der Welt, somit in der Sphäre der Willkür, des Zufalls und des Irrtums» (1970 a: 404, § 258, Zusatz). Nietzsches Tragödien-Philosophie hingegen eröffnet, wie Walter Benjamin kritisch bemerkt hat, einen «Abgrund des Ästhetizismus»: «Wo die Kunst dergestalt die Mitte des Daseins bezieht, daß sie den Menschen zu ihrer Erscheinung macht anstatt gerade ihn als ihren Grund» zu erkennen (1974 a: 281 f), da entsteht der Totalitätsanspruch einer in sich geschlossenen ästhetischen Sphäre. Bei Nietzsche ist nicht allein eine Theorie des schönen Scheins entworfen, vielmehr ist der schöne Schein selber Konstituens einer immer schon entworfenen Totalität, in der die herrschende Ästhetik zur Ästhetik totaler Herrschaft wird.[2] Die bürgerlichen Subjekte als ästhetische Objekte ohne Vergangenheit und Zukunft: Dies ist eine Vision, welche die Dimension sozialer Handlungsfähigkeit preisgegeben hat, um zu einer Identität politisch-historischer Bewußtlosigkeit zu führen, die als höchste Bewußtheit verstanden werden soll.

Voraussetzung dieser Vision ist die philosophische Zerstörung der Geschichte als Prozeß, konstitutiv für sie ist ihre prinzipielle Massenfeindlichkeit. Nietzsche sieht, wie sich in der zweiten seiner *Unzeitgemässen Betrachtungen* zeigt, durchaus den Gegensatz von Reich und Arm, Kapital und Arbeit, Bourgeoisie und Proletariat. Er leugnet die Geschichtsmächtigkeit sozialer Kämpfe keineswegs. Doch er will diese «Lehren» philosophisch außer Kraft setzen, weil er sie «für wahr, aber für tödtlich» (1980 a: 319) hält.

Es ist gewiss die Stunde einer großen Gefahr: die Menschen scheinen nahe daran zu entdecken, dass der Egoismus der Einzelnen, der Gruppen oder der Massen zu allen Zeiten der Hebel der geschichtlichen Entwicklung war; zugleich aber ist man durch diese Entdeckung keineswegs beunruhigt, sondern man decretirt: der Egoismus soll unser Gott sein. Mit diesem neuen Glauben schickt man sich an, mit deutlichster Absichtlichkeit die kommende Geschichte auf dem Egoismus zu errichten: nur soll es ein kluger Egoismus sein, ein solcher, der sich einige Beschränkungen auferlegt, um sich dauerhaft zu befestigen, ein solcher, der die Geschichte deshalb gerade studirt, um den unklugen Egoismus kennen zu lernen. Bei diesem Studium hat man gelernt, dass dem Staate eine ganz besondere Mission in dem zu gründenden Weltsysteme des Egoismus zukomme: er soll der Patron aller klugen Egoismen werden, um sie mit seiner militärischen und polizeilichen Gewalt gegen die schrecklichen Ausbrüche des unklugen Egoismus zu schützen. Zu dem gleichen Zwecke wird auch die Historie – und zwar als Thier- und Menschenhistorie – in die gefährlichen, weil unklugen, Volksmassen und Arbeiterschichten sorglich eingerührt, weil man weiss, dass ein Körnlein von historischer Bildung im Stande ist, die rohen und dumpfen Instincte und Begierden zu brechen oder auf die Bahn des verfeinerten Egoismus hinzuleiten (ebd.: 321 f).

Unter dem Eindruck der Ereignisse um die Pariser Commune formuliert Nietzsche damit ein antihegelianisches Programm, in dem sich seine Sehnsucht nach der Auslöschung eines auf soziale Veränderung drängenden Geschichtsbewußtseins auf sarkastische Weise zur Geltung bringt. Dennoch geht Nietzsches Philosophie im interpretatorischen Zurechnungsschema von «dekadent», «irrational» und «reaktionär» nicht auf, das durch das folgenreiche ideologiekritische Verdikt von Georg Lukács (1974: 270ff) nahegelegt worden ist. Denn Nietzsche besitzt allemal Einsicht in die Zusammenhänge geschichtlicher Entwicklungen. Er betont jedoch zugleich die Gefahr, die von der virtuell in jeglicher historischer Erkenntnis liegenden geschichtlichen Handlungsfähigkeit droht – gerade vom staatstheoretischen Konstrukt Hegels. Aus diesem Grund setzt Nietzsche zu seiner emphatischen Bekämpfung des geschichtsmächtigen «Egoismus» an, die zur Mythisierung der Historie drängt. Fraglos tritt Nietzsches Geschichtsmetaphysik im Zusammenhang mit den Herrschaftstechniken, insbesondere den Manipulationsmechanismen der entwickelten bürgerlichen Gesellschaft und im Stadium ihrer krisenhaften Erschütterung in eine Konstellation ein, in der erst die politische Bedeutung des Wortes vom Bewußtseinsstand der «auf Leinwand gemalten Krieger» sich gänzlich enthüllt: Deren bewußtlose Funktion im ästhetischen Apparat sozialer Totalität wird zum Garanten des reibungs- und «gefahr»losen Ablaufs bürgerlicher Herrschaft. Doch ebenso fraglos bleibt Nietzsche abgründiger Skeptiker gegenüber allen Sozialutopien und Systementwürfen, zumal solchen, die sich, in gut Hegelscher Tradition, auf den Staat als «Patron aller klugen Egoismen» berufen. Auch deshalb wird man Georges Batailles Antwort auf die Frage, aus welcher Quelle der Faschismus philosophisch geschöpft habe, ihre Stringenz nicht bestreiten können: «Wenn der Faschismus sich überhaupt einer philosophischen Quelle bedient hat, so hat er sich nicht an Nietzsche, sondern an Hegel angeschlossen» (1970: 454).[3]

Diese These läßt sich zunächst im Blick auf jenes Verdikt erhärten, das Nietzsche selbst mit seiner Kritik an den geschichtsteleologischen Dimensionen der Hegelschen Philosophie, ihrem «Elend einer Vollendung der Weltgeschichte», gesprochen hat:

> Eine solche Betrachtungsart hat die Deutschen daran gewöhnt, vom ‹Weltprozess› zu reden und die eigne Zeit als das nothwendige Resultat dieses Weltprozesses zu rechtfertigen (...). Wer aber erst gelernt hat, vor der ‹Macht der Geschichte› den Rücken zu krümmen und den Kopf zu beugen, der nickt zuletzt chinesenhaft-mechanisch sein ‹Ja› zu jeder Macht, sei dies nun eine Regierung oder eine öffentliche Meinung oder eine Zahlenmajorität, und bewegt seine Glieder genau in dem Takte, in welchem irgend eine ‹Macht› am Faden zieht (1980 a: 308 f).

Die zitierte These Batailles läßt sich aber auch erhärten im Blick auf den Versuch, den Carl Schmitt unternahm, um die nationalsozialistische Machtübernahme am 30. Januar 1933 zu rechtfertigen. Ausdrücklich im Rückgriff auf Hegels Hypostasierung des Staates feiert Schmitt das Dritte Reich zugleich als Vollendung wie als Umwälzung des bürgerlichen Staatsgedankens:

> An diesem 30. Januar ist der Hegelische Beamtenstaat des 19. Jahrhunderts durch eine andere Staatskonstruktion ersetzt worden. An diesem Tage ist demnach, so kann man sagen, ‹Hegel gestorben›. Das bedeutet aber nicht, daß das große Werk des deutschen Staatsphilosophen bedeutungslos geworden und der Gedanke einer über dem Egoismus gesellschaftlicher Interessen stehenden politischen Führung preisgegeben wäre. Was an Hegels mächtigem Geistesbau überzeitlich groß und deutsch ist, bleibt auch in der neuen Gestalt wirksam (1933: 31 f).

Die Hegelsche Bestimmung des Staates als einer interesselosen, klassenjenseitigen, herrschaftsunspezifischen Institution kann von Schmitt akzeptiert und sogar instrumentalisiert werden, weil als theoretisches Postulat in sie die bürgerliche Mentalität der Staatsgläubigkeit, der Fixierung auf Staatsautorität begriffsbildend eingegangen ist. Politische Funktion bekommt dieses Postulat im Übergang von der Weimarer Republik zum Dritten Reich durch die Akte formeller Legalität, die zur Einsetzung Hitlers als Reichskanzler und zur Zustimmung der bürgerlichen Parteien zum «Ermächtigungsgesetz» vom 24. März 1933 führten: «Es war von großer praktischer Bedeutung, daß dieser Übergang legal erfolgte. (...) Es ist auch nicht ohne Wert, daß ein System sich in aller Form gemäß seiner eigenen Legalität selber aufgibt und sein Siegel unter sein eigenes Ende setzt» (ebd.: 8).

Die Vollendung des bürgerlichen Staates, die mit seiner Umwälzung einhergeht, führt, wie Schmitt zeigen möchte, folgerichtig zum «starken Staat», in dem die ästhetischen Elemente politischen Lebens über das konstitutive Führerprinzip miteinander vermittelt sind und durch dieses zu ihrer vollen Entfaltung kommen: «Die Stärke des nationalsozialistischen Staates liegt darin, daß er von oben bis unten in jedem Atom seiner Existenz von dem Gedanken des Führertums beherrscht und durchdrungen ist» (ebd.: 33).

In diesem durch und durch totalitär organisierten Staatswesen ist Schmitts «Vorstellung des Staates als eines Kunstproduktes menschlicher Berechnung» (1938: 59) praktisch verwirklicht (vgl. hierzu auch Jürgens 1970: 121 ff). Sie ist prinzipiell legitimiert durch die Schreckvisionen anarchischer Urzustände, die dem bürgerlichen Individuum drohend sich auftun, durch Projektionen des Untergangs im herrschaftslosen Chaos, die nur durch die Ästhetik des totalen Staatsapparats zu bannen sind: «Der Schrecken des Naturzustandes treibt die angsterfüllten Individuen zusammen; ihre Angst steigert sich aufs äußerste; ein Lichtfunke der *Ratio* blitzt auf – und plötzlich steht vor uns der neue Gott» (Schmitt 1938: 48).

Dieser «neue Gott» des bürgerlichen Zeitalters bedarf keiner Legitimierung. Er besitzt sie in der Faktizität seiner Existenz, die ihn «als das erste Produkt des technischen Zeitalters, als den ersten modernen Mechanismus großen Stils (...), als die *machina machinarum*» (ebd.: 53) ausweist. Seine angemessene Verwirklichung ist der faschistische Staat: «Denn die wunderbare Armatur einer modernen staatlichen Organisation erfordert einen einheitlichen Willen und einen einheitlichen Geist» (ebd.: 118).

In Schmitts Interpretation des modernen Staates erscheint dieser – noch durchaus auf der Linie der Hegelschen Staatstheorie – als interesselose, autonome Institution des technischen Zeitalters. Ihre Ästhetik gewinnt sie allererst durch die Umsetzung ihres Charakters als «moderner Mechanismus» in eine – Hegel wie Nietzsche qualitativ übersteigende – totalitäre Herrschaftsstruktur, deren bestimmende Signatur die Einheitlichkeit aller Ausprägungen dieses Staatswesens ist. Walter Benjamins «Engel der Geschichte» – bei Carl Schmitt scheint ihn der Sturm des «Fortschritts» hineingetrieben zu haben in einen als Paradies begriffenen Zustand der äußersten Entfremdung. Es ist ein Paradies, das auf den Trümmern der Geschichte sich erhebt, ein Paradies der bedingungslosen Unterwerfung unter die zu Destruktivkräften verformten Produktivkräfte, der Hingabe an die Autorität eines anonymen Herrschaftsapparats. Es ist ein Paradies, in dem die äußerste Entfremdung des Menschen – die des Terrors – als höchste Form historischer Selbstfindung sich feiert. Im Angesicht dieses Paradieses verfallen alle Formen des Widerspruchs und Widerstands dem Verdikt der Unzeitgemäßheit, erstirbt das Beharren auf Ethik und Moral: «Vor solchen technischen Apparaten versagt die Frage nach Recht und Unrecht» (ebd.: 78).

Carl Schmitts Apologie des Faschismus ist, auch wo sie sich auf eine staatstheoretische Legitimierung nationalsozialistischer Herrschaftstechnik konzentriert, in ihrem Kern mythologischer Art. Schmitt hat diesen Kern nachdrücklich bejaht, als er feststellte: «Weder Textbefund und Wortgeschichte, noch begrifflich-systematische Richtigkeit noch die in der Luftlinie verlaufende ideengeschichtliche Logik haben das letzte Wort, wo das politische Schicksal des mythischen Bildes in Frage steht» (ebd.: 79).

Doch der Theoretiker des Faschismus bleibt, wie seine Auseinandersetzung mit dem Leviathan-Symbol bei Thomas Hobbes zeigt, inkonsequent in der Beantwortung der Frage nach den Bedingungen, unter denen unterschiedliche politische Schicksale mythischer Bilder sich durchsetzen. Schmitt begnügt sich, um der Hypostasierung und Autonomisierung des «mythischen Bildes» willen, mit der geistesgeschichtlichen Konstruktion ideeller Determinanten, die scheinbar selbstmächtig Aufstieg und Fall, Kraft und Schwäche, Wirkung und Versagen historisch bedeutsamer Mythen zu steuern vermögen.

Daß demgegenüber die parteioffiziöse Staatstheorie durchaus über konkrete Vorstellungen verfügte, aus welchem Grund und zu welchem Zweck Bilder, Symbole, Mythen ihre spezifische Qualität im faschistischen Herrschaftsbereich entfalten sollten, macht exemplarisch die Kritik deutlich, die der NS-Jurist Otto Koellreutter an der Staatstheorie Carl Schmitts übte (vgl. Tomberg 1974). «Der deutsche Führerstaat», so forderte Koellreutter, muß «die nationalsozialistische Staatsidee als einheitliche Haltung dem ganzen Volke aufprägen» (1934: 15). Im Führerprinzip als der bestimmenden Staatsform des NS-Staats kulminiert der Versuch, die Erfassung der Individuen totalitär zu organisieren. Doch während Schmitt schon aus der Faktizität des ästhetisch begriffenen Staates dessen Legitimation ableitete, legte Koellreutter unumwunden den Scheincharakter der legitimatorischen Strategie des deutschen Faschismus dar, um desto nachdrücklicher die herrschaftstechnische Absicherung des Führerprinzips zu fordern:

> Das Führerprinzip des deutschen Führerstaates baut demgegenüber auf völkischer Grundlage auf. Es wurzelt in der Staatsautorität des völkischen Staates, das heißt in einer Gemeinschaftsethik. Die Idee der Gemeinschaft, die Idee des ‹Wir› als Ganzheit eines Volkes bildet die politische Kraft des Führerstaates. Die seelische Verbindung des Volkes mit dem Staate bildet das Wesen der Staatsautorität, die auf der Vorstellung der Einheit von Volk und Staat beruht. Nur der völkische Staat hat diese natürliche Gemeinschaftsbasis, nur in ihm gibt es deshalb echte Staatsautorität (ebd.: 13).

Die Widersprüche faschistischer Herrschaft, ihre Demagogie ebenso wie ihre machtstaatliche Apologetik liegen in diesen programmatischen Äußerungen offen zutage. Die Rede ist von Gemeinschafts*ethik,* von der *Idee* der Gemeinschaft, von der *Idee* des «Wir» – nicht von sozial *verwirklichter* «Gemeinschaft»; die Rede ist von einer *seelischen* Verbindung des Volks mit dem Staat, von der *Vorstellung* der

Einheit dieser beiden sozialen Elemente – nicht von der *Realisierung* des Volkswillens in der Struktur des Staates. Da die «echte» Autorität des faschistischen Staates auf der *scheinbaren* Harmonisierung widerstreitender Interessen und Gegensätze beruht, da die «natürliche» Gemeinschaftsbasis sich aus der nur *vorgestellten* Einheit von Volk und Staat bildet, sind die Mechanismen zur Durchsetzung dieser «Staatsidee» notwendig durch die Indienstnahme solcher Herrschaftsinsignien gekennzeichnet, die dem Scheincharakter sozialer Harmonie im Dritten Reich das Beglaubigungssiegel von «Gemeinschaft» und «Einheit» aufzudrücken schienen, die als «natürlich» repräsentierten, was doch nur Ausdruck sozialer Demagogie war.[4] Koellreutters staatstheoretisches Programm kann deshalb als eine offene Darstellung der Prinzipien nationalsozialistischer Herrschaft bezeichnet werden. Ihm liegt es fern, die Apparaturen des Machtstaates mit den Gloriolen einer falsch verstandenen bürgerlichen Ästhetik zu dekorieren oder gar zu verschleiern. Der Schein wird vielmehr *als Schein* instrumentalisiert, um das Wesen des nationalsozialistischen Staates um so unverstellter zur Geltung zu bringen. Insofern geht Koellreutter einen entscheidenden Schritt über Schmitt hinaus: Er liefert dem Nationalsozialismus das staatstheoretische Programm, innerhalb dessen sich vollziehen kann, was Walter Benjamin in seinem *Kunstwerk*-Aufsatz «Ästhetisierung des politischen Lebens» (1974 c: 506) genannt hat.

Ästhetisierung des politischen Lebens

Zur Ausfüllung des Defizits an ästhetischer Evidenz, das der ordnungsstaatliche Machtapparat des NS-Regimes aufweist, dient die Multiplizierung und Potenzierung des faschistischen Herrschaftsanspruchs durch die politische Funktionalisierung solcher Mythen, welche die herrschaftstechnisch scheinhaft durchgesetzte Stillstellung der Geschichte auch formal repräsentieren konnten. Denn der Scheincharakter sozialer Harmonie bedarf eines Pendants in der ästhetischen Sphäre bürgerlicher Öffentlichkeit, um symbolhaft zu erfüllen, was real versagt wird. Die Programmatik Koellreutters, die in das Wortfeld von Ethos und Idee, Seele und Vorstellung zu bannen versucht, was in der Realität einer kapitalistischen Gesellschaft nicht aufgehen kann, enthält *in nuce* die soziale Funktion faschistischer Ästhetik: die historische Ungleichzeitigkeit des Faschismus zu sich selber zu verklären. Diese Funktion sei im folgenden an drei zentralen Elementen nationalsozialistischer Selbstverklärung erläutert: am Terminus «Drittes Reich», am Mythos des «Führers» und an der ritualisierten Ästhetik der NSDAP-Parteitage.

Das Dritte Reich

> Das Tier im Menschen kriecht heran. Afrika dunkelt
> in Europa herauf. Wir haben die Wächter zu sein an
> der Schwelle der Werte.
> Arthur Moeller van den Bruck (1931: 326)

Der alte Religions- und Menschheitstraum vom Dritten Reich, dem Endreich, dem teleologisch gedachten Erlösungsstadium menschlicher Geschichte, das die Entwicklungsprozesse sozialer Bewegungen in chiliastischen Dimensionen stillstellen würde – dieser alte Traum lieferte nicht nur den Titel für Arthur Moeller van den Brucks 1923 erschienenes Hauptwerk, sondern war zugleich Programm eines konservativen Nationalismus, der dem Faschismus prophetisch den Weg bereitete. Nach dem mittelalterlichen Kaiserreich und dem Bismarckreich des 19. Jahrunderts sollte sich, den Visionen Moeller van den Brucks zufolge, die geschlagene deutsche Nation auf ihre eigenen Werte besinnen, allem Internationalismus abschwören, alles sozial Trennende in die geschichtsmächtige Synthese der nationalen Idee einbringen, um sich als ein machtvoll in die Zukunft ragendes neues Deutsches Reich zu erheben, als «Das dritte Reich», mit dem die deutsche Geschichte an ihr Ziel und Ende kommen werde:

> Die dritte Partei will das dritte Reich.
> Sie ist die Partei der Kontinuität der deutschen Geschichte.
> Sie ist die Partei aller Deutschen, die Deutschland dem deutschen Volke
> erhalten wollen (ebd.: 304).

Das «erste Reich», so Moeller van den Bruck, sei durch ein «starkes Wertungsbewußtsein» gekennzeichnet gewesen: «Es war ein Reich um des Reiches willen» (ebd.: 308). Das «zweite Reich» hingegen war lediglich ein «Zwischenreich»: «Es ist zusammengebrochen, weil es nicht die Zeit bekam, um Überlieferung zu werden» (ebd.: 321). Das «dritte Reich» aber ist das «Endreich», zu dessen Vorkämpfer sich der «deutsche Nationalismus» selbst ernennt. «Der deutsche Nationalismus kämpft für das mögliche Reich»: «In dieser sinkenden Welt, die heute die siegreiche ist, sucht er das Deutsche zu retten. Er sucht dessen Inbegriff in den Werten zu erhalten, die unbesiegbar blieben, weil sie unbesiegbar in sich sind. Er sucht ihnen die Dauer in der Welt zu sichern, indem er, für sie kämpfend, den Rang wiederherstellt, auf den sie ein Anrecht haben» (ebd.: 325).

Die geistesgeschichtliche Traditionslinie, die Moeller van den Bruck zu beerben versucht, reicht, wie Ernst Bloch 1935 in *Erbschaft dieser Zeit* gezeigt hat (1973: 126 ff), bis zu den Kirchenvätern zurück, bis zu Origines und den geschichtstheologischen Dogmenbildungen der Folgezeit. Deren Lehre von dem dreifachen, dem leiblich, seelisch und geistig möglichen Verständnis der christlichen Urkunden formte im Übergang zum 13. Jahrhundert der Abt Joachim von Fiore um in eine teleologische Projektion, die den gesamten Gang der Menschheitsgeschichte als Abfolge eines dreistufigen Entwicklungsprozesses faßt, an dessen Ende das Dritte Zeitalter stehen sollte. In seinen Studien hat Joachim die drei «Weltzustände» beschrieben:

Den ersten, in dem wir unter Gesetz waren; den zweiten in der Gnade; den dritten, den wir in Bälde erwarten, in noch reicherer Gnade; denn Gnade gab er uns um Gnade, sagt Johannes (1.16), oder Glaube für Liebe oder beides zusammen. Der erste Status war in der Wissenschaft, der zweite in der Macht der Weisheit, der dritte in der Vollkommenheit der Erkenntnis. Der erste in der Knechtschaft der Sklaven, der zweite in der Dienstbarkeit der Söhne, der dritte in der Freiheit. Der erste in Plagen, der zweite in der Aktion, der dritte in der Kontemplation. Der erste in der Furcht, der zweite im Glauben, der dritte in der Liebe. Der erste im Zustand der Knechte, der zweite der Freien, der dritte der Freunde (1955: 82).

Dieser dreistufige Gang durch die Geschichte, der sich auf die biblische Trinität «Vater, Sohn und Heiliger Geist» bezieht, entspricht

Graden der Vervollkommnung, die «nicht von einzelnen Menschen, sondern von ganzen Zeitaltern jeweils erreichbar» sind (Grundmann 1927: 132). In deren letztem, dem biblischen Zeitalter erfüllt sich – so Ernst Bloch in seiner Deutung Joachims – die Menschheitsgeschichte als Vollzug des biblisch verheißenen irdischen Glückszustandes, als Zustand reichster Gnade, vollkommener Erkenntnis, Freiheit und Kontemplation, Liebe und Freundschaft: «Der Buchstabe des Evangeliums Christi mit seiner Kirche und seinen Klerikern wird vergehen, die urchristliche Gemeinde fährt vom Himmel auf die Erde, kommunistische Bruderschaft und Friedensreiche beginnen» (Bloch 1973: 135).

Joachims Geschichtsheorie ist Geschichts*philosophie,* insofern er seine prophetische Erkenntnis der Zukunft der Einsicht in Struktur und Charakter der Vergangenheit abgewinnt und aus dieser Einsicht Gleichförmigkeiten und Gesetzmäßigkeiten im Prozeß der Menschheitsgeschichte freilegt. Der Trinitätsglaube, geläutert zum Glauben an ein je unterschiedliches Reich des Vaters, des Sohnes und des Heiligen Geistes, führt zu einer Geschichtstypologie abgestufter Dreifaltigkeit, die ein revolutionäres Moment im Umkreis der zeitgenössischen Diskussionen darstellte, weil die offizielle klerikale Hierarchie in der Heraufkunft der viri spirituales, der «kommunistischen Bruderschaft» (Bloch), eine potentielle Destruktion ihrer eigenen Herrschaft erblicken mußte. Dementsprechend wurde die Lehre Joachims von den drei Zeitaltern verboten – sie überschritt zu offensichtlich die engen Grenzen des lizenzierten theologischen Bewußtseins (vgl. Grundmann 1950: 64 ff).

Doch trotz der offiziellen kirchlichen Eingriffe ist das konkret–utopische Potential der Vision vom Dritten Zeitalter lebendig geblieben. Es erlebte seine nachdrücklichste Hervorhebung im 18. Jahrhundert durch Lessing, der unter aufklärerischen Vorzeichen in seiner *Erziehung des Menschengeschlechts* 1780 bewußt an die «Schwärmer des dreizehnten und vierzehnten Jahrhunderts» (1979: 508) anknüpfte. Deren Glauben an ein *«dreifaches Alter der Welt»* konnte Lessing für «keine so leere Grille» (ebd.) erklären, weil er der menschlichen Vollendung unter dem Signum der Vernunft sicher war:

Nein; sie wird kommen, sie wird gewiß kommen, die Zeit der Vollendung, da der Mensch, je überzeugter sein Verstand einer immer bessern
Zukunft sich fühlet, von dieser Zukunft gleichwohl Bewegungsgründe zu
seinen Handlungen zu erborgen, nicht nötig haben wird; da er das Gute
tun wird, weil es das Gute ist, nicht weil willkürliche Belohnungen darauf
gesetzt sind, die seinen flatterhaften Blick ehedem bloß heften und stärken
sollten, die innern bessern Belohnungen desselben zu erkennen (ebd.).

In dieser Vision eines *«neuen ewigen Evangeliums»* (ebd.: 508) fallen
Glaubensgewißheit und Geschichtsoptimismus des aufgeklärten
Bürgertums im 18. Jahrhundert zusammen. Diese Vision repräsentiert das Bewußtsein einer politisch aufstrebenden und sozial sich
emanzipierenden Klasse. Für Lessing ist die aus Vernunftgründen
wohlgeordnete und also vollendete Zukunft Teil einer Geschichtszu-
versicht, die sich aus der historischen Bestimmung des Bürgertums,
dessen Interessen sich als Menschheitsinteressen aussprechen, unum-
stößlich ergeben. Lessings Kritik an den «Schwärmern des dreizehnten und vierzehnten Jahrhunderts» richtet sich konsequenterweise
nicht gegen deren Vision eines Dritten Reiches, sondern gegen die
historische Übereilung und Ungeduld, mit der dieser Menschheitstraum vorgetragen wurde. Dagegen – mit Lessings Worten –, daß
diese Schwärmer «ihre Zeitgenossen, die noch kaum der Kindheit
entwachsen waren, ohne Aufklärung, ohne Vorbereitung, mit eins
zu Männern machen zu können glaubten, die ihres *dritten Zeitalters*
würdig wären» (ebd.). Eben die Gewißheit des kommenden Zeitalters ermöglicht Lessing, in einer Weise zur Ruhe, zum Abwarten, zur
Einsicht in die notwendige Dauer des historischen Entwicklungsprozesses zu ermahnen, wie es nach ihm, ähnlich eindringlich, der Les-
sing-Verehrer Heinrich Heine mit seinem revolutionstheoretischen
Bild vom «Messias in Goldenen Ketten» (Heine 1971 a: 120 f) wiederholt hat: als Warnung vor der verfrühten Revolution (vgl. Schnell
1989: 97 ff; 1996: 119 ff).

Daß dieses Vertrauen Lessings in die Entwicklung der bürgerlichen Gesellschaft, in ihre Transformation zum Reich einer ver-
nunftgeleiteten Freiheit durch die späteren Ideologen des Bürgertums bis ins 20. Jahrhundert hinein als selber ideologisch entlarvt
werden sollte, zählt zu den ironischen Akzenten der Geistesge-

schichte. Was Bloch am Beispiel der Gedanken Schellings zum Dritten Reich für das 19. Jahrhundert sagt, daß nämlich «nur mehr das Schema, aber nicht mehr der Inhalt der Abfolge erinnert geblieben ist» (1973: 138), gilt in ungleich stärkerem Maß für die politischen Visionen Moeller van den Brucks. Seine säkularisierte Form des ‹tertium datur› dient gerade der politischen Unterschlagung des möglichen Glücks. Nicht die Erlösung, die Befreiung aller, nicht urchristliche Gemeinschaft, kommunistische Bruderschaft, allseitiger Frieden und vernunftgeleitetes Handeln sind bei Moeller van den Bruck Inhalte dieses kommenden Reichs, sondern ein streng hierarchisches Herrschaftsgepräge, der imperialistische Anspruch des «Deutschtums» und das Aufsuchen brauchbarer Ideologeme im «Mittelalterlichen, im Ständischen, aber auch im Mystischen und noch früher, im Primitiven und Mythischen» (1931: 315). Der konservative Prophet benutzt den alten Traum vom Dritten Reich zur ästhetisierenden Verbrämung politischer Herrschaftsansprüche, richtet ihn zu für ein Zeitalter krisenhafter ökonomischer und politischer Erschütterungen, indem er zur Herrschaftslegitimierung umdeutet, was als Aufhebung von Herrschaft gedacht worden ist:

> Aber die nationalistische Bewegung unterscheidet sich von der Selbstauffassung einer nur formalen Demokratie nicht anders wie von derjenigen eines klassenbewußten Proletariats vor allem dadurch, daß sie durchaus eine Bewegung von Oben, und nicht von Unten her ist. Teilhaftigkeit setzt Bewußtsein voraus, Bewußtsein der Werte, deren die Nation teilhaftig ist. Dieses Bewußtsein kann niemals vermittelt werden, wenn ihm nicht ein Drang von Unten her entgegenkommt. In diesem Sinn will der Nationalismus die Durchdringung nach Unten hin. Aber die Vermittlung selbst verbleibt dem Bewußtsein von Oben her (ebd.: 311).

Die aufklärerische Gewißheit einer besseren, weil vernünftig geordneten Zukunft verfällt bei Moeller van den Bruck der einebnenden Demagogie des faschistischen Herrschaftsanspruchs, der die Frage nach seiner inhaltlichen Legitimation tautologisch mit dem Hinweis auf die politischen Zielsetzungen des konservativen Nationalismus beantwortet. Der demagogische Charakter dieses Appells liegt in der bewußten Perversion eines Mythos, den zu benennen allein schon geschichtsträchtige Erinnerungen an Befreiung und Erlösung zu wecken bedeutet. Seine chiliastische Dimension, die Verbindung der Idee vom Dritten Reich mit dem Gedanken an dessen tausendjährige Dauer, klingt an, wenn Moeller van den Bruck in den letzten Sätzen seines Werks auf «das Deutschland einer zweitausendjährigen Vergangenheit und (...) das Deutschland einer ewigen Gegenwart» (ebd.: 326) verweist. Die ideologische Zerstörung bürgerlicher Historie, die sich selber als deren Erfüllung preist, ist vermittelt über ein Glücksversprechen, in dem die teleologisch verheißene Emanzipation des Menschen von der Unvollkommenheit und Unfreiheit seiner eigenen Geschichte dazu dient, zur ungefährdeten Durchsetzung faschistischer Herrschaftsansprüche beizutragen. Hitler, der Moellers Einschätzung zufolge die potentielle Demagogie des Glücksversprechens vom Dritten, Tausendjährigen Reich «nie begreifen»[5] würde, funktionalisierte gerade diesen Aspekt des alten Mythos, als er nur eineinhalb Jahre nach der nationalsozialistischen Machtübernahme, im September 1934, auf dem Reichsparteitag der NSDAP verkündete: «In den nächsten tausend Jahren findet in Deutschland keine Revolution mehr statt» (zitiert nach Rühle 1935: 303).

Der Führer

Denn Führen heißt: Massen bewegen können.
Adolf Hitler (1942: 650)

Daß Hitler der Messias sei, der Erlöser aus Furcht und Elend, Arbeitslosigkeit und Inflation, zumindest aber der «Volkskaiser» napoleonischen Zuschnitts – dieser Glaube hat entscheidend zum Sieg des Faschismus in Deutschland beigetragen. Der Mythos vom genialen Führer als Inkarnation göttlicher Vorsehung ist von der NS-Propaganda so konsequent entwickelt und forciert vorgetragen worden, daß er die politischen, propagandistischen und staatsrechtlichen Ebenen faschistischer Selbstrepräsentation und -interpretation zugleich als ideologisches Muster zu grundieren und als unbefragbare Konstante ästhetisierter Politik abzusichern vermochte. Doch diese aktive Seite nationalsozialistischer Propaganda allein hätte eine solche Wirkung nicht erzielen können. Ihr mußte ein sozialpsychologisches

Korrelat als komplementärer Faktor zur Durchsetzung des Führerprinzips im Bewußtsein der Massen entsprechen.

An diesen Faktor appellierte Hitler, als er in *Mein Kampf* Wesen und Ziele des Führerprinzips auf der politischen Ebene bestimmte:

Die Bewegung vertritt im kleinsten wie im größten den Grundsatz der unbedingten Führerautorität, gepaart mit höchster Verantwortung. (...)

Wer Führer sein will, trägt bei höchster und unumschränkter Autorität auch die letzte und schwerste Verantwortung.

Wer dazu nicht fähig oder für das Ertragen der Folgen seines Tuns zu feige ist, taugt nicht zum Führer. Nur der Held ist dazu berufen.

Der Fortschritt und die Kultur der Menschheit sind nicht ein Produkt der Majorität, sondern beruhen ausschließlich auf der Genialität und der Tatkraft der Persönlichkeit. (...)

Damit ist die Bewegung antiparlamentarisch, und selbst ihre Beteiligung in einer parlamentarischen Institution kann nur den Sinn einer Tätigkeit zu deren Zertrümmerung besitzen, zur Beseitigung einer Einrichtung, in der wir eine der schwersten Verfallserscheinungen der Menschheit zu erblicken haben (1942: 378 f.).

Heldentum, Genialität, Tatkraft der Persönlichkeit sind die Eigenschaften, die den Führer zu seiner Bestimmung disponieren, Verantwortung, «höchste», «letzte» und «schwerste», liegt auf der anderen Waagschale, die das Gewicht der «unbedingten Führerautorität» auszugleichen hat. Der Rückgriff auf den germanischen Mythos vom gewaltigen Führer im Rat der Stämme ist ebenso evident wie die spezifische propagandistische Verkehrung, die zum Zweck der Ästhetisierung politischer Phänomene mit diesem Mythos vorgenommen wird. Während ursprünglich der germanische Mythos als politischer Ausdruck einer bestimmten gesellschaftlichen Entwicklungsstufe zu Recht jene Autorität beanspruchen konnte, die ihm gleichzeitiges Bewußtsein überantwortete, bildet der Führer-Mythos der NS-Bewegung einen nur mehr scheinbar zeitgemäßen Anspruch an ungleichzeitiges Bewußtsein, die soziale Identität vollends dem propagandistisch inszenierten Schein faschistischer Ästhetik aufzuopfern. Deren lyrische Qualitäten hat der NS-Poet Will Vesper herauspräpariert:

So gelte denn wieder
Urväter Sitte:
Es steigt der Führer
aus Volkes Mitte.

Sie kannten vor Zeiten
nicht Krone noch Thron.
Es führte die Männer
ihr tüchtigster Sohn,

die Freien der Freie!
Nur eigene Tat
gab ihm die Weihe,
und Gottes Gnad'!

So schuf ihm sein Wirken
Würde und Stand.
Der vor dem Heer herzog
ward Herzog genannt.

Herzog des Reiches,
wie wir es meinen,
bist du schon lange
im Herzen der Deinen.
(Vesper 1940: 377)

Doch Hitler und den Technokraten der nationalsozialistischen Propagandamaschinerie lag nicht an einem «Herumwerfen mit besonders altgermanischen Ausdrücken» «bezopfter völkischer Theoretiker» (Hitler 1942: 395), sondern an der sozialpsychologischen
Entlastungsfunktion, die sich in der Appellstruktur des Führer-Mythos ausspricht und deren ästhetische Dimensionen präzise auf den
autoritativen Erwartungshorizont ohnmächtiger und klassenindiffe-
renter Massen kalkuliert waren. Den ungleichzeitigen Mittelschichten und Sozialtypen, die in der parlamentarischen Demokratie der
Weimarer Zeit vor allem eben ihre Ohnmacht erfahren, wird die Suspendierung ihrer ohnehin nicht oder nur spärlich vorhandenen sozialen und politischen Handlungsfähigkeit als Ausweg aus ihrer Verelen-
dung anempfohlen. Zugleich wird mit der mythischen Gestalt des
politischen Heros, des heldischen, genialen, tatkräftigen absoluten

Führers eine Vaterimago als Identifikationsfigur angeboten, die als Ersatz für eine nicht mehr vorhandene Autorität in der Familie dient. Die unmündig gehaltenen Massen, die weder in der formaldemokratischen Struktur der Weimarer Republik ihre politische noch in den tradierten, doch verfallenden gesellschaftlichen Institutionen ihre soziale Identität zu finden vermögen, sollen sich dem verheißungsvollen Schein eines Mythos ausliefern, der ihnen Selbsterfüllung durch Unterordnung, persönliche Stabilisierung durch Selbstaufgabe, neue Hoffnung durch alten Glauben verspricht.

Die propagandistische Ebene faschistischer Strategie nahm diese Argumentationsfiguren auf, um in ihren ganz auf Hitler abgestellten Wahlkämpfen die Erfüllung diffuser Sehnsüchte im Führertum zu verheißen. In einem Wahlaufruf, der am 1. März 1932 im Parteiorgan *Völkischer Beobachter* erschien, liest man:

Der Führer unserer nationalsozialistischen Freiheitsbewegung, die sein Werk ist, der 12 Jahre mit ihr um die Seele seines Volkes für Deutschland gerungen hat, fordert heute im Namen dieses Volkes das System in die Schranken. Wir wissen, daß das Volk, für das er kämpft, in dieser Stunde zu ihm steht, um mit ihm für die deutsche Nation zu kämpfen und zu siegen. (...)

Hitler, das ist die Parole aller, die an Deutschlands Wiederauferstehung glauben.

Hitler ist die letzte Hoffnung derer, denen man alles nahm (...).

Hitler ist für Millionen das erlösende Wort, weil sie heute verzweifeln und nur in diesem Namen einen Weg sehen zu neuem Leben und neuem Schaffen. (...)

Hitler, das ist der stürmische Wille der deutschen Jugend, die inmitten eines müden Geschlechts nach neuer Gestaltung ringt und den Glauben an eine bessere deutsche Zukunft nicht aufgeben will und kann, und darum ist Hitler das lodernde Fanal aller, die eine deutsche Zukunft wollen.

Die Wahlen vom Juli 1932 zeigten, daß der propagandistisch gelenkte Mythos des Führers sich zählbar hatte ummünzen lassen. Die NSDAP erhielt 13,7 Millionen (= 37,3 Prozent) der Wählerstimmen. Die durch die NS-Propaganda postulierte und popularisierte Systemfeindschaft, die eine Ablösung durch eine neue politische Herrschaft versprach, und das politische und sozialpsychologische

Entlastungspotential des neugeschaffenen autoritären Ideals trugen gemeinsam zum blinden Glauben an die faschistische Erlösungsbotschaft bei. Mit Pathos und demagogischer Eloquenz realisierte Hitler den Mythos, zu dem er sich selbst stilisiert hatte: der Tatmensch, der das System in die Schranken fordert; der Heros des Volks, der dessen Willen verkörpert und durchsetzt; der Garant einer nationalen Wiedergeburt; der Rächer der Betrogenen und Entehrten; der messianische Heilsbringer; der Volksmann und der Mann der Jugend, jung, stark und unzerstörbar. Die Zustimmung der Wählermassen zu diesem in das hochindustrialisierte Deutschland des 20. Jahrhunderts transponierten germanischen Führermythos muß als Antwort auf Fragen begriffen werden, die einem ungleichzeitigen gesellschaftlichen Bewußtsein unlösbar erschienen, da es sich seiner selbst weder in der politischen noch in der psychischen Realität seiner Gegenwart vergewissern konnte. Die zur Regression drängenden Widersprüche der scheinbar rational organisierten Gesellschaft suchten und fanden den Ausweg aus ihrem Dilemma mit jenem mythischen Sprung aus der geschichtlichen Wirklichkeit, den der Faschismus im Führerprinzip als Heilsversprechen vorwies. Die Führerfigur Adolf Hitler konnte so schicksalsgewaltig als revolutionäre Vollendung der bürgerlichen Historie erscheinen, deren Zerstörung sie repräsentiert.

Die derart erzeugte Vision von der Omnipotenz des faschistischen Führers, die bis in die letzten Tage des Zweiten Weltkriegs hinein durch eine totalitäre Herrschafts- und Propagandamaschinerie vermittelt und bekräftigt wurde – diese Vision hat den Glauben an die Geschichtsmächtigkeit der Einzelpersönlichkeit nachhaltig bestärkt. Noch gegenwärtige Deutungsversuche der NS-Herrschaft und namentlich der Person Hitlers erliegen der Faszination dieser mythischen Vision. Dabei spielt es offenbar keine Rolle, daß die vorgebliche Geschichtsmächtigkeit der zum Monument stilisierten Einzelpersönlichkeit in einer Katastrophe endete, welche die propagandistisch vom Nationalsozialismus inszenierte Zerstörung der Historie schließlich zur Realität des Faschismus werden ließ. Nicht der komplexe geschichtliche Entwicklungsprozeß, in dessen Verlauf die nicht beherrschten Produktivkräfte zu Destruktivkräften erdumspannenden Ausmaßes verkamen, wird in solchen Dokumenten expliziter Gegnerschaft zum Nationalsozialismus nachgezeichnet und aufgedeckt. Sondern es werden faschistische Propagandaintentionen reproduziert, die den Führer einmal mehr, seinem Selbstentwurf («Genialität und Tatkraft der Persönlichkeit») entsprechend, zum Vorbild und Heros und zur Vaterimago stilisieren.

Als beispielhaft hierfür kann Joachim Fests Film *Hitler – eine Karriere* von 1977 gelten, der Bild für Bild, Sequenz für Sequenz, Schnitt für Schnitt bestätigt, was Fest in seiner Hitler-Biographie zuvor schon zu untermauern versucht hatte: Mit Hitler habe noch einmal ein einzelner Mensch «seine stupende Gewalt über den Geschichtsprozeß» unter Beweis gestellt (1973: 22). Fest hat diese These in seinem Vorwort zu einer Neuausgabe des Buchs – unter dem Titel *Zeitgenosse Hitler* vorabgedruckt in der *Frankfurter Allgemeinen Zeitung* vom 7. Oktober 1995 – nahezu wörtlich wiederholt, als er hinwies auf die «stupende Macht über die Umstände, die Hitler als ‹Figur aus dem Nichts› bewies» (Fest 1995). Doch die Massenwirksamkeit Hitlers ebenso wie seine absolute Herrschaftsgewalt lassen sich als politisch–religiöser Kult oder als individuelle, womöglich dämonische Disposition des Führers nur deuten um den Preis einer unkritischen Übernahme der nationalsozialistischen Selbstdarstellung. Tatsächlich nimmt Fests Film mit dem Originalmaterial der Filme Leni Riefenstahls auch deren Ästhetik in sich auf, deren politische Funktion in einer einzigartigen Verklärung der Figur Hitlers besteht. Wer aber diese filmische Wahrnehmung faschistischer Inszenierungen als objektives Dokument geschichtlicher Wirklichkeit zitiert, hat sein Material schlecht befragt. Und wer – wie Fest in seinem Vorwort von 1995 – gegen den Einwand, daß «die Rolle des einzelnen für den Geschichtsverlauf zusehends schwächer werde und er längst nicht mehr in dem Maße, wie es vielfach das neunzehnte Jahrhundert sah, Geschichte ‹macht›», unbeirrt die Behauptung setzt: «Aber dieser eine hat eben doch, seltsam verspätet auch insoweit, noch einmal mehr davon gemacht, als es womöglich der Zeit entsprach» (ebd.), der unterschlägt die Komplexität von Geschichte zugunsten vereinfachender Generalisierung. «Er allein?» möchte man mit Brecht angesichts der folgenden Simplifizierung Fests fragen: «Er hat ein ungeheures Zerstörungswerk angerichtet: Menschen, Städte, Länder, auch Werte, Traditionen und Lebensformen ausgelöscht» (ebd.). Konsequenterweise verlieren sich denn auch die historisch–politischen Dimensionen des nationalsozialistischen Führers bei Fest ins Allgemein-Menschliche: «Aber seine folgenreichere Hinterlassenschaft ist der Schrecken darüber, wessen der Mensch gegen den Menschen fähig ist» (ebd.).

Zu fragen wäre demgegenüber, noch immer, nach den von Fest so sehr verfemten «gesellschaftlichen Kräften», die Hitlers «Karriere» ermöglicht haben. Das heißt keineswegs, die historische Bedeutung Hitlers zu unterschätzen. Es heißt lediglich, in die historische Wahrnehmung und Wertung differenzierend die Strukturen einzubeziehen, die die Person Hitler zum «Mythos Hitler» (Fest 1995) haben werden lassen. Es geht um jene Mechanismen und Bedingungen des Erfolgs für jenes «ins Gigantische vergrößerte, kollektivierte Ich-Ideal» (Institut für Sozialforschung 1974: 127) des nationalsozialistischen Führers, der doch nur scheinhaft repräsentierte, was er demagogisch verheißen hatte: Befreiung der Massen.

Ritualisierte Ästhetik

Ähnlich wie ein Gläubiger durch einen Dom,
in dem er einen Gottesdienst übt, beeindruckt wird, sollten
auch die Bauten Hitlers, auf dem Parteitagsgelände
z. B., dazu dienen, den Menschen in den Bann zu
schlagen.
Albert Speer (1970: 20)

Der propagandistische Einsatz der chiliastischen Idee vom Dritten Reich und der faschistisch inszenierte Führerkult sind exemplarische Belege für die Funktionalisierung von Mythen zu politischen Zwekken. Ihre volle propagandistische Wirksamkeit jedoch entfalten sie erst im Zusammenhang nationalsozialistischer Massenveranstaltungen, im Kontext eines Rituals, das zahlreiche Mythen zu einem Gesamtbild ästhetisierter Politik integriert. Die faschistische Massenveranstaltung funktionalisiert ihrerseits die politisch in Anspruch genommenen Mythen zu symbolischen Zeichen um, die als integrierte Form der Selbstdarstellung politische Inhalte transportieren.

Opferwille und Aufhebung der Individualität, Führeridolatrie und Gemeinschaftsmythos sind jene Inhalte, die in den zunehmend sich

51

verselbständigenden Formen der faschistischen Massenveranstaltungen sich mitteilen – und von den Zeitgenossen zustimmend als «Sinnwille der Zeit» verstanden wurden:

Der offenbart sich nicht an den Oberflächen des Lebens und Geschehens. Aber es gibt Stunden, in denen er aus seinem Geheimnis unmittelbar herauszutreten und allen sichtbar werden zu wollen scheint. Wir haben solche Stunden schon erleben dürfen. Eine dieser Stunden ist die morgendliche des vorjährigen Reichsparteitages (1933) gewesen, in der die Gefallenenehrung stattfand.

Die fast unübersehbaren Massen der Kämpfer waren im Luitpoldhain aufmarschiert. Sie füllten ihn bis zum letzten Platz. Nur in der Mitte hatten sie eine breite Straße freigelassen. Sie führte von der Tribüne, auf der sich die drei riesigen, alles überleuchtenden Hakenkreuzfahnen erhoben, zu dem Gefallenenmal. Der Höhepunkt der Feier kam, als der Führer und der Stabschef, nachdem sie die breite Straße langsam durchschritten hatten, an dem mächtigen Kranze, der vor dem Ehrenmal lag, zum Gedenken inne hielten. Ihr Gedenken wurde allen hörbar. Die Musik spielte ‹Ich hatt' einen Kameraden› (Schrade 1934: 510).

Die unverwechselbar «nationalsozialistische» Dimension dieses Rituals entspringt einer Kongruenz von Architektur und Massenszene, von granitener Monumentalität und soldatischem Heroismus, die sowohl der als Schein inszenierten Apotheose «Staat – Bewegung – Volk» (Carl Schmitt) als auch dem faschistischen Ideologem von der Stillstellung der Geschichte im «tausendjährigen» Dritten Reich Ausdruck gibt. Die zu Quadern gehauenen Menschenblöcke und die betonstarrenden Denkmäler nationalsozialistischer Architektur, beide als Elemente des Rituals geschmückt mit NS-Emblemen, bestätigen in ihrer Reglosigkeit die Einzigartigkeit jener Bewegung, die mit dem Gang des Führers planvoll in die Szenerie einer solchen identifikationsheischenden «Theatralik des Faschismus» eingebaut ist, von der Bertolt Brecht im *Messingkauf* spricht (1967 c: 558 ff). Die ins Gigantische gesteigerte Inszenierung des Führer-Mythos gipfelt in der Einsamkeit von Hitlers Marsch durch die versteinerten Massen und symbolisiert so Herrschaftsprinzip und Geschichtsvision des Nationalsozialismus gleichermaßen.

Zur Einstimmung der Massen in den notwendigen Gestus der Unterwerfung, an dem sie selbst teilhaben und dessen Publikum sie bilden, dienen mithin drei Elemente ungleichzeitiger Propaganda:

– eine Monumentalität des Repräsentationsstils, die sich mit George L. Mosse als «Kombination von Ästhetik und Nationalismus» (1976: 45) bestimmen läßt;

– eine politische Symbolik – beispielhaft repräsentiert im Hakenkreuz, den NS-Standarten, der «Blutfahne» oder den flammenden Fackeln –, die, mit Wilhelm Reich gesprochen, auf «unbewußte Schichten des Seelischen einen großen Reiz ausübt» (1933: 153);

– eine politische Repräsentationsfigur, die, wie Hitler, als Integrationskraft des gesamten Rituals zu fungieren vermochte, als energetisches Element, das die übrigen Symbole durch symbolhaftes Handeln miteinander verbindet und zu gemeinsamer Wirkung bringt.

Ein Ritual, das sich unter solchen Determinanten konstituiert, gestattet es einer Gruppe – so Erik H. Erikson –, «sich in symbolisch-ornamentaler Weise so zu verhalten, daß sie eine geordnete Welt darzustellen scheint. Jeder winzige Teil erhält eine Identität durch den bloßen Zusammenhang mit allen anderen» (1975, 205). Insofern erfüllt auch diese Art der Selbstdarstellung noch jene Kriterien zur Bestimmung des Verhältnisses von Mythos und Ritus, denen zufolge «sich das eine im anderen (ergänzt), indem es diese überhöht, erweitert und abstützt. Der Ritus realisiert dann den Mythos in gegenständlicher Handlung, der Mythos verwirklicht den Ritus in bildlicher Anschauung» (Weimann 1974: 398). Doch die politische Dimension dieses kultischen Scheins läßt sich nur dann erschließen, wenn die Ungleichzeitigkeit der ritualisierten Ausdrucksformen auf ihre soziale Funktion zurückbezogen wird: auf die beabsichtigte Sublimierung der Bereiche Technik und Ökonomie im öffentlichen Bewußtsein durch deren demonstrative Aussparung in der faschistischen Selbstrepräsentation. Argumentationsstrategien zu solcher Sublimierung hatte der deutsche Faschismus bereits frühzeitig entwickelt:

Der Arbeiter wird als ehrwürdiges und unentbehrliches Glied des heiligen Produktionsprozesses nicht nur anerkannt, sondern auch praktisch als solcher geschätzt. Ist auch gleich der Ingenieur der berufene Priester der Maschine und der eigentliche Künder und Vermittler technischer Allgewalt, so weiß doch gerade er am besten, daß auch der staub- und schweißbedeckte

Werkbruder an der Maschine mit der schwieligen Hand in seinem Tage-
werk ein Tun voll Würde ausübt, auf das in gleicher Weise der Abglanz
göttlicher Weihe zurückfällt wie auf das eigentlich schöpferische Gestalten
des Ingenieurs (Schwerber 1932: 55 f).

Der in dieser Argumentation gegenwärtige Topos faschistischer
Rhetorik verklärt produktive Arbeit demagogisch zum Akt göttlicher Schöpferkraft. Dieser Aspekt mußte in den offiziellen Massen-
ritualen des Faschismus ausgespart werden. Denn sie sind als eine
kultisch vorgestellte Bändigung der Produktivkräfte ebenso angelegt
wie als ritualisierte Vision von deren potentiell drohender Umwand-
lung in Destruktivkräfte, ihrer Entfesselung im Krieg. Der Faschismus unterwirft mit den Massen, die ihm in der Teilnahme an seinen
öffentlichen Inszenierungen stumm applaudieren, zugleich symbolhaft Technik und Ökonomie seiner Herrschaft. Auf diese Weise stellt
er – so Walter Benjamins häufig zitierte These – im totalitären Ritual
seine Geschichtsmächtigkeit unter Beweis: «Der Vergewaltigung
der Massen, die er im Kult eines Führers zu Boden zwingt, entspricht
die Vergewaltigung einer Apparatur, die er der Herstellung von
Kultwerten dienstbar macht» (1974 b: 506).
  Der vorgeblich «uneigennützig soziale Impuls», der die «unver-
meidliche Häßlichkeit der technischen Welt mit der Schönheit,
mit vertrauten ästhetischen Formen versöhnen wollte» (Speer 1975:
585), ist in Wahrheit der durchaus eigennützige Ausdruck der sozialen Ungleichzeitigkeit des Faschismus zu sich selber: Dessen
Herrschaftsanspruch ließ sich legitimieren nur um den Preis einer
scheinhaften Versöhnung der Irrationalität des faschistischen Führerprinzips mit der «Häßlichkeit» technologischer Rationalität. Die
«Mißgeburt des Faschismus» ist, wie Alfred Sohn-Rethel gezeigt
hat, nicht zuletzt durch die Tendenz des Kapitalismus hervorgebracht worden, den ihm immanenten «Produktionszwang» krisen-
frei zu verwirklichen (1973: 41 ff). Der Nationalsozialismus hatte,
wenn er nicht selbst die Massenwirksamkeit seiner Großveranstal-
tungen als gezielte Demagogie entlarven wollte, die Erinnerung an
diesen seinen Ursprung auszulöschen. Er tat dies im ritualisierten
Zeremoniell ästhetisierter Politik, wie es die nationalsozialistischen
Selbstinszenierungen repräsentierten.

Diese Massenrituale sind vielfach als Ausdruck einer säkularisierten Religion, als spezifisch nationalsozialistische «Liturgik»[6] ernst genommen worden. Klaus Theweleit etwa hat in seiner Analyse des faschistischen Charakters darauf aufmerksam gemacht, daß es sich bei Leni Riefenstahls Film *Triumph des Willens* vom Reichsparteitag der NSDAP um einen «Film von einem Fest des Schutzes» handele: «Schutz für die, die an ihm teilnehmen» (1978: 466). Theweleit hat zur Begründung dieser These auf die Erfüllungssehnsüchte, die Identifikationswünsche und Verschmelzungsphantasien der Teilnehmer verwiesen, die hier bedient wurden: «Wo sonst bekamen die Zukurzgekommenen, die Nicht-zu-ende-Geborenen dermaßen viel? (Bei der rationalistisch/väterlichen KP?)» (ebd.: 470).

Dem wird man zustimmen müssen. Fragwürdig aber wird Theweleits Deutung, wenn er die politische «Liturgik» des Nationalsozialismus umstandslos – das heißt: ohne die politisch kalkulierten Strategien mitzubedenken, die in solche Inszenierungen formprägend eingegangen sind – zum Aspekt der «Religion» erklärt: «Demagogie? Nein. Der Vorwurf leugnet die Bedürfnisse der beteiligten Menschen ebenso wie der Schauspielervorwurf und negiert vor allem, daß der Führer etwas *gibt*. ‹Ersatzreligion›? Nein, wirkliche Religion» (ebd.: 471).

Das ist denn doch zu apodiktisch behauptet, zu wenig analytisch entwickelt, um überzeugen zu können. Eine solche Deutung erliegt, ohne sich dessen bewußt zu sein, ebenjener Faszination, Täuschung und Verwechslung, die den deutschen Faschisten eine erfolgreiche Funktionalisierung tradierter Mythen zum Instrument der Massenpropaganda erst ermöglichte. Deren zielstrebige Durchsetzung war untrennbar mit der glaubhaften Selbstdarstellung als politischer Kult verbunden, der zu sein er sich in Wahrheit nur den Anschein gab.[7]

Hitler wußte sehr wohl um die ihm auch von Theweleit attestierte «Fähigkeit, in genialer Weise von Zuständen und Wünschen zu sprechen, eine Fähigkeit, die ihre Bedeutung lediglich daraus ziehen kann, daß dieselben in den angetretenen Blocks der Zuhörer mächtig vorhanden waren» (ebd.: 472). Deshalb kann man durchaus mit Theweleit sagen: «Das Genie liegt darin, die richtigen Heilwörter für die zerstörten Leiber zu kennen» (ebd.: 472). Doch das «Genie» Hitlers bestand ebenso darin, seine Fähigkeiten «in genialer Weise», das

heißt gezielt und kalkuliert auf sein Publikum einzustellen und abzu-
stimmen. Hitlers von Albert Speer zitierte Äußerung über die Hinfäl-
ligkeit auch des Tausendjährigen Reichs und seines Führers, die eben
wegen dieser ihrer Vergänglichkeit des ritualisierten Scheins der
Dauer bedurften, macht dies hinreichend deutlich:

> Einige Kundgebungen (...) haben bereits ihre endgültige Form gefunden:
> dazu zähle ich die Veranstaltung der Hitler-Jugend, den Aufmarsch des
> Reichsarbeitsdienstes und die Nachtkundgebung mit den Amtswaltern auf
> dem Zeppelinfeld. Auch die Totengedenkfeiern der SA und SS in der Luit-
> pold-Arena zählen dazu. An diesem Ablauf dürfen wir nichts mehr ändern,
> damit die Form, so lange ich noch lebe, zum unabänderlichen Ritus wird.
> Dann kann später niemand daran rühren. Ich habe Angst vor der Neue-
> rungssehnsucht derer, die nach mir kommen. Irgendein Führer des Reiches
> verfügt dann vielleicht einmal nicht über meine Wirkungen, aber dieser
> Rahmen wird ihn stützen und ihm Autorität verleihen (Speer 1975: 403).

Die Erkenntnis, daß dem bürgerlichen Staat nicht *an sich,* das heißt
bereits in der Faktizität seiner Existenz, in der Struktur seines Auf-
baus und seiner Gliederung, jene ästhetische Qualität eigen ist, die
ihm Carl Schmitt hatte zusprechen wollen, diese richtige Erkenntnis
findet ihren praktischen Niederschlag im Einsatz von Mythen und in
der Konstruktion von Riten, welche die Herrschaftstechnik des Nationalsozialismus verklären und selber zum Ausdruck bringen. Was
Robert Weimann für den Umgang mit Mythen im Zeitalter des Ba-
rock festgestellt hat, daß nämlich eine «Willkür allegorischer Umdeutung», eine «barocke Nutzanwendung im Dienste aristokrati-
scher Repräsentation» zur herrschaftstechnischen Ausbeutung von
Mythen geführt habe (1974: 376), läßt sich auch für den Faschismus
konstatieren, freilich in bezeichnender Verschärfung. Die «Willkür»
der allegorischen Umdeutung ist einer perfekten Planung gezielten
Einsatzes gewichen, die «barocke Nutzanwendung» dem kalkulierten Mechanismus von Unterdrückung und Herrschaftssicherung.

Benjamins Skizze der «Ästhetisierung der Politik» im *Kunstwerk*-
Aufsatz und im ersten *Pariser Brief* (vgl. hierzu Emmerich 1977; Stollmann 1978) beschreibt die spezifisch faschistische Ausprägung des
Zusammenhangs von Politik und Ästhetik zutreffend, soweit mit
seiner These die *soziale* Funktion faschistischer Ästhetik erfaßt wird:

die Tendenz der ästhetischen Phänomene des Faschismus, sich zu einer eigenständigen Form faschistischer Herrschaft zu verändern, zu deren Ästhetisierung sie ursprünglich nur hatten beitragen sollen. Gleichwohl bedarf Benjamins These einer Präzisierung. In dem Maß, wie die Nationalsozialisten durch Wiederholung, Eindringlichkeit und Dauer den Symbolcharakter der instrumentalisierten Mythen und Riten zum politischen *Inhalt* zu verändern vermochten, erlangten diese die Qualität einer Herrschaftstechnik, die ihre ursprünglichen Vermittlungen, ihren instrumentellen Charakter, ihre ästhetische *Funktion* zu verlieren beginnt, indem sie nur mehr sich selbst zum Ausdruck bringt. Erst auf dieser Ebene faschistischer Herrschaft bewahrheitet sich Carl Schmitts «Vorstellung des Staates als eines Kunstproduktes menschlicher Berechnung». Der faschistisch inszenierte Schein, die ästhetisierte Politik verwandeln sich in eine ritualisierte Ästhetik, die selber als Herrschaftsform erscheint.

Faschistische Mythologie

Die Tatsache, daß der Faschismus zur Ästhetisierung seiner Politik auf bestimmte geschichtsphilosophische und politische Mythen zurückgriff, wirft einige Fragen auf, die sich unmittelbar auf die gesellschaftliche Bedeutung und die ästhetischen Dimensionen mythischer Denk- und Anschauungsformen richten: Sind Mythen generell als irrationale Formen der Realitätsverarbeitung zu begreifen? Leisten sie deshalb im industriellen Zeitalter prinzipiell faschistischen Tendenzen Vorschub? Oder entstehen Mythen gerade in der Abwehr sozialer, technischer und ökonomischer Entwicklungen, die zur undurchschaubaren Herrschaft über Menschen tendieren? Wäre mithin der Gebrauch von Mythen durch den Faschismus lediglich ein Mißbrauch, entgegen Form und Inhalt der mißbrauchten Mythen? Worin bestünde in diesem Fall das Potential der Mythen, das sich gegen politischen Mißbrauch stemmt? Und worin liegt die spezifische Anknüpfungsmöglichkeit für eine antifaschistische und antitechnokratische politische Ästhetik?

Eine erste Antwort auf diese Fragen, denen im folgenden anhand der Traditionslinien präfaschistischer Ästhetik im späten 19. Jahrhundert nachgegangen werden soll, ermöglicht eine sehr allgemeine, überaus produktive Bestimmung des Mythos, die Karl Marx in seiner *Einleitung zur Kritik der politischen Ökonomie* gegeben hat:

> Alle Mythologie überwindet und beherrscht und gestaltet die Naturkräfte in der Einbildung und durch die Einbildung: verschwindet also mit der wirklichen Herrschaft über dieselben. (...) Die griechische Kunst setzt die griechische Mythologie voraus, d. h. die Natur und die gesellschaftlichen Formen selbst schon in einer unbewußt künstlerischen Weise verarbeitet durch die Volksphantasie (1972: 641).

In dieser Bestimmung der «Mythologie» durch den jungen Marx, die sich im Einklang mit der klassischen zeitgenössischen Mythenforschung befindet (Herder, Karl Philipp Moritz, Schelling, Bachofen, Jacob Grimm; vgl. Weimann 1974: 371 ff), kommen drei Aspekte zum Ausdruck, die für die Charakterisierung von Mythen grundlegende Bedeutung besitzen: ihre erkenntnistheoretische Qualität, ihre geschichtliche Bedeutung und ihr kunst- und literaturgeschichtlicher Rang.

Der Mythos wird *erkenntnistheoretisch* begriffen als eine Form der Verarbeitung, der produktiven, verändernden Aneignung von Natur und Gesellschaft. Die «Volksphantasie» als Medium dieser Verarbeitung bildet das kollektive Gedächtnis, in dem die Wahrnehmungsformen aufbewahrt und phantasievoll-produktiv zur Einwirkung auf Natur und Gesellschaft fortentwickelt werden. Grundlage dieser Form produktiver Verarbeitung von Realität ist das geschichtliche Handeln der Menschen, ihre gesellschaftliche Praxis als Konstitutionsprozeß der Historie. Die mythische Verarbeitung von Natur und Gesellschaft, die sich als die nur «eingebildete» Beherrschung derselben darstellt, ist mithin nichts anderes als ein Erkenntnisprozeß innerhalb einer bestimmten geschichtlich-sozialen Konstellation, aus der er hervorgeht und auf die er einwirkt. Damit ist zugleich die *Geschichtlichkeit* der Entstehung und Wirkung von Mythen bezeichnet. Sie stellt sich im Bereich der griechischen Mythologie ebenso wie in anderen durch Mythen bestimmten Kulturen als Naturbeherrschung in und durch «Einbildung» dar.

Marx nimmt einen Gedanken Schellings auf, wenn er in diesem Zusammenhang von der «geschichtlichen Kindheit der Menschheit» (1972: 642) spricht. Der Mythos besitzt eine bestimmte erkenntnistheoretische Qualität auf einer bestimmten geschichtlichen Entwicklungsstufe der Völker. Diese Qualität verändert sich mit zunehmender Beherrschung der Natur- und Produktivkräfte, weil ihr Substrat, die gesellschaftliche Praxis der Menschen, sich wandelt. Schließlich weist Marx' Bestimmung des Mythos auf die *Geschichte der Ästhetik* hin. Da der Mythos als eine «unbewußt künstlerische Weise» der Verarbeitung von Natur und Gesellschaft verstanden wird, ist er innerhalb der Entwicklungsgeschichte der Künste der künstlerischen Produktion selbst vorgelagert. Deren entwicklungsgeschichtliche Voraussetzung bilden die durch Mythen geprägten «Volksphantasien», die poetisch verarbeitet werden und als Dichtung sodann ihre eigene ästhetische Qualität entfalten – bis hin zu jenem Kulminationspunkt ästhetischer Esoterik, der um seine eigenen Ursprünge nicht mehr weiß. Franz Fühmann hat in seinem Essay *Das mythische Element in der Literatur* vom vermittelnden «Gleichnischarakter» der Mythen gesprochen, in dem sich eine «subjektive Erfahrung unter Beibehaltung ihres subjektiven Charakters objektiviert wiederfinden» (1976: 107) lasse. In solcher Form literarischer Gleichnisse, aber auch in Bildern und Symbolen vergegenständlicht sich der Mythos, bildet er sich zum Medium der Verständigung, des Erfahrungsaustauschs, des Erkennens und Wiedererkennens aus.

Marx' Mythendeutung erklärt den Mythos nicht schlechthin für historisch und ästhetisch erledigt, sondern bindet seine geschichtliche Auflösung und Aufhebung erkenntnistheoretisch an die mit der Entwicklungsgeschichte der Menschheit einhergehenden sozialen Veränderungen, die Marx als zunehmende Beherrschung der Natur- und Produktivkräfte versteht. In dem Maß jedoch, wie ebendiese Beherrschung der Natur- und Produktivkräfte durch die Entwicklungsmechanismen der bürgerlichen Gesellschaft selbst verhindert wird, produziert die – von Horkheimer und Adorno in der *Dialektik der Aufklärung* so genannte – «Schwerkraft der trotz aller Rationalisierung irrationalen Gesellschaft» (1947: 149) ein höchst ambivalentes Widerstandspotential gegen gesellschaftlichen Fortschritt, das auch jene Mythen der modernen Welt umfaßt, die zur Regression drängen. Der Eindruck der Undurchschaubarkeit sozialer Prozesse ist, wie der junge Marx in den *Grundrissen der Kritik der politischen Ökonomie* gezeigt hat, vor allem dem Prinzip der Tauschabstraktion geschuldet:

> Sosehr nun das Ganze dieser Bewegung als gesellschaftlicher Prozeß erscheint, und sosehr die einzelnen Momente dieser Bewegung von bewußtem Willen und besonderen Zwecken der Individuen ausgehn, sosehr erscheint die Totalität des Prozesses als ein objektiver Zusammenhang, der naturwüchsig entsteht; zwar aus dem Aufeinanderwirken der bewußten Individuen hervorgeht, aber weder in ihrem Bewußtsein liegt, noch als Ganzes unter sie subsumiert wird. Ihr eignes Aufeinanderstoßen produziert eine über ihnen stehende, *fremde* gesellschaftliche Macht; ihre Wechselwirkung als von ihnen unabhängigen Prozeß und Gewalt (1974: 111).

Was so als «zweite Natur» dem Menschen gegenübertritt, ist die Geschichte seiner eigenen Entfremdung. Er begegnet ihr in Erscheinungsformen, die er nicht mehr als bewußt hergestellte erkennt und anerkennt, die ihm vielmehr als fremdartig, womöglich bedrohlich erscheinen. Sofern er deren Überwindbarkeit nicht theoretisch zu bestimmen vermag, verbleibt ihm als Reaktionsform eben der Bewältigungsversuch in einer Denk- und Anschauungsweise, die der realen Nichtbeherrschung von Natur- und Produktivkräften entspricht. Dieser Bewältigungsversuch läßt sich am ehesten als Bannung des Fremdartigen oder Bedrohlichen durch eine spezifisch ästhetische, produktive Form der Verarbeitung von Wirklichkeit beschreiben: durch die «Gleichnisse», Symbole und Bilder, in denen sich die Mythen vergegenständlichen. Diese haben politische, philosophische, künstlerische, literarische Ausformungen gefunden – etwa im Anarchismus, in der Lebensphilosophie, im Expressionismus –, die keineswegs von vornherein und unabdingbar den Stempel des sozialpsychologisch Regressiven oder politisch Reaktionären trugen. Vielmehr wiesen sie durchaus utopische Züge auf: den Traum der Freiheit, die Aufhebung der Entfremdung, die Wiedergewinnung verlorener Identität hier und jetzt, im jeweiligen geschichtlichen Augenblick zu verwirklichen. Der Mythos bildet insoweit, auch und gerade als Denk- und Anschauungsform der Moderne, ein Erkenntnis- und Ausdruckspotential, in dem Erfahrungen bewahrt werden, im doppelten Sinn dieses Worts: gespeichert und tradiert. Sie können sich auf eine produktive Weise mit je aktuellen Erfahrungspotentialen verbinden, können diese also anregen oder ihrerseits durch sie wieder wachgerufen werden.

Zugleich aber entwickeln sich mythische Anschauungsformen, die als Reaktionsform unbegriffener, nicht verarbeiteter sozialer Voraussetzungen den Sprung zurück in eine idealistisch verklärte Vergangenheit propagieren. Dieser Vorgang läßt sich für das Deutschland des späten 19. Jahrhunderts genauer bestimmen. Die tiefgreifenden Krisen, die mit dem heraufziehenden industriellen Zeitalter verbunden waren, die Konzentrationsbewegungen im Konkurrenzkapitalismus, der rapide technologische Zuwachs schaffen jenes regressive Widerstandspotential, das sich aus der subjektiven Undurchschaubarkeit einer zunehmend sich komplizierenden Welt in die objektive Undurchschaubarkeit vermeintlich heilbringender vorindustrieller Mythen flüchtet.

Dieses Widerstandspotential gegen Kapitalismus und Technik, Aufklärung und Sachlichkeit, Positivismus und Empirie entspringt jenem von Nietzsche erkannten «Widerspruch von Leben und Wissen» (1980a: 326), der zur Rehabilitierung und Reaktivierung mythologischen Denkens in einem nur dem Anspruch nach aufgeklärten Zeitalter beiträgt. Mythologisches Denken ist also auch in jenem dialektischen Sinn eine ideologische Form der Wirklichkeitsverarbeitung, wie Marx sie in der *Deutschen Ideologie* beschrieben hat: Ausdruck sozialer Entfremdung, der zugleich wahr ist, weil er aus der gesellschaftlichen Wirklichkeit hervorgeht, zugleich aber unwahr, weil er die wirklichen gesellschaftlichen Verhältnisse verschleiert.

Damit wird eine erste Antwort auf die eingangs gestellten Fragen möglich. Die vermeintliche Irrealität, sogar Irrationalität des Mythos entspringt einer Realität, die selbst als eine irrationale angesehen wird, insofern sie nicht beherrschbar ist oder zu sein scheint. Der Mythos ist eine Form der Bewältigung dieser irrationalen Qualität von Wirklichkeit, die als komplexe und widerspruchsvolle Prozeßtotalität zu begreifen ist. Die Mythen des industriellen Zeitalters unterscheiden sich in ihrem Entstehungs- und Begründungszusammenhang von denen der Antike also zunächst in der Frage der tatsächlichen Beherrschbarkeit der Natur- und Produktivkräfte. Sind diese in der Antike durchaus fremde, reale, tatsächlich unbeherrschte Gewalten, die sich nur «in der Einbildung und durch die Einbildung» beherrschen lassen, so stehen in der Moderne die Mittel zu ihrer Beherrschung zur Verfügung. Doch gerade die der komplexen Prozeßtotalität entspringende «zweite Natur» der sozialen Verhältnisse produziert ihrerseits Entfremdungsphänomene, die Voraussetzung einer neuerlichen Konstituierung von Mythen sind.

Deren Produktivität läßt sich mit Hans Blumenbergs *Arbeit am Mythos* als eine «Ausdrucksform» dafür bestimmen, «daß der Welt und den in ihr waltenden Mächten die reine Willkür nicht überlassen ist» (1979: 50). Zugleich aber ist mit Blumenberg zu fragen: «Hat der Mythos die Schrecknisse in einer unvertrauten Welt, die er vorfand, zu Geschichten aufgearbeitet, oder hat er die Schrecken erzeugt, für die er dann auch Linderungen anzubieten hatte?» (ebd.: 53).

Zu den mythenkritischen Grundbeständen eines aufgeklärten Zeitalters gehört die Überzeugung, die unaufgeklärten Reste überkommener Traditionen mit dem Bannfluch des Irrationalismus belegen, sie in den Bereich zurückgebliebener Phantasien, überlebter Wunschpotentiale, selbstverschuldeter Beschränktheiten verweisen zu können. Spätestens mit Max Horkheimers und Theodor W. Adornos *Dialektik der Aufklärung* liegt der selber mythologisch befangene Charakter eines solchen aufklärungszentrierten Denkens offen zutage. Hans Blumenberg hat in diesem Sinn darauf hingewiesen, «daß die Antithese von Mythos und Vernunft eine späte und schlechte Erfindung ist, weil sie darauf verzichtet, die Funktion des Mythos bei der Überwindung jener archaischen Fremdheit der Welt selbst als eine vernünftige anzusehen, wie verfallsbedürftig immer ihre Mittel im nachhinein erscheinen mögen» (ebd.: 56).

Wenn man jedoch – wie dies in unserem thematischen Zusammenhang versucht werden soll – nach der spezifisch faschistischen Instrumentalisierung von Mythen für Zwecke der Politik fragt, stellt sich das Problem anders und neu. Es kann in diesem Fall nicht nur darum gehen, generell «den Mythos als Verarbeitungsform von Wirklichkeit authentischen Rechts zu thematisieren» (ebd.: 59). Sondern es gilt ebenso, den Aspekt der Herrschaft, der machttechnischen Verfügung über diese authentische «Verarbeitungsform von Wirklichkeit» kritisch in eine Funktionsbestimmung des Mythos einzubeziehen.

Das heißt: Es bedarf einer Differenzierung in solche Mythen, die zur Verarbeitung der «zweiten Natur» beitragen, und in solche, die diese «zweite Natur» affirmieren, indem sie nicht über sie hinausweisen, sondern funktional, herrschaftstechnisch auf ihr voraufgehende Anschauungs- und Verkehrsformen regredieren. Die These lautet: Nicht prinzipiell, sondern als affirmative und regressive Formen der Wirklichkeitsbewältigung wie der Herrschaft über Wirklichkeit haben sich Mythen für den Nationalsozialismus funktionalisieren lassen. In diesem Sinn besaßen sie jenen konservativen Charakter, den Nietzsche zu einem programmatischen Postulat zusammengefaßt hat:

> Die Bilder des Mythus müssen die unbemerkt allgegenwärtigen dämonischen Wächter sein, unter deren Hut die junge Seele heranwächst, an deren Zeichen der Mann sich sein Leben und seine Kämpfe deutet: und selbst der Staat kennt keine mächtigeren ungeschriebnen Gesetze als das mythische Fundament, das seinen Zusammenhang mit der Religion, sein Herauswachsen aus mythischen Vorstellungen verbürgt (1980 b: 145).

Ausdrücklich beschwört Nietzsche in diesem Zusammenhang die *«Wiedergeburt des deutschen Mythus»* (ebd.: 147), eine Wendung, die in Form konservativer Ideologeme im späten 19. Jahrhundert zu einem nationalpolitischen Erziehungsprogramm umgeschmolzen worden ist. Als Exempel einer solch regressiven Mythologie, deren mythischer Charakter, von Nietzsche inspiriert, mit einer konservativen ästhetischen Pädagogik kurzgeschlossen und politisch funktionalisiert wurde, kann das 1890 anonym erschienene Werk *Rembrandt als Erzieher* von Julius Langbehn gelten, dessen soziale Voraussetzungen in nahezu jedem einzelnen der von seinem Verfasser erörterten Aspekte erkennbar sind. Der große Erfolg des Werks, das zahlreiche Neuauflagen erlebte, ist als Indiz dafür zu werten, daß Langbehn seine Zielsetzung weitgehend erreicht hat: einer konservativen Ideologie, die im Auseinanderfallen von sozialer Realität und politischer Identität des Bürgertums ihren Ursprung hat, Orientierungshilfen zu geben. Konstituiert wurde ein Mythos, dessen ästhetische Dimensionen, verbunden mit dem Namen Rembrandt, auf die Rückgewinnung und Stabilisierung der kulturellen Hegemonie abzielten, welche die Bourgeoisie im Zeitalter der «Massen» zu verlieren drohte.

Langbehn polemisiert, ohne diesen Zusammenhang zu durchschauen, gegen die im Zuge der fortschreitenden Industrialisierung zunehmende Arbeitsteiligkeit des Produktionsprozesses, die mit einer Zurichtung der Wissenschaften und Künste für das technische Zeitalter einhergeht. In diesem umfassenden soziokulturellen Vorgang erblickt er die selbstverschuldete Aufgabe individueller Autonomie, die schließlich zur Selbstpreisgabe jeglicher sozialer und kultureller Verantwortung führe. Wissenschaftliches Pendant dieser sozialen Disposition ist für Langbehn jene «falsche Wissenschaft», deren «Endziel» es sei, «Thatsachen zu konstatiren» (1890: 67), daß heißt jene Form zeitgenössischer Wissenschaft, die, auf das Vorbild der exakten Naturwissenschaften fixiert, deren Verfahrensweisen auf die Gegenstände der Sozial- und Geisteswissenschaften zu übertragen versuchte. Langbehn wird also in seiner Wissenschaftskritik wesentlich durch den vorherrschenden Positivismus und Empirismus motiviert, der etwa im Bereich der Literaturwissenschaft (Wilhelm Scherer, Erich Schmidt) deutliche Tendenzen zu einer fakten- und personenorientierten Darstellung gezeigt und zu einer objektivistischen Auffassung von Literatur beigetragen hatte.

Die soziale und technische Welt geht zwar als geschichtliche Voraussetzung in Langbehns Sozial-, Kultur- und Wissenschaftskritik ein, wird hier jedoch lediglich auf der Ebene ihrer als Deformationen denunzierten Phänomene diskutiert. Diese Deformationen selbst werden, in tautologischer Manier, zu Ursachen des erkannten kulturellen «Verfalls» hypostasiert. Die im «Spezialismus» und Positivismus sichtbare Entfremdung des Bürgertums von seiner eigenen soziokulturellen Entwicklungsgeschichte potenziert sich auf diese Weise. Unbegriffene Wirklichkeit schlägt um in die Ideologie von der Unbegreifbarkeit sozialer Realität. Dieser erkenntnistheoretischen Disposition entsprechen die Mythologeme des Erziehungskonzepts, das Langbehn entwickelt. Hatte Marx für die antiken Mythen festgestellt, daß diese die Naturkräfte «in der Einbildung und durch die Einbildung» überwänden, beherrschten und gestalteten, so läßt sich in Analogie hierzu für Langbehn konstatieren, daß dieser die zur «zweiten Natur» verdinglichten Phänomene des industriellen Zeitalters durch die mythische Symbolfigur Rembrandt zu überwinden, zu beherrschen und zu gestalten versucht:

Rembrandt ist das Prototyp des deutschen Künstlers; er und nur er entspricht deshalb vollkommen als Vorbild den Wünschen und Bedürfnissen, welche dem deutschen Volke von heute auf geistigem Gebiet vorschweben (...), jetzt, da die Deutschen in ihrer Bildung an dem Spezialisten- und Schablonenthume kranken, kann nur der ausgesprochenste Universalist und Idealist: Rembrandt ihnen helfen. (...) Geist und Körper, im Volk wie im Einzelnen, sollen sich wieder zusammenfinden; der Riß, welcher durch die moderne Kultur geht, muß sich wieder schließen. Und nur eine lebendige Menschengestalt (...) kann ihn schließen; Rembrandt ist ein solcher Mensch (ebd.: 9).

Der ideologische Charakter dieser politischen Pädagogik beruht auf der programmatischen Übergeschichtlichkeit, die doch nichts anderes darstellt als einen Ausdruck ihres spezifisch historischen Charakters. Freilich ist auch auf dieser Ebene der Ideologiekritik an dem in der *Dialektik der Aufklärung* formulierten Postulat festzuhalten:

Nicht daß die Individuen hinter der Gesellschaft oder ihrer materiellen Produktion zurückgeblieben seien, macht das Unheil aus. Wo die Entwicklung der Maschine in die der Herrschaftsmaschinerie schon umgeschlagen ist, so daß technische und gesellschaftliche Tendenz, von je verflochten, in der totalen Erfassung der Menschen konvergieren, vertreten die Zurückgebliebenen nicht bloß die Unwahrheit (1947: 49).

Der Mythos vom übergeschichtlichen Erziehungsideal, das Rembrandt verkörpern soll, entspringt der unbegriffenen Furcht vor dem Zeitalter der «Massen» und der sozialen Superstrukturen. Die unaufgeklärte Angst der Mittelschichten vor den Kollektivierungstendenzen der sich anbahnenden gesellschaftlichen und technischen Entwicklungen forciert die Neigung zum Sprung aus der Geschichte. In der Krise bürgerlichen Selbstverständnisses erweisen deshalb die uneingelösten Ideale frühbürgerlicher Zeit ihre ungebrochene Mächtigkeit und Anziehungskraft: Individualität, Monumentalität, Pathos.
Die Bilder und Symbole aber, die «Gleichnisse» (Fühmann), in denen sich die ästhetische Qualität des Rembrandt-Mythos mitteilt, machen deutlich, daß der Autor nicht nur eine ideologische Antwort auf die «Entwicklung der Maschine» gibt, sondern selbst zur politischen Programmatik einer reaktionären «Herrschaftsmaschinerie»

beiträgt. Auf dieser Ebene der politisch-ästhetischen Selbstverständigung eines konservativen Bürgertums erweist sich Langbehns Erziehungskonzept als wirksamer Bestandteil der Ideologiegeschichte faschistischer Ästhetik. Ließen sich die erkenntnistheoretische Problematik und auch deren spezifische Geschichtlichkeit noch als zwar rückwärtsgewandte, doch auch wahre, weil den wirklichen Verhältnissen entspringende Reaktionsformen begreifen, so reproduziert seine ästhetische Pädagogik den mythischen Charakter seines Argumentationsansatzes auf der Ebene sozialer Herrschaftstechniken: «Krieg und Kunst gehören zusammen – auch in der Unendlichkeit. Und dem Gesamtleben soll das Einzelleben parallel gehen; das ist der Weg des Helden durch die Welt: Parademarsch, im Kugelregen, bei klingendem Spiel!» (Langbehn 1890: 329).

Der Mythos von «Leier und Schwert» (ebd.: 206), der Speer als Symbol «kriegerischer und künstlerischer» , «arischer», «göttlicher Mathematik» (ebd.: 212), Granit als Inbegriff, «Unterbau» und Ausdrucksform der deutschen Kultur und des deutschen Staates (ebd.: 214), die Parade als klassisches Kunstwerk (ebd.: 215), der aktualisierende Rückgriff auf die Götter und Heroen der alten Germanen – dies sind Elemente der Langbehnschen Ästhetik, die auf den Staat als Gesamtkunstwerk vorausweisen. Sie repräsentieren Ausdrucksformen einer politischen Pädagogik, der zur Sicherung jener kulturellen Hegemoniebestrebungen des Bürgertums, die im industriellen Zeitalter unterzugehen drohten, nur die Beschwörung archaischer Mythen geblieben war. Langbehn betreibt zwar nicht, wie später der Faschismus, eine Ästhetisierung der Politik, wohl aber eine Militarisierung der Kunst, die dem Faschismus vorarbeitet.

Diese Militarisierung der Kunst in pädagogischer Absicht geht einher mit einer Fülle sozialer Ressentiments, die Langbehn mit einer Reihe zeitgenössischer Autoren teilt. Nationalismus und Antisemitismus, Antisozialismus, Gemeinschaftsmythos und Führerglaube lassen sich – in unterschiedlicher Akzentuierung, aber mit dem gemeinsamen Nenner des Kulturidealismus und der Geschichtsmetaphysik – als diejenigen Konstanten konservativer Ideologie im späten 19. Jahrhundert destillieren, die unter veränderten historischen Bedingungen Bedeutung für den Nationalsozialismus erlangten. Langbehns Werk stimmt hierin überein mit den politischen und philosophischen Schriften der Joseph Arthur Gobineau (*Versuch über die Ungleichheit der Rassen,* erschienen 1853–1855, deutsch 1898–1901), Eugen Dühring (*Die Judenfrage als Racen-, Sitten- und Culturfrage,* 1880), Paul de Lagarde (*Deutsche Schriften,* 1878–1881) und Houston Stewart Chamberlain (*Die Grundlagen des 19. Jahrhunderts,* 1899). Sie formulieren für das späte 19. Jahrhundert jene Elemente völkisch-nationalistischer Ideologie, die sich mit der krisenhaften Zuspitzung der kapitalistischen Entwicklung Deutschlands im 20. Jahrhundert zur *ultima ratio* der politischen Programmatik eines konservativen Bürgertums verdichten sollten.

Die diesen ideologischen Konstanten zugrundeliegende Denkform und Argumentationsfigur, die für die spätere Funktionalisierung der Mythen bis hin zu Adolf Hitlers *Mein Kampf* und Alfred Rosenbergs *Der Mythus des 20. Jahrhunderts* bestimmend bleibt, findet sich bereits bei Langbehn, de Lagarde und Chamberlain vorgeprägt. Sie kontrastiert positiv gewertetes «Eigenartiges» und negativ gesetztes «Andersartiges» und hat damit die Voraussetzungen zur Konstruktion eines «objektiven Gegners» (Arendt 1958: 222) geschaffen, den vollständig zu vernichten schließlich der Nationalsozialismus antrat: die Juden. In Langbehns mythischen Visionen verdichten sich Rassen- und Klassenhaß zur ideologischen Antizipation der Kristallnacht-Pogrome. Langbehns Angst vor den aufkommenden Massenbewegungen schlägt um in die Propagierung rassistischer Vernichtungsfeldzüge, deren objektive Funktion – mit Wilhelm Reich gesprochen – darin besteht, «den imperialistischen Tendenzen einen ideologischen Mantel umzuhängen» (Reich 1933: 120). Ihr subjektiver Faktor, die Mechanismen der Tabuisierung und Triebunterdrükkung eines konservativen Bürgertums, schafft ebenjene Projektionen, die der Denunziation sozialer Minderheiten, der antisemitischen Demagogie und der Desavouierung eines klassenbewußten Proletariats gleichermaßen dienen.

Vor dem Hintergrund des Langbehnschen «Deutschthums» und Antisemitismus läßt sich die Herkunft seiner kulturpolitischen Zielsetzungen genauer bestimmen. Sie entstammen jenen ökonomischen und ideologischen Hohlräumen, in denen sich der sozial nicht aufgehende Rest an Irrationalität einer scheinbar rational organisierten Gesellschaft einnisten konnte, ein Ferment ihrer künftigen Zersetzung.

Daß aber dieser Gärstoff nicht zum dynamischen Impuls einer revolutionären Umwälzung sich veränderte, sondern zur gewaltsamen Stabilisierung des historisch überfälligen *status quo* wieder und wieder mißbraucht werden konnte, liegt im Selbstwiderspruch solcherart regressiver Mythologie begründet. Indem in sie die politische Pädagogik des konservativen Nationalismus als Programm eingeht, ihr also eine politische Funktion zugewiesen wird, kann sie auch zum Instrument einer faschistischen Politik funktionalisiert werden. Da der Mythos, der als Anschauungsform politischen Zwecken prinzipiell opponiert, in das Rationalitätsprinzip eines Herrschaftskalküls integriert wird, verliert er seine Fähigkeit zur Transzendierung jener Misere, die ihn hervorgebracht hat. Er bleibt beschädigt zurück, eingespannt ins Räsonnement von Machtpolitik, zurückgeworfen um eben die Dimension, die ihn über die Alltäglichkeit zweckmäßiger Unterdrückung ins Utopische könnte hinausweisen lassen. In diesem Fall wird, mit Franz Fühmanns Worten,

> der Mythos mit der äußeren Realität kurzgeschlossen; er hat mit dem Gleichnischarakter sein Wesen verloren; sein Erfahrungsgehalt zerstiebt; sein Widerspruch erstarrt auseinandergerissen zu absurden Gegensatzpaaren, und falscher Mythos, Wahn, entsteht. Konsolidiert er sich, wird er zu falschem Bewußtsein, und er konsolidiert sich vor allem dadurch, daß eine reaktionäre Politik sich seiner bemächtigt und ihn als Wissenschaft deklariert, mit welcher sich dann diese Politik selbst wieder begründet (1976: 206).

Die Traditionslinie, auf die der Faschismus mit seiner späteren Funktionalisierung der Mythen zur Ästhetisierung des politischen Lebens sich berufen konnte, hatte ihre Mythologeme bereits in dieser Weise «mit der äußeren Realität kurzgeschlossen». Sie stand ganz im Bann der zitierten Maxime vom «mythischen Fundament» des Staates, ohne freilich – und diese Differenz enthebt den Philosophen gleichfalls des Faschismusverdachts, unter den er so oft gestellt worden ist – den von Nietzsche erkannten «Widerspruch von Leben und Wissen» als ihre eigene Voraussetzung zu reflektieren. Langbehn, de Lagarde, Chamberlain und andere liefern frühzeitige und exemplarische Beiträge zu jenem von Nietzsche kritisch gesehenen «System der Nicht-

Kultur, der man selbst eine gewisse ‹Einheit des Stils› zugestehen dürfte, falls es nämlich noch Sinn hat, von einer stilisierten Barbarei zu reden» (Nietzsche 1980 a: 166).

Robert Weimanns für die Aktualität von Mythen noch immer zentrale Frage, «inwieweit die vorkünstlerische kollektive Phantasie auch in modernen Zeiten, da die Zusammenhänge in Natur und Gesellschaft entschleiert und also entmythologisiert werden, als ein das bewußte Kunstschaffen bereicherndes Element wirksam bleibt» (1974: 273), läßt sich in unserem thematischen Zusammenhang folgendermaßen beantworten. Zum einen wird man angesichts des historischen Scheiterns fortschrittsgläubiger Zukunftskonzeptionen, zunehmender ökologischer Bedrohungen und fortschreitender sozialer Entfremdungs- und Dissoziierungsprozesse im Hinblick auf eine Entschleierung und Entmythologisierung von «Zusammenhängen in Natur und Gesellschaft» skeptisch sein müssen. Zum anderen steht zu erwarten, daß auch in «modernen Zeiten» ein gewichtiges mythisches Potential virulent bleiben wird, das politisch wie ästhetisch ernst zu nehmen ist. Nicht zuletzt bleibt festzuhalten: Eine progressive literarische Ästhetik – das Werk Heiner Müllers mag dafür beispielhaft stehen – hat noch stets an die Produktivität von Mythen anzuknüpfen gewußt, deren Widerspruchs- und Widerstandspotential ungebrochen, das heißt: als unhintergehbare Herausforderung sich darstellt. Es sind Mythen, die nicht Herrschaftsansprüche zu vertreten haben, sondern die im Sinne Hans Blumenbergs eine «Arbeit» verlangen, welche sie – oder doch wenigstens *einen* von ihnen – «zu Ende bringt» (1979: 679).

3
Zwischen Anpassung und Dissidenz:
Schreiben im Dritten Reich

Gleichzeitigkeit

«Deutsche Literatur», so schrieb Alfred Andersch, Augenzeuge des Dritten Reichs, im Jahre 1948, «soweit sie den Namen einer Literatur noch behaupten kann, war identisch mit Emigration, mit Distanz, mit Ferne von der Diktatur» (1948: 7). Ein des Faschismus unverdächtiger Zeuge: Er hatte, nach der Erfahrung sozialer Deklassierung Anfang der dreißiger Jahre, aktiv für den kommunistischen Jugendverband gearbeitet, war verhaftet und vom Frühjahr bis zum Sommer 1933 ins KZ gesperrt worden, hatte wiederum in der Illegalität gearbeitet, war abermals verhaftet und nach seiner Entlassung unter dauernde Polizeiaufsicht gestellt worden. Als Soldat geriet er in amerikanische Kriegsgefangenschaft, wirkte hier an Umerziehungsprojekten mit und gab ab Sommer 1946 zusammen mit Hans Werner Richter die Zeitschrift *Der Ruf* heraus.

Anderschs Urteil über die jüngste deutsche Literatur entstammt seinem – übrigens noch immer lesenswerten – Essay *Deutsche Literatur in der Entscheidung*. Es ist der Versuch eines kritischen Rückblicks auf die Literatur der zwanziger und dreißiger Jahre und der Exilzeit, einer Bestandsaufnahme der Nachkriegszeit und eines Blicks in die mögliche Zukunft. Was diesen Essay auszeichnet, läßt sich als eindringliche Verbindung politisch-moralischer und ästhetischer Werturteile bestimmen:

> Das muß einmal ausgesprochen und festgehalten werden, daß jede Dichtung, die unter der Herrschaft des Nationalsozialismus ans Licht kam, Gegnerschaft gegen ihn bedeutete, sofern sie nur Dichtung war. Eine Zeugung des Dichterischen aus dem Geist des Nationalsozialismus gab es nicht. (...) Nirgends erwies sich schlagender als im nationalsozialistischen Deutschland, daß die Kategorien des Unmenschlichen und des Ästhetischen nicht zu vereinen sind (ebd.: 7f).

Alfred Anderschs These hat Maßstäbe gesetzt und Folgen gehabt. Sie hat über Jahre hinweg nicht nur die Wertungen insbesondere zur Literatur der Inneren Emigration nachhaltig beeinflußt, sondern darüber hinaus die Fragestellungen zur literaturgeschichtlichen Kontinuität in besonderer Weise bestimmt. «Gegnerschaft – sofern sie nur Dichtung war»: Damit hatte Andersch zunächst eine wertende Begrifflichkeit etabliert, die sich in der Nachkriegszeit wirkungsvoll gegen die These von der kollektiven Schuld des deutschen Volks anführen ließ. Denn die Behauptung einer reinen, in ihrer Formensprache den Zeitläufen rückhaltlos opponierenden Dichtung schloß sich nahtlos an die Argumentation der vielfältigen Anthologien an, die in der Nachkriegszeit politische und literarische Zeugnisse eines «anderen», nicht-nationalsozialistischen Deutschland präsentierten, beispielsweise an die Anthologien von Friedrich Krause und Karl O. Paetel (1946), Richard Drews und Alfred Kantorowicz (1947). Zugleich aber nahm Andersch mit der kategorisch gefaßten Unvereinbarkeit des «Unmenschlichen» und des «Ästhetischen» eine Polarisierung vor, die einerseits die Daten 1933 und 1945 zu geschichtlichen Bruchstellen erhob, andererseits das komplexe Beziehungsgeflecht von Literatur und Politik im Dritten Reich auf eine vereinfachende antithetische Relation zurückführte. Diese Polarisierung ließ die Frage nach dem Anteil des «Ästhetischen» an der Entstehung und Entfaltung des «Unmenschlichen», die Frage also nach Kontinuitäten, Zusammenhängen, literarhistorischen Entwicklungs- und Verbindungslinien, gar nicht mehr zu. Die politisch-ästhetischen Ambivalenzen der im Dritten Reich erschienenen nicht-faschistischen Literatur und insbesondere die der literarischen Inneren Emigration, die Andersch zum Beleg seiner These zitierte, blieben deshalb außerhalb seines Wertungshorizonts, ebenso die vielfachen und vielschichtigen Widersprüche, die das politisch-gesellschaftliche Verhalten ihrer Autoren unter der NS-Herrschaft aufwies. Der problematische Zusammenhang von politischer Un-Moral und literarischer Ästhetik verfiel der 1948 virulenten Ideologie des Neubeginns.

In der literaturwissenschaftlichen Forschung und in der neueren Literaturgeschichtsschreibung herrscht freilich Einvernehmen darüber, daß es im Jahre 1945 keinen «Nullpunkt» gab und daß auch von einem «Kahlschlag» (Wolfgang Weyrauch) keine Rede sein kann (vgl. Schnell 1993; Barner [Hg.] 1994; Emmerich 1996). Ebenso gilt als gesicherte Erkenntnis, daß die Daten 1933 und 1945 keinen Traditionsbruch bedeuten, sondern allenfalls eine Zäsur, die eine Phase der Vertreibung und Unterdrückung anzeigt, nicht nur der Literatur. Ferner ist bekannt, daß vor 1933 und nach 1945 zu einem guten Teil dieselben Autoren veröffentlicht haben wie im Dritten Reich. All dies sind Argumentationen, die heute als unstrittig gelten dürfen. Sie haben zu Beginn der achtziger Jahre einen Aspekt hinzugewonnen, dem seinerzeit in sozialwissenschaftlichen Forschungen erhebliche Bedeutung zukam: die Alltagswirklichkeit im Dritten Reich. Die literaturgeschichtlichen Fragestellungen, die sich unter diesem Aspekt verfolgen lassen, sind ebenjene, denen Alfred Andersch mit gutem Grund nicht nachzugehen beabsichtigte: Fragen nach der individuellen Verstrickung von Schriftstellern in die Geschichte des Dritten Reichs, nach den Voraussetzungen – den ästhetischen wie den politischen – des Schreibens unter dem Nationalsozialismus, nach dem Anteil von nicht-nationalsozialistischen Schriftstellern an Lügen und Propaganda, an Wirkungsmöglichkeiten und Funktionszusammenhängen des NS-Systems.

Nicht zuletzt die unter dem Titel *Das gespaltene Bewußtsein* versammelten materialreichen Arbeiten Hans Dieter Schäfers (1981) haben dazu beigetragen, die Auffassung vom literarhistorischen Bruch im Jahre 1933 und vom literaturgeschichtlichen Neubeginn im Jahre 1945 nachhaltig zu widerlegen. Schäfers Interpretation der deutschen Kultur und Lebenswirklichkeit im Dritten Reich läuft auf die These einer sozialen Schizophrenie hinaus, darauf also, daß es unter dem Nationalsozialismus in Deutschland zwei Bewußtseinswelten gegeben habe: die offizielle des herrschenden Faschismus und seiner Kultursphäre auf der einen, die alltägliche Lebenswirklichkeit der Deutschen auf der anderen Seite. Eine Alltagsrealität, die vom nationalsozialistischen Machtapparat weder vollkommen beherrschbar noch dem System restlos integrierbar gewesen sei, eine «staatsfreie» Sphäre mithin, die in hohem Maß von Zerstreuungswerten ausgefüllt war, die deshalb aber kaum unpolitisch genannt werden kann. Coca-Cola und Automobilkult, Werbung und Fremdenverkehr, Amerikanismus und Alkoholismus, Eigenheim-Ideologie und Camping-Kultur, Schönheitspflege, Swing-Musik und nicht zuletzt der amerikanische Film zwischen Clark Gable und Mickey Mouse – all diese Herrschaftsinsignien des Warenfetischismus und der Kulturindustrie prägten bis in die vierziger Jahre hinein die Lebenswirklichkeit im Dritten Reich. Realitätspartikel also, die wir aus den sogenannten «goldenen» zwanziger Jahren so gut kennen wie aus der Ära Adenauer, die wir nur eben mit der Epoche des Faschismus nicht zusammendenken. Mit dem Faschismus assoziieren wir vielmehr Hitler-Reden und Marschkolonnen, Konzentrationslager und Kriegsgrauen – ein Indiz dafür, daß wir uns auch heute noch das Bild des Dritten Reichs aus dem Blickwinkel derer deuten, die damals herrschten. Wir erkennen sie an den Ikonen, die sie von sich entworfen haben – Propaganda, Presse, Film – und die wir als Dokumente der Herrschaftssicherung verstehen. In Wahrheit aber garantierte, zumindest zu Teilen, auch die «staatsfreie» Sphäre die Bindung der Bevölkerung ans System, da sie Ventilfunktion für aufgestaute Ängste und Emotionen besaß. Verdrängungen konnten hier ausgelebt, subkulturelle Verhaltensweisen zur Identitätsbewahrung entwickelt werden. Der nationalsozialistische Anspruch auf «Gleichschaltung» wird vor diesem Hintergrund fragwürdig: Keineswegs gelang den Nationalsozialisten eine restlose Integration aller Lebensbereiche in die sogenannte Volksgemeinschaft.

Auch wenn Schäfers Versuch einer psychoanalytischen Begründung dieser sozialen «Schizophrenie» wegen seiner kaum haltbaren Analogiebildung zwischen sozial- und individualpsychologischen Faktoren und Syndromen methodologisch problematisch erscheint – fest steht, daß die Alltagssphäre weitgehend frei von Politik gehalten wurde. Das Problem der Kontinuität gewinnt vor diesem Hintergrund neue Konturen. Nur sind es nicht primär literarhistorische oder literatursoziologische, sondern es sind, allgemein gesprochen, sozio-kulturelle Konturen, in deren Zusammenhang allenfalls der Widerspruch von politischer Moral und literarischer Ästhetik zu diskutieren wäre – wenn es denn einer ist. Das heißt: Die deutschen Schriftsteller haben ebenso wie die deutsche Bevölkerung insgesamt an der «staatsfreien» Sphäre des Dritten Reichs partizipiert, nicht mehr, auch nicht weniger opportunistisch, als andere sich verhalten. Sie haben den Zwangsorganisationen sich anschließen und anfechtbare Kompromisse eingehen müssen. Sie standen als Soldaten in der deutschen Armee. Sie haben geschwiegen, statt Widerstand zu leisten. Sie haben publiziert, obwohl sie Kontroll-, Überwachungs- und Zensurinstanzen durchlaufen mußten. Sie haben Hakenkreuzfahnen aus dem Fenster gehängt, wenn es geboten erschien. Sie haben gelitten im Dritten Reich, aber sie haben auch gelebt – in Widersprüchen.

Die Diskussionen, die durch die Untersuchungen Schäfers möglich wurden, griffen freilich zu kurz, wenn sie sich auf das Verhältnis von literarischer Produktion und alltäglicher Lebenswirklichkeit in den Jahren 1933 bis 1945 beschränkten und diese Problematik zudem in einer spektakulären, mithin der erstrebten Differenzierung nicht zuträglichen Weise ins Licht der Öffentlichkeit zerrten.[8] Sowenig diese Daten Bruchstellen innerhalb der deutschen Geschichte – einschließlich der Literarhistorie – bezeichnen, so wenig läßt sich leugnen, daß jene historische Entwicklung, die in den Nationalsozialismus einmündet, ihre ideologiegeschichtlichen Voraussetzungen im Kontext eines komplexen ökonomischen und industriellen Entwicklungsprozesses findet. Er dauert, wie zuvor unsere Skizze zur Ideologiegeschichte faschistischer Ästhetik verdeutlicht hat, im Jahre 1933 bereits über mehr als ein halbes Jahrhundert an. Seine Wirkungen zeigen sich in den schon genannten nationalchauvinistischen, rassistischen und antisemitischen Werken von Julius Langbehn und Paul de Lagarde, Adolf Bartels und Houston Stewart Chamberlain, Joseph Arthur Gobineau und Eugen Dühring ebenso wie in der konservativen Kulturkritik der zwanziger und zu Beginn der dreißiger Jahre, die im Umkreis der Neuen Sachlichkeit entsteht. Zu erinnern ist an Oswald Spenglers Schrift *Der Mensch und die Technik* (1931), an Hans Freyers *Revolution von rechts* (1931), an Ernst Jüngers *Der Arbeiter* (1932), an Autoren der «Konservativen Revolution» wie Arthur Moeller van den Bruck, aber auch an die Autoren völkisch-nationaler Prägung, die dem Nationalsozialismus vorgearbeitet haben: Hans Grimm, Erwin Guido Kolbenheyer, Wilhelm Schaefer, Emil Strauß. Alfred Andersch hat sie in seinem Essay die «Volkstümler» genannt: «die Gruppe der Dichter des ‹Volkstums›, der ‹Verinnerlichung›, einer völkischen Introvertiertheit aus verhindertem Imperialismus, deren Kristallisationspunkt die Zeitschrift ‹Das Innere Reich› war» (1948: 9).

Anderschs kritische Würdigung jener Autoren, die an der Zeitschrift *Das Innere Reich* mitarbeiteten, enthält implizit einen Hinweis auf das vergleichsweise breite Spektrum von Themen und Tendenzen, das an diesem Publikationsort im Dritten Reich versammelt war: neben den schon genannten und anderen völkisch-nationalen auch Autoren der literarischen Inneren Emigration, soweit sie christlich-konservativ geprägt war. Rudolf Alexander Schröder ist hier zu nennen und Jochen Klepper, Edzard Schaper und Konrad Weiß. Aber auch Schriftsteller aus dem Umkreis der «Zeitung der jungen Gruppe Dresden», die den Titel *Die Kolonne* trug, zählen zu den utoren der Zeitschrift *Das Innere Reich,* Poeten wie Peter Huchel, Günter Eich, Martin Raschke, Horst Lange, Oda Schaefer, die in der Diskussion über die Anfänge der Nachkriegsliteratur immer wieder genannt werden. Sie finden sich hier in merkwürdiger Nachbarschaft: in der eines Gerd Gaiser etwa, der dort seine NS-Lyrik ebenso veröffentlicht wie die NS-Barden Hans Baumann *(Es zittern die morschen Knochen ...)* und Gerhard Schumann. Die Zeitschrift *Das Innere Reich* kann als ein Publikationsforum der im Dritten Reich gleichzeitig erscheinenden, in seiner Vielfältigkeit jedoch widersprüchlichen deutschen Gegenwartsliteratur bezeichnet werden, als ein kulturelles Spiegelbild jener «staatsfreien» Sphäre des alltäglichen Lebens, das noch vieles gemischt in sich aufnahm, was wir heute sorgfältig zu trennen pflegen.

Die moralische Empörung, die sich angesichts solcher Nachbarschaften – und möglicher Gemeinsamkeiten – einstellen mag, erscheint deshalb berechtigt. Aber sie ist historisch fragwürdig. Thomas Mann hat nach dem Ende des Zweiten Weltkriegs bekanntlich ein apodiktisches Urteil gefällt (und später abgemildert): «Es mag Aberglaube sein, aber in meinen Augen sind Bücher, die von 1933 bis 1945 in Deutschland überhaupt gedruckt werden konnten, weniger als wertlos und nicht gut in die Hand zu nehmen. Sie sollten alle eingestampft werden» (1968b: 181). Elisabeth Langgässer, selbst Autorin der Zeitschrift *Das Innere Reich,* schien ihm beipflichten zu wollen, als sie «dieses anakreontische Tändeln mit Blumen und Blümchen über den scheußlichen, weit geöffneten, aber eben mit diesen Blümchen überdeckten Abgrund der Massengräber» (1947: 240) beklagte. Doch die Ungeschiedenheit der vielfältigen deutschen

Literatur läßt ein eher schillerndes Gesamtbild entstehen, das mit der Vorstellung eines bloßen «Nebeneinander»[9] allzu abstrakt umschrieben, zudem mit dem Charakter des Beliebigen versehen wäre.

Es geht aber um die Gleichzeitigkeit des Widersprüchlichen – sie ist es, die pauschalierende Urteile fragwürdig macht. Daß ein Johannes Bobrowski unter dem Eindruck des Rußlandfeldzugs Gedichte gegen den Krieg geschrieben hat, hilflos und verschlüsselt, wird den Kenner nicht verwundern. Daß er sie im Jahre 1944, zeitgleich mit der NS-Lyrik Gaisers und Baumanns, in *Das Innere Reich* veröffentlicht hat, schon eher. Autoren wie Günter Eich und Oda Schaefer waren sich des Zwiespalts durchaus bewußt, in den sie durch das Bestreben, wirken zu wollen, geraten mußten: «Als Lyriker waren wir darauf aus, gedruckt zu werden – ein verständlicher Wunsch. Und da man nicht emigriert war, mußte man manches hinnehmen» (Schaefer 1970: 278). Ist dieses freimütige Eingeständnis eines künstlerischen Narzißmus ein hinreichender Grund zu moralischer Verurteilung aus gesicherter Distanz?

Systemkohärenz der Künste

Die vorhergehenden Überlegungen enthalten implizit ein Plädoyer dafür, bei der Diskussion über Schreiben im Dritten Reich nicht von der sozio-kulturellen Situation generell, auch nicht von der Lebenssituation der Autoren im einzelnen auszugehen. Literatur und Leben lassen sich bekanntlich nicht bruchlos gegeneinander aufrechnen. Wer im Dritten Reich veröffentlichen wollte, hatte – zumal dann, wenn er dem Nationalsozialismus und seinen Repräsentanten distanziert oder gar kritisch gegenüberstand – seine Ausdrucksmittel, die Formen, in denen sich Distanz und Dissidenz aussprechen sollten, auf die Realität des kulturpolitischen Alltags einzustellen, auf die faschistischen Herrschaftstechniken also. Es ist, wenn man auf die im Dritten Reich veröffentlichte Literatur zurückblickt, zunächst notwendig, von der Kulturpolitik dieser Jahre zu reden, von jenem Prozeß, den die Nationalsozialisten «Gleichschaltung» genannt haben –

auch dann, wenn es ein von der «gleichgeschalteten» Sphäre der Politik unterscheidbares politikfreies Alltagsleben gegeben hat.

In seiner Rede zur Verabschiedung des «Ermächtigungsgesetzes» – jenes Gesetzes also, das die demokratischen Rechte in Deutschland endgültig auch formal suspendierte, das den Nationalsozialismus als Herrschaftsform etablierte und dem mit Ausnahme der Sozialdemokraten und der Kommunisten alle, also die bürgerlichen Parteien, zustimmten – umriß Hitler am 23. März 1933 die Aufgaben der Kulturpolitik mit den Worten:

Die Welt bürgerlicher Beschaulichkeit ist in raschem Schwinden begriffen. Der Heroismus erhebt sich leidenschaftlich als kommender Gestalter und Führer der Völkerschicksale. Es ist die Aufgabe der Kunst, Ausdruck dieses bestimmenden Zeitgeistes zu sein. (...) Blut und Rasse werden wieder zur Quelle der künstlerischen Intuition. Es wird dabei die Aufgabe der Regierung der Nationalen Erhebung sein, dafür zu sorgen, daß gerade in einer Zeit beschränkter politischer Macht der innere Lebenswert und Lebenswille der Nation einen um so gewaltigeren kulturellen Ausdruck finden (1934: 27 f).

Die kulturpolitischen Stationen zur Durchsetzung dieses Programms wiederholen den bereits bekannten Topos von «Eigenem» und «Fremdem» im Mechanismus von Destruktion und «Gleichschaltung»: Destruktion nämlich der tradierten politisch-kulturellen Institutionen und Aufbau, das heißt: aktive Einbeziehung in den faschistischen Kulturkampf, neugeschaffener Institutionen, die dem Staats- und Parteiapparat als letzter Entscheidungsinstanz verantwortlich waren. Ein Prozeß, der schließlich in die Schaffung einer einheitlichen, wenngleich von Widersprüchen, Kompetenzüberschneidungen und Konkurrenzmechanismen nicht freien Gliederung des gesamten kulturellen Bereichs mündete, mit der Reichskulturkammer als wirksamster Instanz (vgl. Barbian 1993). Die bemerkenswert frühzeitige Einbeziehung des kulturellen Sektors in den politischen Kampf nach der Machtübernahme am 30. Januar 1933 läßt die Bedeutung erkennen, die der Publizistik und den Künsten von den Nationalsozialisten zugemessen wurde. Unmittelbar verflochten in die politischen Aktionen des Jahres 1933 (Reichstagsbrand und Kommunistenverfolgung, «Ermächtigungsgesetz», Zerschlagung der Gewerkschaften und der Parteien), diente der nationalsozialistische Kulturkampf in seiner ersten Phase dem Ziel, die kulturellen Zeugnisse jener «geistigen Dekadenz der vergangenen Zeit» (Adolf Hitler) zu vernichten, die das künstlerische und intellektuelle Niveau der Jahre vor 1933 wesentlich geprägt hatten. In den Parolen zur Bücherverbrennung vom 10. Mai 1933 reproduzierte sich dieser Topos rhetorisch, indem – nach Art des Langbehnschen Konservatismus – die vorgebliche Höherwertigkeit des «Arteigenen» zugleich mit der Herabsetzung des vorgeblich minderwertigen «Artfremden» zur Bekämpfung des politisch-kulturellen Feindes instrumentalisiert wurde. Jedoch nicht nur die Formen kulturpolitischer Destruktion, sondern auch die der «Gleichschaltung» machen deutlich, daß die Nationalsozialisten in ihren pseudo-kulturrevolutionären Argumentationen sich auf ideologische Kontinuitäten stützen konnten.

Die nationalsozialistische Machtübernahme innerhalb der Preußischen Akademie der Künste, die Pressenotverordnungen und Zeitungsverbote, die Aufstellung «Schwarzer Listen» für Buchhandlungen und Bibliotheken – all diese Maßnahmen der ersten Stunde deuteten auf die Entschlossenheit der Nationalsozialisten, im kulturellen Bereich keine Nischen und Freiräume zu dulden. Im Gegenteil: Der Destruktion überkommener Institutionen folgte mit dem Aufbau der Reichskulturkammer die Stärkung eines kulturpolitischen Instrumentariums, das auf die lückenlose Erfassung und Überwachung aller im kulturellen Bereich tätigen Individuen und Gruppen angelegt war. Gemeinsam mit anderen Staats- und Parteiorganisationen (etwa der Parteiamtlichen Prüfungskommission unter Philipp Bouhler und dem Hauptamt Schrifttum unter Alfred Rosenberg) garantierte die Reichskulturkammer ihrem obersten Dienstherrn, dem Minister für Volksaufklärung und Propaganda Joseph Goebbels, herrschaftstechnisch ein Maximum an Kontroll- und Eingriffsmöglichkeiten bis hin zur direkten, persönlichen Intervention. Die Künstler und Publizisten dürften deshalb den Zynismus sehr genau mitgehört haben, mit dem Goebbels seine Rede zur Eröffnung der Reichskulturkammer im November 1933 würzte: «Nicht einengen wollen wir die künstlerisch-kulturelle Entwicklung, sondern fördern (...). Wir wollen nur die guten Schutzpatrone der deutschen Kunst und Kultur auf allen Gebieten sein» (1939: 364ff).

Vor allem im Selbstverständnis der dem Faschismus applaudierenden Künstler fand sich der Resonanzboden solcher Programmatik. Deren mit der Konsolidierung des nationalsozialistischen Herrschaftsapparats sich wandelnde Auffassung von Literatur und Kunst kann als Indiz einer künstlerischen Disposition gelten, die sich – teils widerstandslos, teils gutwillig, teils akklamierend – als artifizielles Anhängsel des bereits ästhetisierten politischen Lebens in Dienst nehmen ließ. Gerade die Instrumentalisierung von Mythen zum Zweck einer Ästhetisierung des politischen Lebens, ihre Integration zu einer neuen, ritualisierten Ästhetik, brachte jedoch neben den herrschaftstechnischen Zielen des Faschismus eine Problematik zum Vorschein, die unmittelbar die Funktion der Künstler unter nationalsozialistischer Herrschaft berührte. Deren Bedeutung mußte sich, selbst wenn sie sich als verklärende Vermittler des Nationalsozialismus verstanden, in dem Maß verringern, in dem die Sphäre bürgerlicher Öffentlichkeit von der ritualisierten Ästhetik des deutschen Faschismus besetzt wurde. Diese Problematik strukturieren zwei widersprüchliche Faktoren, die gleichwohl beide aufeinander bezogen sind: die öffentlich propagierte Reputation der Künste, die ihren Widerhall im Selbstverständnis der dem Nationalsozialismus nahestehenden Künstler findet, und der reale Funktionsverlust der Künste, der ihre ästhetische Qualität zur legitimatorischen Aussage über bestehende Gewaltverhältnisse reduziert. Vermittelt sind diese beiden widersprüchlichen Faktoren über das eine gemeinsame Ziel, zur Sicherung nationalsozialistischer Herrschaft beizutragen.

Ein Brief von Hans Grimm, dem erfolgreichen Autor des Romans *Volk ohne Raum* (1926), beleuchtet im Zusammenhang der politischen «Gleichschaltung» schlaglichtartig die kulturelle Szenerie des literarischen Lebens im Dritten Reich, das Selbstverständnis der dem Nationalsozialismus nahestehenden Schriftsteller, ihre Illusionen, die Formen ihrer Anpassung: «*Wir* müssen uns die Krone der Akademie vom Altar nehmen» (Brenner 1972: 112) – so formulierte Grimm im Dezember 1933 für seine «Mitsenatoren» in der seit Mai 1933 bestehenden Deutschen Akademie der Dichtung, die aus der politisch okkupierten Sektion für Dichtkunst der Preußischen Akademie der Künste hervorgegangen war (vgl. Jens 1971). Die Form, in der sich Grimm die «Krone vom Altar» zu nehmen gedachte, offenbart den illusionären Charakter poetischer Autonomievorstellungen, die auch bei denjenigen Autoren noch bestanden, die sich schon im Kulturkampf der Weimarer Zeit für die Propaganda des Faschismus hatten vereinnahmen lassen:

> Ich will, daß wir als Gemeinsamkeit vor die Nation treten in feierlicher Form. Ich glaube, daß das augenblicklich nur dadurch geschehen kann, daß wir bei gemeinsamem, ganz feierlichem Aufzuge und gemeinsamer Verantwortung (...) alljährlich fünf unbekannte oder wenig bekannte Dichter vor die Öffentlichkeit bringen. Es ist dazu nötig, daß wir den Schützlingen vorausschreiten wie etwa der Lehrkörper einer Universität bei einer großen Feier (...). Ich denke, daß der Kanzler mit der Reichsregierung der Feier, die den *Kommenden* gelten soll, als Gast gern beiwohnen wird. Ihr müßt einmal gesehen werden. Ihr müßt zeigen, daß Ihr etwas zu *vergeben* habt, was niemand sonst hergeben kann (Brenner 1972: 111 f).

Die in diesen Formulierungen wirksamen Argumentationsfiguren charakterisieren das Verhältnis völkisch-konservativer Schriftsteller zum Nationalsozialismus in exemplarischer Weise. Der Glaube an die besondere Würde der Künste läßt deren soziale Funktion gerade in ihrer Leugnung hervortreten. Denn die beanspruchte Höherrangigkeit von Kunst und Literatur gegenüber dem alltäglichen Lebensprozeß reklamiert für diese die Fähigkeit zur poetischen Erschaffung und Gestaltung einer heilen, besseren Welt, welche die Alltagspraxis der Menschen nur in einem Punkt berühren soll: der Ablenkung von ihr. Herbert Marcuses These vom «affirmativen Charakter der Kultur» (1968) wird aus der Sicht der dem Nationalsozialismus nahestehenden Kulturproduzenten nachhaltig bestätigt. Die Kunst tritt in feierlicher Weise aus dem Alltag heraus, erhebt sich würdevoll über ihn, bietet sich als Raum zur scheinhaften Erfüllung real versagter Sehnsüchte und Wünsche dar und trägt so zur Erhaltung jener Misere bei, mit der sie nichts gemein haben will. Diese strikte Trennung von Kunst und Leben erfährt eine besondere Akzentuierung dadurch, daß in sie ein ungebrochenes Vertrauen in die Trennbarkeit von Kunst und Politik eingegangen ist, allerdings in höchst widerspruchsvoller Weise. Die Formulierung, Kanzler und Reichsregierung würden der Dichterfeier «als Gast gern beiwohnen», läßt einerseits ein Insistieren auf der behaupteten Eigenständigkeit der Schönen Künste erkennen, beugt sich aber andererseits der Einsicht, daß gerade die höchsten Exponenten der den Autoren nahestehenden politischen «Bewegung» diesen ebenjenen staatlichen Segen zu verleihen vermögen, dessen die Würde der Kunst vorgeblich nicht bedarf. Unversehens setzt sich so das Rationalitätsdenken nationalsozialistischer Herrschaft gegen das Autonomiedenken der ihr dienenden Poeten durch. Der Glaube an die Trennbarkeit von Kunst und Politik entlarvt sich durch die beabsichtigte wechselseitige Erhöhung beider Bereiche selbst als Lüge. Grimms Konzept einer dichterischen Weihefeier erweist sich als Betrug an der erhofften gläubigen Gemeinde der Leser.

Freilich hätte den Autoren vom Schlage der Grimm, Kolbenheyer, Beumelburg bewußt sein können, daß der nationalsozialistische Kanzler einer solchen Feier autonomer Dichterfürsten keineswegs «als Gast gern beiwohnen» würde, sondern den erkannten Zusammenhang von Kunst und Politik durchaus den Zielen nationalsozialistischer Herrschaft unterordnen wollte. Bereits im Oktober 1933 hatte Hitler gegenüber Hanns Johst erklärt, eigens zu diesem Zweck eine Institution schaffen zu wollen, «die dem Führer allein verantwortlich und unmittelbar unterstellt sei» (Brenner 1972: 99). Aus dem Akademieprotokoll, das den Bericht Johsts enthält, wird hinreichend deutlich, daß den deutschen Faschisten gerade der elitäre Kulturkonservatismus und der Kulturidealismus der Dichter suspekt war. Eine zentralistische Organisationsform, die Reichskulturkammer, sollte dafür Sorge tragen, daß sich die ästhetisierte politische Sphäre mit den massenwirksam zugerichteten künstlerischen Phänomenen zur ästhetischen Totalität des nationalsozialistischen Herrschaftsapparats wirkungsvoll verbinden konnte. Ziel dieses Unternehmens war erklärtermaßen «die Umschaltung der Massen nach gewonnenem Siege auf die Innerlichkeit» (Brenner 1972: 99). Diesem Ziel fiel schließlich auch die Deutsche Akademie der Dichtung zum Opfer. Was als Weihestätte einer Gemeinschaft «von Gottes Gnaden» (Grimm) gedacht war, versank in Untätigkeit und Enttäuschung, verkam schließlich zur Bedeutungslosigkeit.

Die politische Strategie der Nationalsozialisten, die sich mit Koellreutters Kritik an Carl Schmitt auf der Ebene der Staatstheorie gezeigt hatte, wiederholte sich im kulturellen Bereich. Nicht der vorgeblich autonomen Ästhetik der künstlerischen Phänomene wurde

Vertrauen geschenkt, sondern allein der kalkulierbaren politischen Wirkung, für die diese Phänomene sich einsetzen ließen. Der politische Auftrag an Poesie, zur Zerstörung der Historie ihren Beitrag zu liefern, mündete in die Vernichtung von Literatur als Kunst. Deren Formgestalt hatte Hitler kulturpolitisch bereits festgelegt, als er anläßlich der Verabschiedung des «Ermächtigungsgesetzes» vom «Heroismus als kommender Gestalt der Völkerschicksale» und in seiner Unterredung mit Hanns Johst von notwendiger «Innerlichkeit» gesprochen hatte. Daß diese beiden Bestimmungen ästhetischer Phänomene sich keineswegs ausschließen mußten, sondern, von den Autoren wohl verstanden, einander im nationalsozialistischen Sinne ergänzen konnten, macht eine Rede Hans Carossas aus dem Jahre 1938 deutlich, dem Jahr der Besetzung des Sudetenlandes und des «Anschlusses» von Österreich:

> Der Lebensraum der deutschen Volksgemeinschaft hat in diesem Jahr durch die Taten des Führers eine gewaltige Erweiterung erfahren; dafür dankt ihm die ganze Nation. Daß nun durch die Atmosphäre des ungeheuren Raums auch die Goldklänge des Ewigen wehen, daß die Geister der Ahnen uns freundlich begleiten und uns heilige Träume senden, die dann beglückend klar und ermutigend ins Leben hinaustreten, dazu bedarf es der treuen stillen Mitwirkung jener einsamen Bildner und Bekenner, die wie Boten unermüdlich zwischen Vergangenheit und Gegenwart hin- und hergehen (1938a: 621).

«Heroismus» und «Innerlichkeit» als komplementäre ästhetische Faktoren zur Vollendung und Verklärung der nationalsozialistischen Politik, des Kriegs. Autoren wie Heinrich Lersch, Hanns Johst, Hans Friedrich Blunck, Will Vesper, aber auch solche der Inneren Emigration wie Hans Carossa stellten sich staatlichen und parteiamtlichen Instanzen für Lesungen und Diskussionen bereitwillig zur Verfügung, um vor vollbesetzten Rängen gehorsam ihre Rolle als «soldatische Erziehungsbeamte» (Strothmann 1968: 82ff) zu spielen. Kulturpolitisch unterworfen, künstlerisch ins herrschaftstechnische Kalkül des deutschen Faschismus eingespannt, bemühten sie sich freilich vergeblich, die Qualität von Literatur zugleich zur Entfaltung zu bringen und politisch zu instrumentalisieren: Alle kulturpolitischen Programme des Nationalsozialismus sind ästhetisch gescheitert.

Der Nationalsozialismus unterwarf zugleich mit der Literatur auch diejenigen zynisch dem eigenen Machtkalkül, die seinem Sieg ideologisch den Boden bereitet hatten. Daß bei dieser spezifischen Form der Beschlagnahme die Betrüger selbst noch einmal betrogen wurden, besitzt im Rückblick den Reiz der Groteske. Die Protagonisten unter den Dichtern des Dritten Reichs aber wußten ihre Niederlage in subtile Siege umzudeuten. Ihr Beifall galt den Siegern auch dann noch, als es um die Liquidierung der Künste als eigenständige ästhetische Ausdrucksform selbst ging. Sie erwarben für diese ihre künstlerische Selbstaufgabe das Recht zur kulturellen Außenrepräsentation des Faschismus, freilich auf jederzeitigen Widerruf und um den Preis, daß die ästhetische Substanz dieser nur scheinbar neuen Literatur den politischen Formen entsprach, in denen sich ihre Autoren dem Faschismus überantworteten.

Zu dem hier thematisierten Aspekt einer Systemkohärenz der Künste zählt jedoch nicht nur die NS-konforme Literatur. Vielmehr muß man sich den machtpolitischen Rahmen und das ihn begründende herrschaftstechnische Kalkül auch und gerade dann vor Augen halten, wenn man von heute aus die Leistungen und die Problematik der nicht-nationalsozialistischen Literatur im Dritten Reich beurteilen will. Als Grenzen jeglicher künstlerischen oder publizistischen Tätigkeit, soweit diese darauf angelegt war, eine Öffentlichkeit zu erreichen, haben die staatlichen Erfassungs- und Überwachungsmaßnahmen zu gelten, mithin die breite, reale Skala vom zensurierenden Eingriff bis zum Verbot, die berufliche Tätigkeit auszuüben, von dem dirigistischen Mittel etwa der Papierzuteilung bis hin zur Schließung eines ganzen Verlags. Wer trotz kritischer Distanz zum Regime veröffentlichen wollte, hatte angesichts der Machtverhältnisse die «Schwierigkeiten beim Schreiben der Wahrheit» reflektierend in seine Arbeit einzubeziehen, von denen Bertolt Brecht 1939 gesprochen hat: «Er muß den *Mut* haben, die Wahrheit zu schreiben, obwohl sie allenthalben unterdrückt wird; die *Klugheit,* sie zu erkennen, obwohl sie allenthalben verhüllt wird; die *Kunst,* sie handhabbar zu machen als eine Waffe; das *Urteil,* jene auszuwählen, in deren Händen sie wirksam wird; die *List,* sie unter diesen zu verbreiten» (1967d: 222).

Ohne diese Überlegungen Brechts zum literarischen Widerstand zu kennen, verfuhr eine Reihe von Schriftstellern und Publizisten nach einem ähnlichen Konzept. Als Beispiele, die zugleich die Ambivalenz dieser Konzeption verdeutlichen mögen, können jene kulturpolitischen Zeitschriften gelten, in deren Umkreis es einer Reihe nicht-assimilierter Autoren nach 1933 gelang, weiterhin zu publizieren. Zu diesen Zeitschriften zählen vor allem die *Deutsche Rundschau*, die von Rudolf Pechel redaktionell betreut wurde, sowie die von Peter Suhrkamp herausgegebene, redaktionell unter anderem von Karl Korn geleitete *Neue Rundschau*. Neben diesen beiden in weiterem Sinn politisch-kulturellen Zeitschriften, die auch heute noch ein mehr als nur historisches Interesse beanspruchen dürfen, können die eher literarischen Zeitschriften *Corona, Europäische Revue, Hochland, Das Innere Reich* und *Die Literatur* als begrenzte Foren einer zumindest distanzierten, wo nicht verdeckt oppositionellen Literatur und Essayistik gelten. Freilich mit Vorbehalten: *Hochland* etwa beschränkte sich konzeptionell vor allem auf einen katholischen Leserkreis, während die Zeitschrift *Das Innere Reich* ebenso wie *Die Literatur* – beide organisatorisch an «gleichgeschaltete» Verlage gebunden – in den redaktionellen Beiträgen deutliche Kompromisse mit der offiziellen Literatur- und Kulturpolitik zu schließen hatten.

Denn der politisch-kulturelle Freiraum für zumindest distanzierte, zum Teil unverkennbar kritische Texte wurde erkauft um den Preis, auch solche Beiträge aufzunehmen, die ebenso unverkennbar die kulturpolitische Linie des Nationalsozialismus unterstützten. Als Beispiel solcher Zeitschriftenpolitik kann etwa ein 1933 in der *Deutschen Rundschau* Rudolf Pechels erschienener Aufsatz Paul Fechters dienen. Fechter, Verfasser einer im Dritten Reich weit verbreiteten *Geschichte der deutschen Literatur* in völkisch-nationalem Sinn – sie wurde nach 1945 unverändert bei Bertelsmann wieder aufgelegt –, vertrat hier die Auffassung, daß durch die nationalsozialistische Machtübernahme mit allem literarhistorischen Recht jener Literatur zum Durchbruch verholfen werde, die bislang vom offiziellen «Weimarer» Literaturbetrieb unterdrückt worden sei: die nationalsozialistische und die völkisch-nationale Literatur. Fechters Aufsatz trug den Titel *Die Auswechslung der Literaturen*. Er erschien in der *Deutschen Rundschau* im Mai 1933, zu jenem Zeitpunkt also, da in Deutschland öffentlich Bücher verbrannt wurden.

All dies muß eine Einschätzung der Schreibmöglichkeiten im Dritten Reich berücksichtigen, die kritisch genannt werden kann. Das zitierte Eingeständnis Oda Schaefers («Wir waren darauf aus, gedruckt zu werden») ergibt, für sich genommen, noch keine hinreichende Legitimation. Veröffentlichen um jeden Preis – das ist ein Gestus, der das genuine Ausdrucksmedium von Schriftstellern, die Sprache, zu einem öffentlich und funktional entstellten Instrument degradiert. Dennoch verbieten sich Generalisierungen. Denn es schwingt in diesem Eingeständnis zugleich die Aufforderung mit, die mögliche Wirkung der im Dritten Reich veröffentlichten Literatur, ihre literaturgeschichtliche Bedeutung wie ihre gesellschaftliche Funktion, im einzelnen zu prüfen. Die Diskussion darüber also ist zu eröffnen, ob es sich jeweils um ein «anakreontisches Tändeln» (Langgässer) im Angesicht von Massengräbern handelt oder um den Versuch, mit Literatur und durch Literatur gegen den Faschismus zu opponieren, ihm zu widerstehen, Distanz zu wahren und zu wecken: die Widersprüche auszuhalten. Das Problem der literarhistorischen Kontinuität ist, mit einem Wort, nicht pauschal zu lösen, so wenig übrigens wie die nicht-faschistische Literatur im Dritten Reich ihrerseits über den Leisten eines einzigen literaturkritischen Urteilsspruchs zu schlagen ist.

«Fall»-Beispiele

«Die Sachlage ist sehr komplex, jeder Fall muß genau für sich betrachtet werden», hat Robert Minder einmal lakonisch angemerkt (Minder [o. J.]: 75). Es mag der Komplexität der «Sachlage» dienlich sein, an einige «Fälle» zu erinnern, die in sehr unterschiedlicher Weise die Schwierigkeiten einer ungemischten, widerspruchsfreien literarischen Existenzweise repräsentieren. Zum Beispiel der Fall Ina Seidel. 1939, anläßlich des 50. Geburtstags Adolf Hitlers, verfaßte die Schriftstellerin, berühmt geworden vor allem durch ihren Roman *Das Wunschkind* (1930), das folgende Bekenntnis zum nationalsozialistischen «Führer»:

Wir Mit-Geborenen der Generation, die im letzten Drittel des vergangenen Jahrhunderts aus deutschem Blute gezeugt ward, waren längst Eltern
der gegenwärtigen Jugend Deutschlands geworden, ehe wir ahnen durf-
ten, daß unter uns Tausenden der eine war, über dessen Haupte die kosmi-
schen Strömungen deutschen Schicksals sich sammelten, um sich geheim-
nisvoll zu stauen und den Kreislauf in unaufhaltsam mächtiger Ordnung
neu zu beginnen. Erst als wir uns nach den gewaltigen Erschütterungen
und Umwälzungen als auferstehendes Volk wie niemals zuvor in deutscher Geschichte auf den lebendigen Pol in unserer Mitte bezogen fanden,
ein jeder dort, wo er dem Ganzen mit seinen Gaben am besten zu dienen
vermochte, als wir erlebten, wie in diesem verjüngten Volkskörper das
Wunder der Wiedergeburt spürbar wurde an unsern Kindern – da begriffen wir ehrfürchtig, was uns geschehen war. Dort, wo wir als Deutsche
stehen, als Väter und Mütter der Jugend und der Zukunft des Reiches, da
fühlten wir heute unser Streben und unsere Arbeit dankbar und demütig
aufgehen im Werk des einen Auserwählten der Generation – im Werk
Adolf Hitlers (Wulf 1966: 406).[10]

Diese dem christlich-religiösen Diskurs verpflichtete Eloge bildete
nur den Höhepunkt einer schriftstellerischen Entwicklung, die ihren
den Nationalsozialismus begünstigenden Anfang 1933 genommen
hatte, gleichzeitig mit den Eingriffen der NS-Administration in die
Preußische Akademie der Künste. Trotz dieser Eingriffe hatte Ina
Seidel die Sektion für Dichtkunst im Februar 1933 emphatisch als
Inbegriff eines «überpersönlichen Gebildes» beschworen, das «jenseits aller Partei- und Privatauffassungen die deutsche Kunst als Ausdruck deutschen Geistes repräsentativ vertritt» (Brenner 1972: 47).
Den wiederholt an sie ergangenen Aufforderungen, Gruß- und
Loyalitätsadressen zu verfassen oder zu unterschreiben, hat sich Ina
Seidel kaum einmal entzogen. Sie gehörte zu den Unterzeichnern
eines «Treuegelöbnisses» (Wulf 1966: 112) im Jahre 1933 ebenso wie
zu jenen Autoren, die den Austritt aus dem Völkerbund begrüßten
und sich zur Politik des «Volkskanzlers Adolf Hitler» (Brenner
1972: 108) bekannten. Die Nationalsozialisten ihrerseits wußten der
deutschen Dichterin solche Unterstützung zu danken: Ina Seidel
wurde 1933 zur Ehrensenatorin des «gleichgeschalteten» Reichsver-
bandes Deutscher Schriftsteller ernannt, die NS-Literaturkritik wid-
mete ihr positive Buchbesprechungen und rechnete sie zum «volk-
haften» Bestandteil der deutschen Literatur. Ina Seidel zählte zu den

meistgelesenen Autoren im Dritten Reich, eine Folge nicht zuletzt der Tatsache, daß keines ihrer Werke einem Besprechungsverbot unterlag oder als «unerwünscht» eingestuft war.

Im Gegenteil: Ina Seidel galt neben Agnes Miegel als die «zweite große Dichterin unserer Tage» (Linden 1937: 459; ähnlich Langenbucher 1937: 336 ff). An ihrem Roman *Das Wunschkind* (1930) hoben nationalsozialistische Literarhistoriker die «schicksalkundige Menschengestaltung» (Linden 1937: 461) hervor, an ihrer Lyrik (*Die tröstliche Begegnung,* 1933) die «innige Seelenhaftigkeit und fromme Naturgebundenheit» (ebd.). Vor dem Hintergrund von «Gleichschaltungs»-Tendenzen im gesamten kulturpolitischen Bereich war Ina Seidel, das getreue Mitglied der Dichterakademie, eine ideologisch willkommene Parteigängerin der nationalsozialistischen Sache: «Gott und Natur sind dieser Dichterin nahe, und diese großen Urgegebenheiten umschließen ihre Familie und ihr Volk» (ebd.).

Mystik also, wohin man sieht, ideologisches Geraune allenthalben, Gewisper in hörbarer politischer Absicht, die sich auf die Dichterin mit gutem Grund berufen konnte. Um so nachdrücklicher stellt sich die Frage, warum dies alles heute noch von Interesse oder gar des Nachdenkens wert sein soll. Doch es geht hierbei nicht allein um den mittlerweile musealen literarhistorischen Fall Ina Seidel, sondern um das, was sich mit seiner Hilfe erkennen läßt: um das widerspruchsvolle Problem literaturgeschichtlicher Kontinuität. Darum also, daß Ina Seidel ihr Bekenntnis zum «Führer» im Jahre 1939 zu einem Zeitpunkt ablegte, als in Deutschland die Pogrome der «Reichskristallnacht» bereits sechs Monate zurücklagen. Darum, daß es dieselbe Ina Seidel war, deren Werke nach 1945 zum festen Bestandteil des Kanons an den Schulen im Westen Deutschlands zählten. Darum aber auch, daß Ina Seidel zu den wenigen im Dritten Reich geförderten Autoren gehört, die ihre Fehler später eingestanden und zu erklären versucht haben: aus einem «Mangel an politischer Erziehung, an dem viele Menschen meiner Generation krankten», und aus «irreführenden Informationen über seine (Hitlers) Persönlichkeit» (Wulf 1966: 406). Und nicht zuletzt darum geht es, daß Ina Seidel für sich in Anspruch genommen hat, der «Ausbruch des Krieges» habe für sie «eine nachhaltige Erschütterung dieses Vertrauens» in Hitler bedeutet, «die in der Folge zur Ernüchterung führte» (ebd.).

Die «Erschütterung» ist literaturgeschichtlich an Ina Seidels Biographie *Drei Dichter der Romantik* (1944) nachprüfbar, ihrem letzten im Dritten Reich erschienenen Werk. Es ist bestimmt durch eine mystische Weltanschauung ebenso wie durch den Glauben an eine geschichtslose Überzeitlichkeit und den Versuch einer Auflösung des vermeintlich Unerklärlichen in pandämonische Kosmologie, durchgeführt in Form einer epigonal-konservativen Naturmetaphorik. Keine Spur von «Ernüchterung», wohl aber ein deutliches Beharren auf der Unzerstörbarkeit und Unversehrlichkeit des Individuums, das der tosenden Entfaltung der Destruktivkräfte am Ende des Kriegs so hilflos wie gläubig entgegengehalten wird. In diesem Zusammenhang sei auch daran erinnert, daß es Ina Seidel war, durch deren Vermittlung es Johannes Bobrowski gelang, seine verschlüsselten Gedichte gegen den Krieg in *Das Innere Reich* zu veröffentlichen.

Wie im Fall Ina Seidel haben die Erfahrungen mit dem Nationalsozialismus nach 1945 ihren Widerhall in einer Vielzahl von Veröffentlichungen gefunden, die zumindest teilweise den Verdacht nahelegen, es handle sich um Rechtfertigungsschriften. Zu diesem Genre sind, bei allen Niveauunterschieden im einzelnen, auch Ernst Jüngers *Strahlungen,* Ernst von Salomons *Der Fragebogen* oder Arnolt Bronnens ... *gibt zu Protokoll* zu rechnen. Völkisch-nationale Schriftsteller wie Hans Grimm, Hans Friedrich Blunck und der politische Konvertit Max Barthel zählen zu den Autoren dieser höchst problematischen Literaturform nicht weniger als Erwin Guido Kolbenheyer, Friedrich Griese oder eben Ina Seidel. Noch 1968 erschien ein Sammelband, dessen Titel *War ich ein Nazi?* eine selbstkritische Inquisition verhieß, die dann doch in den meisten der Beiträge zur bloßen Abwehr politischer und literarischer Kritik, zur bloßen Rechtfertigung der eigenen Existenz unter nationalsozialistischer Herrschaft verkümmerte. Hans Egon Holthusen und Hans Hellmut Kirst, Rudolf Krämer-Badoni und Alexander Lernet-Holenia: Sie waren sich vor allem darin einig, noch unter dem Nationalsozialismus einer konservativen Wertordnung zu Geltung und Dauer verholfen zu haben – ohne deren Funktion für die Stabilisierung des Systems auch nur zu reflektieren.

Zu rechtfertigen galt es nicht zuletzt die Tatsache, daß auch nichtnationalsozialistische Autoren in vielfältiger Weise zur Stabilisierung des Systems beigetragen haben. Insbesondere Hans Carossas Autobiographie *Ungleiche Welten* (1951) läßt sich als ein Dokument der Anpassung und nachträglichen Rechtfertigung lesen: weniger hinsichtlich der Fakten, die in ihm verarbeitet sind – Carossas Vorsitz der NS-gesteuerten Europäischen Schriftstellervereinigung etwa –, als vielmehr aufgrund der argumentativen Stereotypen, die es repräsentiert. Denn Carossa nimmt zur Beantwortung der Frage, was den Faschismus ursächlich heraufgeführt habe, seine Zuflucht zu dämonisierenden Erklärungsversuchen, die für ihn selber Entlastungsfunktion besitzen. Menschen wie Hitler, so Carossa, erfüllten «einen höheren Auftrag: sie sind Werkzeuge einer unbekannten Macht, die sich ihrer bedient, um zögernde Kräfte zur Entscheidung zu bringen, freilich meistens zu einer anderen, als sie meinen. Es ist zweifelhaft, ob sie wissen, was durch sie geschieht. Wenn der Erdgeist sie mit unbändigem Willen und großer Schlauheit ausstattet, so verrückt er ihnen dafür das Augenmaß für die wahren dynamischen Verhältnisse des Zeitalters» (1951: 30).

Der ahistorische Mystizismus Carossas erweist seine Interpretationsbemühungen als Teil eben der verfügbaren ideologischen Dispositionen, auf die die nationalsozialistische «Bewegung» partiell schon in der Weimarer Republik zurückgreifen konnte und die sich nach 1933 als für den Faschismus nützliche Illusionen erwiesen. Carossas Selbstrettung gelingt nur um den Preis einer geschichtlichen Konstruktion «ungleicher Welten», deren komplementärer Charakter nicht wahrgenommen, nicht durchschaut oder nicht eingestanden wird. Nach der Erfahrung mit dem Nationalsozialismus erfolgt eine Aufspaltung der literarischen Existenz- und Überlebensmöglichkeiten, die der Entwicklung einer apolitischen Poetik in den fünfziger Jahren vorausgeht.

Authentischer, weil nicht als Selbstrechtfertigung, sondern als Selbstreflexion verfaßt, geben die Tagebücher und auch die Briefe, die zwischen 1933 und 1945 geschrieben wurden, Auskunft über die Schreibdispositionen nicht-nationalsozialistischer Autoren im Dritten Reich. Jochen Klepper (*Unter dem Schatten Deiner Flügel,* 1956) und Oskar Loerke (*Tagebücher 1903–1939,* 1955), Emil Barth (*Lemuria,* 1947) und Friedrich Reck-Malleczewen (*Aus dem Tagebuch eines*

Verzweifelten, 1947) – um nur einige zu nennen – verleihen in ihren Tagebüchern einem reflektierten Leiden an der Gegenwart des Dritten Reichs empörten und bitteren, haßerfüllten und zugleich hoffnungslosen Ausdruck. Jene Briefe und Tagebücher offenbaren das Schwanken zwischen Anpassung und Widerstand als Äußerungsform einer tiefgreifenden politisch-gesellschaftlichen wie auch ästhetischen Erschütterung und Krise, in die keine die Realität des Faschismus transzendierende Perspektive einzugehen vermag. So läßt sich bei Jochen Klepper ein Festhalten an Illusionen, ein Vertrauen auf Einsicht und Menschlichkeit selbst nationalsozialistischer Funktionäre durchgehend registrieren, das aus der wohlwollenden Aufnahme seines Romans *Der Vater* (1937) durch die offiziöse Besprechung resultierte. Noch bis zuletzt, bis zum Selbstmord hatte Jochen Klepper auf eine Existenzmöglichkeit im Dritten Reich gemeinsam mit seiner jüdischen Ehefrau und deren Tochter gehofft.[11]

Anders Friedrich Reck-Malleczewen, der mit seinem Roman *Bokkelson. Geschichte eines Massenwahns* (1937) als konservativer Antifaschist gelten kann. Er büßte mit dem Leben für seine persönliche Unbotmäßigkeit gegenüber einem NS-Ortsgruppenleiter und seine Verweigerung offizieller Grußformeln und wurde im KZ Dachau im Februar 1945 umgebracht. Sein Haß auf den Faschismus ist ebenso radikal wie sein Kulturpessimismus und sein Insistieren auf der Geschichtsmächtigkeit des Irrationalen, sein Beharren auf der Einsicht, «daß vierhundert Jahre rationalistischer Weltsteuerung und rationalistischer Häresien abgelaufen sind und daß es wieder das ganz große Geheimnis und die Irrationale selbst ist, die an die morschen Tore der Menschheit pocht» (1966: 176).

Daneben Existenzweisen, welche die «verhängnisvolle Macht der Gewohnheit» (Emil Barth) zu einem problematischen Arrangement mit der politischen Wirklichkeit geführt hat. Es sei dies, so Emil Barth, «eine Gabe, in der soviel Schmach wie Barmherzigkeit liegt, da sie uns einerseits das Leben selbst unter sehr harten Bedingungen erträglich macht und uns andererseits die Kraft raubt, immer weiteren Entwürdigungen Einhalt zu gebieten» (1947: 27 f).

Wieder anders Oskar Loerke, in dessen Tagebüchern sich die «Verzweiflung über das Teuflische» (1955: 328), der abgründige Haß auf die nationalsozialistischen «Popel» und «Drecktreter» (ebd.: 315) mit einem historischen Agnostizismus verbindet, dessen konkrete Voraussetzungen im nachhaltig erschütterten Kulturkonservatismus Loerkes zu sehen sind: «Wo das hinführen soll ist unklar. Nun: es wird dahin führen, wohin es führen muß. Goethe sagt, kein Volk wisse, was in ihm vorgehe. Was vorgegangen ist, wird erst nachträglich klar» (ebd.: 324). Die Tagebuchaufzeichnungen Loerkes aus den Jahren 1933 bis 1940 sind ein Dokument der Verzweiflung. Schwankend zwischen Ohnmacht und Aufbegehren, Aufbruch und Resignation, Melancholie und Haß, belegen die Stimmungen, über die sich der Lyriker und Lektor Loerke in unregelmäßigen Abständen Rechenschaft gibt, eindrucksvoll jenen Prozeß, den der Begriff «Emigration nach Innen» umschreibt.

Loerkes Tagebücher dokumentieren insoweit keine einzigartige Position. Ihnen lassen sich etwa die erst 1995 veröffentlichten Tagebücher des Romanisten Victor Klemperer als ebenbürtige Beschreibungen des Leidens am deutschen Faschismus an die Seite stellen (1995 a, 1995 b). Klemperer, in dessen Buch *LTI* (1947) die Sprache des Dritten Reichs in epochemachender Weise analysiert wird, dokumentiert mit seinen Aufzeichnungen den Weg eines assimilierten Juden unter dem Nationalsozialismus, der seinen Beruf seit 1935 nicht mehr ausüben darf und seit 1938 Bibliotheksverbot hat. Er erfährt – sozial degradiert zum Hilfsarbeiter, wissenschaftlich und publizistisch vertrieben ins Rückzugsgebiet des Tagebuchs – ein Exil im eigenen Land, das ihm nur ein physisches Überleben zubilligt, dank seiner Verdienste als Weltkrieg I-Soldat und seiner Ehe mit einer Deutschen. Was der Tagebuchschreiber trotz alledem behauptet, ist die ihm verweigerte politisch-kulturelle Identität als Deutscher.

Nicht nur Schriftsteller, so zeigt das Beispiel Klemperer, auch Musiker und Publizisten, bildende Künstler, Wissenschaftler, Theaterleute und Angehörige anderer künsterisch-intellektueller Berufe haben sich entlang der unscharfen und unsicheren Demarkationslinie Innerer Emigration bewegt. Für die vielen Namen, die hier zu nennen wären und die zu nennen doch nur eine geringe analytische Qualität hätte, mögen die des Künstlers Ernst Barlach, des Kabarettisten Werner Finck, des Literaturwissenschaftlers Werner Krauss stehen, beispielhaft für die Vielfalt der Meinungen und Ausdrucksmöglichkeiten, in denen sich Distanz zum Nationalsozialismus aussprechen konnte.

Erinnert sei in diesem Zusammenhang auch an den Fall des Schriftstellers Ernst Wiechert. Da Wiechert für den im Dritten Reich verfemten Theologen Martin Niemöller eingetreten war, wurde er von der Gestapo verhaftet und schließlich ins KZ Buchenwald verbracht, aus dem man ihn nach knapp zwei Monaten wieder entließ, Wiechert zufolge eine Art «Erziehungsmaßnahme» (vgl. Wiechert 1949) des Propagandaministers Joseph Goebbels für einen opponierenden Schriftsteller.[12] Der zählte in den zwanziger Jahren zu den entschiedenen Gegnern der Weimarer Republik, war ein Feind der Revolution von 1918 und ein Verherrlicher des deutschen Frontkämpfers, auch in seinen literarischen Werken. Wiechert ist mithin das Beispiel eines konservativen Antifaschisten, der dem Nationalsozialismus den Weg bereitet hat. Seine Werke gehörten nach 1945 zum verpflichtenden Bestandteil eines konservativen Literaturkanons an den höheren Lehranstalten.

Wenn Literarhistorie als die Geschichte von Personen und ihren Werken zu verstehen ist, dann gehören Hinweise auf Widersprüche solcher Art zu ihrem unveräußerlichen Bestand. Dies nicht zuletzt deshalb, weil sie keineswegs vereinzelte Ausnahmefälle repräsentieren. Schon die distanzierte äußere Haltung eines Autors wie Werner Bergengruen, der ebenfalls den Hitler-Gruß verweigerte, wenngleich er bei offiziellen Anlässen die Hakenkreuzfahne an seinem Fenster zeigte, reichte den zuständigen Instanzen hin, ein Dossier über ihn mit dem Vermerk «nicht zuverlässig» anzulegen. Erinnert sei auch daran, daß Ernst Jüngers Roman *Auf den Marmor-Klippen* (1939) gegenüber Hitler persönlich durch den Reichsleiter Philipp Bouhler inkriminiert worden ist. Hitler habe, wie Jünger später berichtet hat, nach kurzem Bedenken entschieden, er, Jünger, sei «nicht zu behelligen» (Jünger 1964: 639). Ein anekdotischer Hinweis immerhin darauf, daß die nationalsozialistische Führung die lebensgeschichtlichen «Verdienste» des von ihnen verehrten Jünger um die einst gemeinsame Sache und dessen spätere literarische Dissidenz politisch sorgsam gegeneinander abzuwägen wußte.

Auch die Diskussion über einen anderen Fall ist aufzunehmen, der noch Jahrzehnte nach dem Zweiten Weltkrieg immer aufs neue Aufsehen erregt und bis heute kontroverse Debatten nach sich gezogen hat: Gottfried Benn. Am 13. März 1933 hatte Benn den Mitgliedern der Sektion für Dichtkunst innerhalb der Preußischen Akademie der Künste eine von ihm entworfene Erklärung vorgelegt, die mit Ja oder Nein zu beantworten war, verpflichtend oder ausschließend wirken sollte und folgenden Wortlaut hatte:

> Sind Sie bereit, unter Anerkennung der veränderten geschichtlichen Lage weiter Ihre Person der Preußischen Akademie der Künste zur Verfügung zu stellen? Eine Bejahung dieser Frage schließt die öffentliche Betätigung gegen die Regierung aus und verpflichtet Sie zu einer loyalen Mitarbeit an den satzungsgemäß der Akademie zufallenden nationalen kulturellen Aufgaben im Sinne der veränderten geschichtlichen Lage (Brenner 1972: 60).

An der «Veränderung der geschichtlichen Lage» hat der Dichter Gottfried Benn in einer Reihe von Aufsätzen und Vorträgen während der Jahre 1933 und 1934 aktiv mitgewirkt. Es sind Arbeiten, die Titel tragen wie *Züchtung, Der deutsche Mensch. Erbmasse und Führertum, Der neue Staat und die Intellektuellen* oder *Zucht und Zukunft* – Reden, Vorträge, Aufsätze, die das Pathos der Weltabkehr, die Feier des Wirklichkeitszerfalls, wie sie in Benns früher Lyrik sich finden, umsetzen in die emphatische Bejahung einer falsch verstandenen Revolution. Es ist der Dezisionismus, der Bekenntniszwang, der irrationale, als solcher aber bewußt eingesetzte Entscheidungsdrang, der diese Veröffentlichungen Benns als Denkfigur grundiert. Er macht deutlich, daß Gottfried Benn den Faschismus weder gesellschaftlich noch politisch noch ökonomisch begriffen hat. Was Benn ersehnte, war der rauschhafte Impuls, der hinaustragen sollte aus einer bis zum Überdruß durch Gleichförmigkeit gezeichneten Wirklichkeit. In seinem berühmt-berüchtigten Brief an die literarischen Emigranten, der am 24. Mai 1934 über Rundfunk verbreitet wurde – eine Antwort auf einen Brief von Klaus Mann aus dem Exil –, heißt es:

> Es ist meine fanatische Reinheit (...), meine Reinheit des Gedankens und des Gefühls, die mich zu dieser Darstellung [gemeint ist die Bejahung des Faschismus – R. S.] treibt (...) eine herrschaftliche Rasse kann nur aus furchtbaren und gewalttsamen Anfängen emporwachsen (...). Das alles

hatte die liberale und individualistische Ära vergessen, sie war auch geistig gar nicht in der Lage, es als Forderung in sich aufzunehmen und es in seinen politischen Folgen zu übersehen. Plötzlich aber öffnen sich Gefahren, plötzlich verdichtet sich die Gemeinschaft, und jeder muß einzeln hervortreten, auch der Literat, und sich entscheiden: Privatliebhaberei oder Richtung auf den Staat. Ich entscheide mich für das letztere und muß es für diesen Staat hinnehmen, wenn Sie mir von Ihrer Küste aus zurufen: Leben Sie wohl (1968c: 1704).

Das Leiden am Chaos, an der widerspruchsvollen Einheit der Gegensätze bürgerlicher Gesellschaft, deren Entfremdungsphänomene und -strukturen Benns Lyrik benennt – dieses Leiden scheint mit einemmal überwindbar durch den dezisionistischen Sprung aus der Geschichte des Bürgertums, dessen Trägheit, Sattheit, Handlungsunfähigkeit den Dichter Gottfried Benn anekelt und abstößt. Der Faschismus hingegen scheint jene konkrete Utopie zu bergen, auf die hin Benn wirklichkeitsüberschreitend zustrebt: Gefahr, Spannung, Qualität des Lebens, das mehr ist als empirische Existenz, Wagnis und Gefährdung als Erfüllung, die Reinheitssehnsucht als Experimentierfeld von Vitalismus und Nihilismus, die existentielle Grenzüberschreitung als – auch künstlerische – Daseinserfüllung. Ein Entscheidungsdrang, der sich – wie zuletzt Klaus Theweleit in seiner mikroskopisch angelegten, Benns Leben und Werk ineinander spiegelnden Monumentalanalyse gezeigt hat (vgl. 1991; 1994) – im Drogenexperiment ebenso durchsetzt wie in der souveränen Verfügung über das Schicksal seiner Lebensgefährtinnen. Gottfried Benn, «der Vitalist, der Irrationalist, der Nihilist», so hat schon vor Theweleit der Benn-Interpret Dieter Wellershoff gesagt, «war zum Salto mortale ins braune Kollektiv durchaus disponiert» (1976: 131). Eine Disposition, deren Konsequenz der Literarhistoriker Jürgen Schröder (1978) als einen Prozeß der «Resozialisierung» des Außenseiters Benn gedeutet hat, als Auflösungsversuch zwischen seiner frühen, sozialisationsgeschichtlich begründeten Paria-Erfahrung und seinem aristokratischen Elite-Bewußtsein. Daß dieser Versuch eines existentiellen Aufgehens im Rausch des faschistischen Aufbruchs scheiterte – und spätestens mit dem Röhm-Putsch 1934 war sich auch Benn hierüber im klaren –, war freilich weniger der besseren Einsicht

Benns zu danken als vielmehr der desillusionierenden Macht der politischen Alltagswirklichkeit.

Die Nationalsozialisten hatten solche Formen des Steigbügelhaltens in den ersten Monaten nach der Machtübernahme zwar durchaus goutiert, in der Folgezeit jedoch keineswegs honoriert. Drei Beispiele im Zusammenhang Benns seien zur Illustration des kulturpolitischen Klimas im Dritten Reich genannt. Mit dem Schriftsteller Börries von Münchhausen, einem NS-Barden von literarisch mediokrem Format, verbindet Benn eine intime Feindschaft. Im Herbst 1933 versucht Münchhausen, Benn im Zusammenhang einer Diskussion über Expressionismus als Schriftsteller zu disqualifizieren, und nur ein halbes Jahr später verdächtigt er ihn öffentlich, Jude zu sein – eine Verdächtigung, die seinerzeit bekanntlich das Leben kosten konnte. In anderem Zusammenhang muß sich Benn – zweites Beispiel – bei dem Schriftsteller Hanns Johst um so etwas wie einen poetischen Ariernachweis bemühen. Johst bescheinigt ihm, seine – Benns – Dichtung habe dem deutschen Volk keinen Schaden zugefügt. Schließlich die bekannteste Episode: 1936 wird Benn in Julius Streichers antisemitischem Hetzblatt *Der Stürmer* als Dreck, als Schwein, als undeutscher Dichter beschimpft. Drei Beispiele, die zeigen: Die Nationalsozialisten haben auf den *Poeten* Benn keinen Wert gelegt, dessen programmatischen Willkomm in den Jahren 1933/34 sie durchaus zu nutzen wußten.

Gottfried Benn seinerseits hat von der Emphase zur Zeit der Machtübernahme rasch hingefunden zu einer Existenzform, die radikal mit dem brach, was sein Dasein zuvor bestimmt hatte. Er stellt einen Antrag auf Einstellung als Arzt in die Wehrmacht, entschließt sich zu einem poetischen Verstummen und bezeichnet seine neue Existenz als die «aristokratische Form der Emigrierung» (1957: 62). Sein Briefwechsel mit dem Bremer Kaufmann Friedrich Wilhelm Oelze gibt ein anschauliches Bild von dieser neuen, «aristokratischen» Existenzform:

Ihre Frage nach der *Freiheit* hat mich natürlich während des letzten Jahres viel beschäftigt. Aber wo gäbe es denn noch Freiheit? Wer druckt mich denn noch? Zeitungen – lesen Sie sie doch! Zeitschriften – alles doch nur Gemeinschaftsdilettantismus. ‹Neue Rundschau› – eine Frage von Monaten u. jüdisch, also lieber zu vermeiden. ‹Deutsche Zukunft› von Herrn Klein und Herrn Fechter – o Gott, der alte bürgerliche Muff ... Rundfunk? Hören Sie ihn! Akademie? vacat. Also, wo wäre überhaupt Podium und Hörsaal? Vorbei! Natürlich ist diese ganze Militärsache ein reines Experiment. Nur so betrachte ich es. Es ist nicht nur Versorgungspanik, keineswegs. Je m'en fiche! Es ist der Versuch, ob aus diesem Milieu, dieser Art des Lebens, diesem ungetarnten Symbol des Lebens: die Waffe für mich neue Einstellungen, Ausdrucksmöglichkeiten, Erlebnisse negativer oder positiver Art kommen. *Kelter!* Dies Zusammenpressen der Existenz auf den Begriff: Dienst, Härte, Gehorsam, erwächst für mich neues Erleben? Ich bin nicht ganz sicher. Aber in Berlin wäre es noch mehr zu Ende gewesen ... Kommt dann noch einmal die große Stunde, das Strömen, der Blick, – gut. Wenn nicht, soll es nicht sein. Wer sieht hinter die Dinge? Wollen Sie auch bedenken, daß wir das *geschichtliche* Leben eines Volks doch überhaupt für Dreck halten – wohin redet man also die Dinge? (1977: 77).

Man sieht: Benn hat sich unter der NS-Herrschaft lakonisch arrangiert. Er ist zurückgekehrt in seinen bürgerlichen Beruf und trägt seine Unform wie einen schützenden, wenngleich einengenden Panzer. Er lebt eine empirische Existenz, ein alltägliches Dasein ohne allzu große Spannungen, ohne Höhepunkte. Für unsere Frage nach der literarhistorischen Kontinuität bleibt jedoch das Problem der *poetischen* Existenzmöglichkeit. Benn hat dieses Problem in seiner autobiographischen Schrift *Doppelleben* (1950) im Rückblick auf das Dritte Reich diskutiert. «Doppelleben» – das meint ein künstlerisches Existenzmodell, für das ein unaufhebbarer Dualismus kennzeichnend sei, der Dualismus zwischen dem empirischen Leben und dem uneingrenzbaren Reich des Geistes, das die Kunst einbegreife:

Denken und Sein, Kunst und die Gestalt dessen, der sie macht, ja sogar das Handeln und das Eigenleben von Privaten sind völlig getrennte Wesenheiten. Diese Haltung führt vor die große Trennung, die durch die abendländische Welt geht: einerseits die Kunst und alles, was mit ihr zusammengehört, und andererseits das gute, warme pausenlose Familienleben. (...) Kunst ist kostbarer als das belanglose Schicksal von irgendeinem, und Kunstmachen ist, anthropologisch gesehen, schöpfungsgerechter als die Vorwürfe dagegen von einigen, weil ihr Privatleben nicht erwartungsgemäß verlief (1968: 2002 ff).

Ein Dualismus, dessen ästhetiktheoretische und literaturgeschichtliche Begründungszusammenhänge den alten Gegensatz von Kunst
und Leben in sich enthalten. Wie aber ließe sich dieser Gegensatz von
Kunst und Leben vor dem Hintergrund des herrschenden Faschismus
angemessen bestimmen? Vor dem Hintergrund einer Kulturpolitik,
einer Kunstdoktrin, die Poesie nicht nur in Anspruch, sondern in
Dienst nahm? Die die «Kunst» ins «Leben» integrierte, um dieses
durch jene verklären zu lassen?

Benns Verstummen im Dritten Reich, sein demonstratives Nein
durch Schweigen muß als Antwort auf diese Fragen ernst genommen
werden. Das in ihnen mitformulierte Problem, ob sich aus dem politischen Versagen Gottfried Benns ein poetisches Versagen ableiten
lasse, führt jedoch über den Fall Benn hinaus. Die Gemeinsamkeit
der zitierten Fälle besteht, bei allen Unterschieden im einzelnen, gerade darin, daß bei ihnen «Kunst» und «Leben» nicht widerspruchs-
frei zur Deckung kamen, daß sie sich auch hierdurch abhoben von
der bewußtlosen künstlerischen Mediokrität, die die Barden des
deutschen Faschismus kennzeichnete. Und eine weitere Gemeinsamkeit läßt sich benennen: das Beharren darauf, daß der Schreibakt
selbst als ein Medium der Verarbeitung von Realität auch und gerade
unter dem Nationalsozialismus Geltung behalten hat. Oskar Loerke
hat das Schreiben von Gedichten als eine «Zuflucht in der Bedrohung
der Existenz hier» (1955: 282) begriffen, als Möglichkeit, in der literarischen Arbeit ein notwendiges Minimum an Individualität und
Subjektivität bewahren zu können gegenüber dem «Gleichschaltungs»-Zugriff des NS-Staats. Auch dies eine Haltung, eine Hoffnung der Ambivalenz.

Das Bestehen einer «staatsfreien» Sphäre im Dritten Reich, die
Fortdauer von Lebensverhältnissen der Weimarer Zeit über das Jahr
1933 wie über das Jahr 1945 hinaus, die im einzelnen nachgezeichne-
ten Widersprüche zwischen «Kunst» und «Leben» und die Gleichzeitigkeit unterschiedlicher Schreibweisen und künstlerischer Existenz-
formen im Dritten Reich – all diese irritierenden Daten sind Indizien
dafür, daß die deutsche Nachkriegsliteratur lange vor dem Jahr 1945
begonnen hat und daß sie mentalitätsgeschichtlich an der Entwicklung Deutschlands im 20. Jahrhundert insgesamt teilhat. Aus einer
anderen, einer desillusionierenden Perspektive hat diesen Zusammen-

hang auch das *Suchbild* umrissen, das Christoph Meckel 1980 von seinem Vater, dem Schriftsteller Eberhard Meckel, in Form einer eindrucksvollen Mikroanalyse gezeichnet hat. Es ist das Exempel eines aus Beschämung insistierenden Frageprozesses. Dieser bringt, dank Christoph Meckels feinen und genauen Kontextualisierungen, nicht so sehr eine individuelle Gestalt hervor als vielmehr das Typische, das den Schriftsteller-Vater und die junge Autorengeneration seiner Zeit gekennzeichnet hat.

Eine zunehmende Staatsintegration, so machen die auszugsweise abgedruckten Tagebuchaufzeichnungen des Vaters und die sensiblen Interpretationen des Sohnes deutlich, bestimmt die Existenz dieser Autoren, ein Prozeß, der verbunden ist mit Resignation und Melancholie, mit Hoffnung und Glückszuständen, mit Kulturidealismus und elitärem Denken. Eine durchaus verbreitete Position – die eines apolitischen konservativen Bürgertums, das die sich wandelnden Zeitläufe als Schicksal erlebt und ihrem Wandel sich anzupassen sucht. Am Ende dieses Suchprozesses steht das ungläubige Erschrecken des Sohns über einen Vater, der sich in die Literatur flüchtet – um den Preis, seiner Wirklichkeit widerstandslos, ja opportunistisch sich anzupassen. Im Blick auf seinen Vater, den Freund von Günter Eich und Peter Huchel, zieht der Schriftsteller Christoph Meckel das Fazit: «Diesen Menschen zu kennen, war nicht möglich, ihn für möglich zu halten – unzumutbar» (1980: 64).

Unzumutbar angesichts einer Schreibwirklichkeit, die dieser Vater – und mit ihm viele andere Schriftsteller seiner Generation, seiner Herkunft und seines Selbstverständnisses – als Schreibvoraussetzung für zumutbar gehalten haben. Deshalb sei unter dem Aspekt «Schreiben im Dritten Reich» zuletzt auch daran erinnert, daß es im Dritten Reich zum Schreiben eine Alternative gegeben hat: das Schweigen. Gottfried Benn hat sich diese Alternative spät, aber nachdrücklich zu eigen gemacht. Der Vielschreiber und notorische Nörgler Karl Kraus hatte sie schon 1933 wahrgenommen, als er sich mit der 888. Nummer der *Fackel* 1933 öffentlich zum Verstummen bekannte:

Man frage nicht, was all die Zeit ich machte.
Ich bleibe stumm;
und sage nicht, warum.
Und Stille gibt es, da die Erde krachte.
Kein Wort, das traf;
man spricht nur aus dem Schlaf.
Und träumt von einer Sonne, welche lachte.
Es geht vorbei;
nachher war's einerlei.
Das Wort entschlief, als jene Welt erwachte.
(1933: 4)

4
«Nationalsozialistische Dichtung» – Versuch einer Strukturbestimmung

Grenzen der Inhaltsästhetik

Vor dem Hintergrund eines ästhetisierten politischen Lebens und insbesondere angesichts der skizzierten Systemkohärenz der Künste im Dritten Reich stellt sich die Frage nach der ästhetischen Identität einer Literatur, die sich in der zuvor charakterisierten Weise politisch hat instrumentalisieren lassen. Mit einem Wort: Was ist, was war «Nationalsozialistische Dichtung»?

Diese Frage könnte müßig erscheinen, da eine bündige Antwort auf sie seit mehr als drei Jahrzehnten vorliegt, die zudem den Vorzug hat, höchstrichterlicher Abkunft zu sein. Im Jahre 1963 hatte der Schriftsteller Max Barthel Klage erhoben gegen eine Formulierung in Gero von Wilperts *Lexikon der Weltliteratur,* die sich auf seine, Barthels, literarische Entwicklung bezog. Der ehemalige Spartakuskämpfer Max Barthel begann – so hieß es im Lexikon – «als stark revolutionär-sozialer Arbeiterdichter und Klassenkämpfer mit pazifist(isch)-kommunist(ischer) Tendenz und schloß sich später dem Nationalsozialismus an» (von Wilpert 1963: 122; zur Entwicklung Barthels vgl. Rector 1978). Ebendiese Formulierung «schloß sich dem Nationalsozialismus an» wurde Gegenstand des Verfahrens und führte zu einer bemerkenswerten – und übrigens den Einwänden Barthels stattgebenden – Urteilsbegründung. Anhand eines Katalogs von Merkmalbestimmungen versuchte das Gericht festzustellen, was den Nationalsozialismus «vor allem» gekennzeichnet habe, mithin notwendig auch eine «nationalsozialistische Dichtung» charakterisiere. Diese Merkmalbestimmungen lauten (nach Brenner 1964: 61):

– die nationalsozialistische Rassenpolitik;
– Kampf gegen den Weltbolschewismus;
– Kampf gegen das Judentum;

– Kampf gegen die sogenannten westlichen Plutokratien;
– die neue – zunächst europäische – Raumordnung;
– Ausschaltung des Einflusses der Kirche;
– Erweckung und Förderung des «völkischen Wehrbewußtseins».

Nun wird man nicht bestreiten können, daß diese Kriterien, in ihrer Gesamtheit wie im einzelnen, den Nationalsozialismus politisch charakterisieren. Ebensowenig aber dürfte zu bestreiten sein, daß mit derlei Inhaltsbestimmungen die Literarität poetischer Texte noch keineswegs beschrieben ist, geschweige denn die Vermittlung beider Aspekte, die der Begriff «nationalsozialistische Dichtung» sondernd und spezifizierend festhält. Aber wenn sich in dieser Auffassung Übereinstimmung auch rasch wird herstellen lassen, so besitzt der erinnernde Hinweis auf jenes Urteil doch mehr als nur anekdotische Bedeutung.

Zwar kam schon die literaturtheoretisch orientierte Zeitschrift *alternative,* die seinerzeit den «Fall Max Barthel» mit ebensoviel Emphase wie Kritikfähigkeit ausgebreitet und analysiert hatte, zu der richtigen Erkenntnis:

Die nationalsozialistische Literatur, die das Münchener Gericht definiert, hat es in Deutschland schlechterdings nicht gegeben. (...) Ein literarisches Werk, das ‹die neue – zunächst europäische – Raumordnung› pries, hat es in solcher Präzision überhaupt nicht gegeben, geschweige denn eines, das den ‹Einfluß der Kirche› ‹auszuschalten› sich erkühnt hätte! Es hätte mit Gewißheit die Zensur damals nicht passiert (Brenner 1964: 62).

Doch hat diese frühzeitig gewonnene Einsicht nicht verhindert, daß Untersuchungen zur nationalsozialistischen Literatur in den folgenden Jahren sich vornehmlich auf inhaltsästhetische und ideologiekritische Problemstellungen konzentrierten. Von Günter Hartungs verdienstvollem Überblick (1968) und Ernst Loewys ebenso verdienstvoller Materialsammlung (1969) bis hin zu jüngeren Untersuchungen zum Problem des «subjektiven» wie des «objektiven» Faschismus (von Bormann 1976; Stollmann 1978) – stets stand die Frage nach den Inhalten nationalsozialistischer Dichtung oder die nach ihrer Funktion fürs Kapitalverhältnis im Vordergrund des literarhistorischen Erkenntnisinteresses. Und selbst Klaus Theweleits herausragende Untersuchung *Männerphantasien* (1978) unterscheidet sich in dieser Hinsicht nicht von den ideologiekritischen. Auch in ihr fungiert Literatur, inhaltsästhetisch, als Dokumentationsfundus, als historisches Material des Psychoanalytikers. Die Frage aber, in welchem Vermittlungsverhältnis Nationalsozialismus und Dichtung zueinander stehen, was also nationalsozialistische Dichtung *als Dichtung* kennzeichne – diese Frage ist nur ausnahmsweise und dann unter eng begrenztem, thematischem Aspekt gestellt worden (Ketelsen 1978).

Die Gründe für die Zurückhaltung der Literaturwissenschaft mögen vielfältiger Natur sein – zwei von ihnen, da sie signifikant erscheinen, seien hervorgehoben. Zum einen zeichnet sich nationalsozialistische Dichtung auf den ersten Blick durch ästhetische Mittelmäßigkeit, wo nicht Minderwertigkeit aus, so daß es dem an der Klassik geschulten Philologen geboten erscheinen muß, sich die Finger nicht schmutzig zu machen. Wo er sich aber an den Gegenstand doch heranwagt, begnügt er sich gemeinhin – eine Ausnahme bildet die kritische Untersuchung von Albrecht Schöne (1972) – mit der Feststellung des Schmutzes, ohne diesen in seiner Zusammensetzung zu prüfen. Zum anderen – und dieser Aspekt, ein wissenschaftsgeschichtlicher, scheint der gewichtigere zu sein – hat die nach dem Zweiten Weltkrieg aufgewachsene Generation von Literarhistorikern, soweit sie sich mit Literatur im Dritten Reich überhaupt befaßte, diese Aufgabe vor allem als eine politische verstanden: als Auseinandersetzung mit deutscher Geschichte und eigener politischer Sozialisation, als deren Gegenentwurf schon ihre Kritik sich begriff. Dieser Umstand erklärt, warum Faschismustheorie mehr als Literarästhetik von Bedeutung schien, warum die Stichworte der politischen Ökonomie, der Sozialpsychologie und der Psychoanalyse mehr als Probleme der poetischen Struktur solcher Diskussion die Akzente gesetzt haben. Mag das politisch so notwendig gewesen sein, wie es wissenschaftsgeschichtlich folgerichtig ist – bezahlt haben die Literarhistoriker für solcherart Selbstbeschränkung des literaturwissenschaftlichen Blicks mit einigen problematischen Entdifferenzierungen. Denn das Urteil über «nationalsozialistische Dichtung» stand, da sich diese als «nationalsozialistisch» inhaltsästhetisch offenbar ohne Schwierigkeiten identifizieren ließ, fest, bevor sie noch als «Dichtung» überhaupt in Betracht kam. Sie war Literatur der Partei, der Bewegung – also war sie, als politische, politisch zu untersuchen. Das Poetische erschien als bloße Dreingabe.

Erst in jüngster Zeit mehren sich die Zeichen dafür, daß eine nachwachsende Germanistengeneration sich unbefangener mit dem Nationalsozialismus auseinanderzusetzen beginnt, etwa durch die Aufarbeitung bislang unberücksichtigter Quellen und Dokumente (Barbian 1993), doch fehlt es auch hier an einer grundlegenden Bestimmung der spezifisch nationalsozialistischen Literarästhetik. Dieser Vorbehalt muß auch gegen den 1996 erschienenen Band *Dichtung im Dritten Reich?* (Caemmerer / Delabar [Hg.] 1996) geltend gemacht werden. So verdienstvoll die Ausbreitung unbekannten Materials, die Berücksichtigung verdrängter Autoren, die Entwicklung neuer Fragestellungen jenseits von Kriterien wie «Innere Emigration» oder «NS-Literatur» erscheint «zugunsten einer Betrachtung des kulturellen und literarischen Mainstreams, für den es 1933 keinen Epochenbruch gab und auch nicht bei Kriegsende» (Helge Drafz in Caemmerer / Delabar [Hg.] 1996: 279) – die Autoren des Bandes werden nur ausnahmsweise ihrem selbst gestellten Anspruch gerecht, Fragen zu diskutieren, die sich im wesentlichen «auf die Strukturen der Texte selbst, die in ihnen verwandten Motive und Figurationen zielen, um sie auf diesem Weg in der literarischen Landschaft ihrer Zeit verorten zu können» (Caemmerer / Delabar 1996: 13).

Ebendiese Fragen aber sind es, die – noch immer – den literarhistorischen Blick auf die NS-Literatur zu schärfen vermögen, wenn es darum gehen soll, deren Identität zu bestimmen. Auf überraschende Weise produktiv läßt sich dabei an eine Bestimmung anknüpfen, die der NS-Lyriker Gerhard Schumann 1937 in einem Aufsatz mit dem Titel *Politische Kunst* in der Zeitschrift *SA-Mann* vorgetragen hat:

> Es ist ein Unding, den nationalsozialistischen Künstler auf ein ödes Abwandeln des nationalsozialistischen Parteiprogramms beschränken zu wollen, ihn zum gefälligen Hausdichter, -maler oder -musiker der Partei und ihrer sich gegenseitig übertreffen wollenden Gliederungen zu machen. – Nicht die Tatsache wehender Hakenkreuzfahnen oder polternder Marschstiefel auf der Bühne, nicht die mystisch zusammengewürfelten Begriffe Blut, Ehre, Freiheit, Volk, Scholle, Führer usw., nicht die ölfarbene, blutige Darstellung sterbender Kämpfer, mit einem Wort, nicht der *Stoff,* sondern die *Haltung* entscheidet für uns (Schumann 1943: 13).

Was diese «Haltung» gewesen sein könnte, in einem literarästhetischen Sinn, bildet die Ausgangsfrage dieses Kapitels. Ihr nachzu-
forschen verspricht Aufschluß über die *differentia specifica* nationalsozialistischer Dichtung *als Dichtung*. Freilich kann hierfür die von
Schumann reklamierte «Haltung» nicht selber schon Erkenntnisqua-
lität beanspruchen – sie vermag allenfalls die Fragestellung zu leiten.
In dieser Eigenschaft aber verweist sie – im Unterschied zu Brechts
Begriff der «Haltung» – auf eine Vermittlung von Ideologie und For-
menwelt, poetischer Struktur und politischer Inhaltlichkeit, auf ein
tertium comparationis also, in welchem Form- und Inhaltsaspekte untrennbar aufgehoben sind.

Die nachfolgenden Überlegungen zur Beantwortung der Frage
«Was ist ‹nationalsozialistische Dichtung›?» sind in fünfzehn Thesen
zusammengefaßt. Zur Veranschaulichung werden vornehmlich drei
literarische Beispiele herangezogen, deren «Haltung» im Sinne
Schumanns verallgemeinerbar zu sein scheint, nämlich Richard
Euringers *Deutsche Passion 1933* (1933), ein «Hörwerk», das sich als
Vorläufer der nationalsozialistischen Thingspiel-Bewegung verstehen läßt; die Lyrik Gerhard Schumanns, insbesondere der Gedichtband *Wir aber sind das Korn* (1936); und Werner Beumelburgs Roman
Reich und Rom (1937), der den Zeitraum von 1496 bis 1526 behandelt,
also den Aufbau des Habsburgischen Weltreichs, die Reformations-
bewegung in Deutschland sowie den Kampf der «Träger der Idee der
deutschen Nation» gegen den totalen Machtanspruch der römischen
Kirche und der Habsburger Monarchie. Drei literarische Beispiele:
Sie stammen von bekannten und anerkannten, im NS-Staat vielfach
belobigten und ausgezeichneten nationalsozialistischen Autoren.
Und sie sind beispielhaft auch deshalb, weil sie verwechselbar, weil
sie austauschbar sind. Auf Umliegendes, Benachbartes, Verwandtes
wird *en passant* verwiesen.

Fünfzehn Thesen

1. Nationalsozialistische Dichtung ist eine Dichtung des Aufbruchs. Die Situation, von der sie ihren Ausgang nimmt, beherrscht ein numinoses Dunkel, das von einer inhaltlosen, ungerichteten Spannung erfüllt wird. Die Bewegung des Aufbruchs besitzt kein Ziel. Sie ist vor allem Bewegung für sich. Allein, daß sie sich vollzieht und sich vollziehen läßt, verheißt Zukunft, Licht, Heimat, Kraft. Dieser Umstand deutet auf ihr implizit utopisches Potential:

> Als wir die Fahnen durch das Grauen trugen –
> Wir fragten nicht und wußten kaum warum.
> Wir folgten, weil die Herzen herrisch schlugen,
> Durch Hohn und Haß, marschierten treu und stumm.
> (Schumann 1936: 71; *Lieder der Kämpfer*)

> Wenn auf düstrem Bergeskamme
> Aufbrennt unsrer Sehnsucht Licht,
> Und die heilge Glut der Flamme
> Lodernd in die Weltnacht bricht,
> Stehn wir ernst geschart im Kreise,
> Starren in lebendige Glut,
> Spüren stark die wilde heiße
> Deutsche Stimme uns im Blut.
> (Schumann 1936: 70; *Deutsche Sonnwend*)

Hier wie in anderen Beispielen nationalsozialistischer Literaturtradition – schon beim jungen Ernst Jünger und noch beim alten Hans Grimm – bedeutet Aufbruch: Kampf, Gefahr, Ausfahrt in Unwägbarkeit. Ein Hinweggehen, ein Hinaustreten über den *status quo*, Faszination durch Ungewißheit, die Grenzüberschreitung als existentielle Erfahrung. *Die große Fahrt* – dieser Titel von Hans Friedrich Bluncks historischem Roman aus dem Jahre 1935 ist ganz wörtlich zu nehmen: Es geht um die Verlockung durchs Abenteuer, welches Gefährdung und möglichen Untergang einschließt, aber – womöglich gemeinschaftlich – gewagt sein will.

Was aber nationalsozialistische Dichtung unterscheidet, etwa von der Abenteuerliteratur des 19. Jahrhunderts, von Charles Sealsfield über Friedrich Gerstäcker bis hin zu Karl May, ist der *soziale* Ernstfall, auf den sie sich einläßt. Sie bedarf, im allgemeinen, nicht der Exotik, um ihren Kampf auszufechten. Das wilde Tier, das sie erlegen will, ist der Feind, im eignen wie im andren Land. Das heißt: Die Blutorgien der Weltkriegsromane eines Dwinger, eines Zöberlein sind als Traditionsbezug immer schon mitgedacht, wenn die verschworene Gemeinschaft sich sammelt zum Aufbruch ins Ungewisse, ebenso mitgedacht wie die Selbstfeier des Opfertodes. Beide – Blutorgie und Opfertod als virtuelle Perspektiven des Aufbruchs – sind Teil jener «Haltung», die Schumann gemeint hat.

2. Die Identität, welche die Aufbruchsbewegung verbürgt, ist dualistisch strukturiert. Ob «Kampflyrik» oder «Weihedichtung», ob «volkhafte Dichtung» oder historischer Roman, ob Blut-und-Boden-Sonette oder SA-Roman: Nationalsozialistische Dichtung feiert in sich selbst immer das Andere, das Bessere, das «Heterogene» zum gesellschaftlich «Homogenen» – um ein Begriffspaar George Batailles (1978:7ff) aufzunehmen –, auch dann noch, als sie selber, nach 1933, Teil einer neuen sozialen «Homogenität» ist. Dieser Dualismus setzt den Aufbruch suggestiv ins Recht: Das, was den Aufbruch nicht begründet, sondern anregt, ja befiehlt, steht in unversöhnlichem Widerspruch zur homogenen Ordnung. Keinesfalls sind deren Faktoren immer eindeutig bestimmt, als Kommunismus oder als Judentum etwa. Vielmehr vereint sie in sich vielfältige negative Strebungen, die sich zuletzt auf das schon im 19. Jahrhundert sich entwickelnde Element des Undeutschen, Fehlgeleiteten, Artfremden zurückführen lassen. Die Antriebskräfte des Aufbruchs sind demnach vor allem Oppositionen: Sie vermitteln die Qualität der Rebellion gegen das Leiden, das Aufbegehren gegen die Not wie gegen den Feind.

Hierfür zwei Beispiele. Zunächst Herybert Menzels poetologische Bestimmung des Dichters als Soldat:

Das allerdings:
Es ziemt dem deutschen Dichter
Kampf gegen's Gelichter,
gegen die Feinde ringsum.

In seinen Versen muß er Trommeln schlagen,
das Sturmband tragen
ums schmale Gesicht.
Aufpeitschen muß er, zum Kämpfen, zum Hassen
und die Grimassen
der Feinde verhöhnen:
Sturm sein Gedicht.
(1939:131)

Sodann Richard Euringers *Deutsche Passion 1933*. Sie ist durchgängig
dualistisch strukturiert durch das unversöhnliche Widerspiel des
«Bösen Geistes» und des «Guten Geistes». Führt der «Gute Geist»
zuletzt die deutsche Sache zum Sieg, so liegt auf der Seite des «Bösen
Geistes» alle Finsternis und Deutschfeindlichkeit, alle Brutalität und
aller Zynismus versammelt – eine Allegorie der «Systemzeit»
schlechthin, die das Aufbegehren gegen diese als Aufbruch in ein
neues Reich legitimiert.

3. Nationalsozialistische Dichtung ist eine Dichtung der Heimkehr.
Nach der Bewegung des Aufbruchs, nach der dualistischen Kon-
fliktstruktur findet sie das Ziel ihrer Sehnsucht: die alte Heimat
Deutschland, das neue Reich im Osten, das Dritte Reich hier und
jetzt. Die Bewegung der Heimkehr deutet mithin auf «Uneingelö-
stes», durchaus im Sinne Ernst Blochs. Doch verändert nationalsozialistische Dichtung die «Originalgeschichte des Dritten Reichs»
(Bloch 1973: 126 ff) durch ihr Verfahren der Setzung: Der Gedanke
eines neuen Reichs wird dem ästhetischen Prozeß unterschoben, auf-
gezwungen. Im Verfahren der ästhetischen Setzung wird der «Diebstahl» faßbar, auf den Bloch hingewiesen hat. Nationalsozialistische
Dichtung gibt die utopische Dimension des «Reich»-Gedankens
preis, indem sie ihn poetisch einzulösen sucht: durch Regression, die
den utopischen Prozeß abschließt. So wird sie zur Propaganda. Beumelburgs *Reich und Rom* durchmustert alle Bewegung der Reforma-
tionszeit in säuberlich chronologischem Nacheinander unter dem
einen Aspekt des Reichs und seiner Einheit, dessen Heraufkunft eine
offenbar tragische Mischung aus persönlicher Habgier, geschichtlichen Zufällen und der dreiste Einfluß der Metaphysik verhindert
hat. Schumann (1935) verbindet Reichsidee und Wirklichkeit, indem

er jeweils der letzten Zeile seiner Sonette im Zyklus *Die Lieder vom Reich* deren Versöhnung abpreßt: «Verlor mich selbst, und fand das Volk, das Reich», «Und über uns, im Licht des Doms, das Reich», «So wuchs aus Blut und Erde neu das Reich», «Sie (die Not) glüht aus vielen Volk, aus Volk das Reich». Und Richard Euringer schließlich läßt sein «Hörwerk» folgendermaßen enden:

Böser Geist: Das auch noch! Da zerplatz doch gleich!
Das also gibt's: ein drittes Reich!!?!!
(1933: 47)

4. Nationalsozialistische Dichtung ist sakrale Dichtung. Die Bewegung des Aufbruchs ist Bewegung für sich. Sie erhält ihre Richtung durch die Setzung – nicht Entwicklung – der Idee des Dritten Reichs. Dessen Verkörperung bildet der Führer. Aber die sakrale Feier des Führers in nationalsozialistischer Dichtung geht über die empirische Figur Adolf Hitler hinaus, auch wenn sie auf diese bezogen bleibt. Deshalb erscheint die «Führerlyrik» keineswegs als das einzige, nicht einmal als das treffendste Beispiel für die Sakralität nationalsozialistischer Dichtung. «Das deutsche Drama schritt auf die Katastrophe zu, das Schicksal verhüllte sich, denn es gab keinen Mann, der groß genug gewesen wäre, das verlorene zu retten und aus dem Chaos ein neues Reich zu gestalten», heißt es bei Werner Beumelburg (1937: 285). Intendiert ist mit solcherart verneinender Vorausdeutung die künftige – und das heißt für *Reich und Rom* im Jahre 1937: die gegenwärtige – Erfüllung des messianischen Glaubens in der Gestalt des Führers. Der Dienst an ihm und für ihn erscheint mithin als Gottesdienst. «Wir *glauben,* also *leben* wir», sagt «Des Arbeitslosen Weib» in Euringers *Deutscher Passion 1933* (1933: 45). «Aus seinen Wunden bricht ein Glanz. / Sein Geist strahlt aus der Dornenkron» (ebd.: 46), sekundiert die Mutter des messianischen «Namenlosen Soldaten». Und zu guter Letzt ruft der «Gute Geist (aus der Höhe): Es ist vollbracht» (ebd.: 46). Unverkennbar die gläubige Hingabe in diesem Gottesdienst, unverkennbar aber auch die Entlastung, die solche Hingabe mit sich bringt: «Wir fragen nicht. Wir sind des Führers Faust», heißt es in Schumanns *Lied der Kämpfer* (1936: 71). Erhöhung durch Unterwerfung, Erfüllung durch blinden Gehorsam – na-

tionalsozialistische Dichtung sakralisiert das Führerprinzip. Sie verleiht ihm jene Religiosität, der die profane Welt seit langem schon entraten muß.

5. Die derart hergestellte spirituelle Gemeinschaft mit dem Führer findet ihre Parallele in einer literarisch konstituierten Volksgemeinschaft. Nationalsozialistische Dichtung will Massen-, sie will Gemeinschaftsdichtung sein. Aber sie wird dies nicht allein, vielleicht nicht einmal in erster Linie durch inhaltliche Ansprache, durch agitatorische Stimulierung der ohnehin Gleichgesinnten wie im Gemeinschaftslied oder in der Kampflyrik. Sondern sie versucht, diese Absicht zu realisieren durch die integrale Verwendung von Massensymbolen. Elias Canetti (1962) nennt solche Symbole «Haufen mancherlei Art», und er führt in *Masse und Macht* eine Reihe von Beispielen an: Feuer, Meer, Regen, Fluß, Wald, Korn, Wind, Sand, Steinhaufen, den Schatz (1980: 81 ff). Geschichtsmächtige Bewegungssymbole dieser Art, Symbole des Sturms und des Windes etwa, verzeichnet auch Beumelburgs *Reich und Rom*:

Am Morgen des 12. Januar 1519 fanden sie Maximilian tot. Sein Angesicht war voll eines Friedens, den sie im Leben niemals bei ihm beobachtet hatten. Das Antlitz der Welt aber, die er so sehr geliebt, zerriß in Spalten und Zerrungen, als sie von seinem Tode erfuhr, und es erschienen an vielen Orten wundersame Gebilde am Himmel, die von den Menschen als Sturm und Blutquell gedeutet wurden (1937: 115).

Bei Richard Euringer heißt es:

Wir sind das Meer, das graue Meer!
Wir haben kaum das Fleckchen Land.
Wir sind das Meer ohne Rand und Band.
Wir sind das Meer, das graue Meer,
wogend in Stürmen, unheilschwer.
(1933: 15)

Wir aber sind das Korn lautet der Titel des Gedichtbandes, aus dem schon wiederholt zitiert wurde. Er weist eine Fülle solcher Massensymbole auf: Sterne, Feuer, Fahne, Blut. Solche Massensymbole besitzen naturhafte Qualität. Diese verleiht ihnen eine Geschichtsmächtigkeit, die jene des sozialen Prozesses nicht nur übersteigt, sondern sie aufhebt, suspendiert, ersetzt. Die Fahne – also die Verfestigung und Verdinglichung des Windes –, Blut und Boden als Symbole rassischer und agrarischer Identität, das Feuer, verzehrend und siegreich zugleich – solche Symbolisierungen bilden Anschauungs- und Verständigungsformen literarischer Volks-Gemeinschaft. Die Massensymbolik zielt auf Ursprünglichkeit. Sie will alle sozialen Vermittlungen ausschalten, um in der Anschauung des reinen Natur-Ursprungs – des Blutes, des Bodens – den Widerspruch zwischen Individuum und Gesellschaft zu überschreiten und aufzulösen.

6. Geschichte und Tradition erscheinen in nationalsozialistischer Dichtung – um abermals einen Begriff Canettis aufzunehmen – in Form von «unsichtbaren Massen» (1980: 41 ff): unsichtbaren Toten, die, nach germanischem Glauben, als gefallene Krieger in Walhall versammelt sind. Nichts anderes als deren warnende Stimmen muß die Figur des «Gefallenen Soldaten» in Euringers Opus zu Gehör bringen, nichts anderes als deren dumpfes Wollen und Hoffen führt er zum Sieg. Eine Instrumentalisierung und Aktivierung solcher «unsichtbarer Massen» findet sich nicht nur bei Euringer, sie läßt sich ebenso in Gedichten Will Vespers und Gerhard Schumanns, Karl Brögers und Heinz Steguweits nachweisen. Das Zitat der «unsichtbaren Massen» verleiht nationalsozialistischer Dichtung eine strukturelle Schwere. Sie transportiert die Mahnung der Verstorbenen als Vermächtnis, welches der Gegenwart verpflichtend aufgegeben, ja auferlegt ist:

Sie starben in Unsterblichkeit
Und sind erloschen für das Licht.
Sie schritten hart, der Weg zog weit,
Rauh blies der Wind ins Laub der Zeit,
Sie fielen, doch sie sanken nicht.
(...)
In Grüften kauert sich das Leid.
Jedoch in Domen wunderbar
Sitzt zu Gericht die Ewigkeit:
Ihr sechzehn Seelen seid bereit,
Gott segnet, wo das Opfer war –!
(Steguweit 1937: 21; *Feldherrnhalle*)

Alle lieben Brüder, die schon gefallen sind,
reden aus Stein und Scholle, sprechen aus Wolke und Wind.

Ihre Stimmen erfüllen mit Macht den Raum,
ihre letzten Gedanken weben in jedem Traum.

(...)

Nacht um Nacht sich in meine Seele brennt
tief der toten Brüder Wille und Testament.

Wieder hör ich die Stimme voll dunkler Kraft:
‹Klagt nicht – – – schafft!›
(Bröger 1943: 48; *Das Vermächtnis*)

Es wäre fahrlässig, solche Formeln schlicht dem Ideologieverdacht
zu unterwerfen. Der Nationalsozialismus hat mit dem Zitat «unsichtbarer Massen», in der erhabenen Feier der Toten immer auch
eine Erhöhung der Lebenden, ja eine Sinngebung für diese mitfor-
muliert. Sie diente auch der Feier der Gefallenen, dem Trost der Hin-
terbliebenen des Zweiten Weltkriegs. «Wir ruhen nicht. Die stummen Brüder zwingen», heißt es in Schumanns *Heldischer Feier*. Und
weiter: «Denn über Toten türmen sich die Taten» (1936: 75). In der
Bejahung des Opfers, in der Kultivierung des Todes für den Führer
enthüllt sich der letzte Sinn des Zitats «unsichtbarer Massen» in nationalsozialistischer Dichtung.
7. Monumentalität und Auktorialität kennzeichnen die Sprechweise
nationalsozialistischer Dichtung, mithin Sprechweisen des Männlichen, des Soldatischen: Befehl, Anweisung, Verpflichtung.

Die forcierten Regieanweisungen etwa, die Richard Euringer seinem Werk beigegeben hat, korrespondieren der angestrengten Emo-
tionalität der typisierten Figuren. Da weder die Inhaltlichkeit der
Stoffwahl – Not, Elend, Zersplitterung nach «Novemberverrat»
und «Schanddiktat» – noch die Entwicklung der dramatischen
Handlung, da weder die Figurenpsychologie noch die Dramaturgie
dieses «Hörwerks» die Realisierung eines Dritten Reichs verbürgen
können, hat das Pathos der Inszenierung die Lösung hervorzutreiben
– um den Preis einer unfreiwillig selbstparodistischen Komik:

Ganz stark herauszuarbeiten ist der Unterschied im *Ton* der Totenszenen und der Szenen banalen Lebens. Die Ausruferszene ist irrgartenartig zu zerfetzen. Es muß hier der akustische Trick zerscherbend in sein Recht treten. Trotzdem ist das Tempo bis zum Aberwitz zu steigern. (...) Das hörende Volk muß mitsingen können. So soll der Schlußmarsch geartet sein. Es überstrahlt ihn der Orgelton (1933: 71).

Auktorialität ist das Kennzeichen auch der Erzählweise in Beumelburgs historischem Roman. Geschrieben aus einer *vision par derrière*, erlegt es dem historischen Ausschnitt die vorausdeutende Verklärung der Gegenwart auf, von welcher diese freilich nichts wissen kann. Hieraus erklärt sich Beumelburgs antikisierender Monumentalstil ebenso wie seine metaphysizierende Geschichtsdeutung. Alle Geschichte wird hier zur Vorgeschichte der Gegenwart erhoben:

Gott vernahm sein Flehen und seine Rufe wohl. Aber er schwieg, denn es war noch nicht an der Zeit, daß ein einzelner Mensch zu erkennen vermochte, welche neuen Kräfte gegen die Ordnung anstürmen würden, ohne vor solcher Erkenntnis bis in den Tod zu erschrecken (1937: 41).

Schließlich Schumanns Lyrik. Ihr Pathos, die Monumentalität ihrer Bilder findet ihren Ursprung im Entzug einer Wirklichkeit, deren Rekonstituierung gleichwohl unternommen wird. Deshalb erscheinen ihre Bilder bodenlos, ihr Sprachmaterial substanzlos, die Form des Sonetts rein äußerlich:

Da bückte ich mich tief zur Erde nieder
Und segnete die fruchtbare und sprach:
Verloren, dir entwurzelt, lag ich brach.
Ich komme heim, o Mutter, nimm mich wieder.

Da wurde Strömung alten Blutes wach,
Die in den dunklen Schächten schlief und schwieg,
Erschauerte und wuchs und schwoll und stieg,
Fuhr durch die Adern hin, ein Flammenbach.

Und aus des Herzens aufgerissnen Schollen
Brach heiß das Blut und schäumte Frucht und Tat.
Wie Innen – Außen zueinander quollen!

Und rot aufwehend, Fahne junger Saat,
Schwang durch die Lüfte hin der Jubelleich.
So wuchs aus Blut und Erde neu das Reich.
(1935: 18)

8. Nationalsozialistische Dichtung arbeitet mit dem Mittel der Suggestion, das ihr aus der «Haltung» der Monumentalität und des Pathos, aus der auktorialen Redeweise zuwächst. Das heißt: Der intendierte Leser, Hörer, Zuschauer ist immer zugleich ein implizierter Leser. Alle nationalsozialistische Dichtung geht von einem insgeheimen Einverständnis, ja von einem Einbezug des Rezipienten aus, hierin nicht unähnlich der suggestiven Zwiesprache von Camouflage-Literatur. Dieses implizierte Einverständnis resultiert aus dem vorausgesetzten Wissen um den gemeinsamen Weg. Man ist unter Gleichgesinnten, unter Eingeweihten, die der literarästhetischen Propädeutik sowenig bedürfen wie der politischen Dialektik. Lediglich die Besonderheiten des Genres erlauben Rückschlüsse auf eine mitformulierte Schichtenspezifik: Kampf- und Gemeinschaftslyrik hatten ihre Adressaten in den aktiven Kämpfern der Bewegung, der SA und SS etwa, während der nationalsozialistische historische Roman auf ein konservatives Bildungsbürgertum zielte.

9. Nationalsozialistische Dichtung ist epigonale Dichtung, in zweifacher Hinsicht. Zunächst: Sie übernimmt, ungebrochen, Elemente des tradierten Formenkanons, um diese «nationalsozialistisch» aufzuladen. Die Funktion solcher Übernahme ist evident: Die Formstrenge des Sonetts etwa, in die Gerhard Schumann seine «Blut und Boden»-Bilder preßt, soll diesen den Glanz der Überzeitlichkeit, der poetischen Bändigung naturhafter Kräfte verleihen. Nichts anderes meinte Joseph Goebbels, als er anläßlich der Verleihung des Nationalen Buchpreises an Schumann 1936 hervorhob: «In Schumanns dichterischem Schaffen verbinden sich heiße Leidenschaft des nationalsozialistischen Kampfes mit der Zucht der dichterischen Sprache und der Gradheit weltanschaulicher Haltung» (zitiert nach Schumann 1934).

In Wahrheit aber handelt es sich nicht um eine Verbindung von «Leidenschaft» und «Zucht», sondern um ästhetische Heteronomie. Den ideologisch durchwirkten Bilderwelten, Symbolen und Metaphern nationalsozialistischer Lyrik bleibt die Formstrenge des Sonetts ebenso äußerlich wie die Form des historischen Romans den Werken Werner Beumelburgs oder Georg Schmückles (*Engel Hiltensperger,* 1929). Unterderhand reflektiert sich in solcher ästhetischen Heteronomie der Abstand dieser Literatur zu der historischen Wirklichkeit, aus der sie hervorgeht. Sie bleibt auf diese nur dadurch bezogen, daß sie sie verklärt. Hierin besitzt sie eine funktionale, nicht inhaltliche Affinität zu jener kulturkonservativen, aristokratischen Dichtung, die sich vom Nationalsozialismus hat vereinnahmen lassen. Die nationalsozialistisch nutzbaren Gedichte Josef Weinhebers, Paul Ernsts und Rudolf G. Bindings, die Indienstnahme Ina Seidels und Hans Carossas finden ihren gemeinsamen Ursprung in einer Auffassung von Dichtung als einer gesellschaftsunabhängigen, zeitenübergreifenden wie überzeitlichen Ausdruckskraft, die zur Verklärung, Erhebung, ja Heiligung der profanen Wirklichkeit führen soll. In dieser Funktion berühren sich nationalsozialistisches und kulturkonservatives Epigonentum. Sie erklärt zugleich, warum der poetische Modernist Gottfried Benn, der den Nationalsozialismus in den Jahren 1933/34 so emphatisch begrüßt hatte, diesem politisch gleichwohl nicht brauchbar erschien.

10. Nationalsozialistische Dichtung ist epigonale Dichtung auch in einem anderen Sinn noch: Sie bildet den erfolglosen Versuch, der ästhetisierten Sphäre des politischen Lebens mit den Ausdrucksmitteln der Poesie nachempfindend auf den Fersen zu bleiben. Marsch-, Kampf- und Gemeinschaftslieder bieten hierfür die schlagendsten Beispiele. Nicht anders verhält es sich mit dem einzigen ernsthaften Versuch, eine nationalsozialistische Ästhetik zu realisieren, mit dem Thing-Theater nämlich (vgl. Eichberg et al. 1977). Anknüpfend an die Form des mittelalterlichen Mysterienspiels, bestätigte es gerade den Ausdruckszusammenhang einer «affirmativen Kultur» (Herbert Marcuse), dem sein Charakter intentional widerstreitet. Die «Theatralik des Faschismus» (Brecht 1967 c: 558 ff) aber ließ sich nicht abermals theatralisieren. Die Massen kamen zu ihrem «Ausdruck», nach Benjamins Wort (1974 b: 506), auf den Reichsparteitagen der NSDAP. Deren Nachgestaltung konnte nur dem Film gelingen, der avanciertesten künstlerischen Technik, sofern dieser leistete, was Leni Riefenstahl ihm abverlangt hat: «Die Gestaltungslinie fordert,

daß man instinktiv, getragen von dem realen Erlebnis Nürnbergs, den einheitlichen Weg findet, der den Film so gestaltet, daß er den Hörer und Zuschauer von Akt zu Akt, von Eindruck zu Eindruck überwältigender emporreißt» (1935: 28).

Überwältigen und emporreißen – Totenehrung und Fahnenweihe des Reichsparteitages 1933, beispielsweise, verwandeln sich in Riefenstahls Film in eine eigenständige faschistische Filmästhetik: die des fixierenden Kamerablicks, der bannenden Montage, der immobilisierenden Bewegung. Riefenstahls Film vermittelt – mit *seinen* Ausdrucksmitteln –, was das nationalsozialistische Massenritual als «Sinnwillen» der Zeit mitteilen sollte: Traditionsbezug und historische Größe des Nationalsozialismus (vgl. Witte 1979; 1995). Derselbe Gedanke muß, wenn er, wie bei Euringer, auf eine dualistische Typologie des Totenreichs reduziert wird, grotesk erscheinen, weil der Wirklichkeitsbezug entfällt, den das Massenritual inszeniert und den der Film transzendiert.

11. Nationalsozialistische Dichtung ist, gerade in ihren epigonalen Zügen, Teil der deutschen Literaturgeschichte insgesamt, insbesondere ihrer Entwicklung seit der zweiten Hälfte des 19. Jahrhunderts. Die Bewegung des Aufbruchs, die dualistische Weltsicht, die regressive Utopie, ästhetisches Epigonentum – dies sind Kennzeichen nicht nur einer «völkisch-nationalen» Vorläufer-Literatur des Nationalsozialismus. Vielmehr weisen auch die konservative Weltanschauungsessayistik und die Spätromantik des 19. Jahrhunderts, nach 1890 dann die Heimatkunst-Bewegung und die Neuromantik aggressive Antisemitismen und Nationalchauvinismen auf, die der nationalsozialistischen Kampfliteratur nahestehen. Die Balladenliteratur um die Jahrhundertwende und die Literatur der Jugendbewegung, Teile des literarischen Expressionismus, die um 1920 entstehende Kriegsliteratur, schließlich die Zivilisationskritik bis hin zu Thomas Manns *Betrachtungen eines Unpolitischen* und zum George-Kreis (vgl. Breuer 1995): Präludieren nicht auch sie dem Nationalsozialismus in einem Maß, das es erlaubt, von Affinitäten zu sprechen? Man wird diese Frage vollends dann bejahen müssen, wenn man die Entwicklung aus dem späten 19. Jahrhundert bis zum Jahr 1933 unter dem Begriff einer *Krise* zu fassen versucht. Die politische und industrielle Entwicklung dieses Zeitraums, der Prozeß der Industrialisierung und

der Kapitalisierung aller Lebensverhältnisse, läßt sich kaum anders als unter dem Aspekt einer krisenhaften Zuspitzung sozialer wie nationaler Widersprüche fassen, die ihren katastrophischen Ausdruck im Ersten Weltkrieg gefunden hat. Den subjektiven Faktor dieser Widersprüche bilden die Mechanismen der Tabuisierung und Triebunterdrückung, die schließlich zur Entstehung von Feindbildern, zur Denunziation sozialer Minderheiten, zur antisemitischen Pogromhetze und zur Herabsetzung eines klassenbewußten Proletariats dienen. In der Abkehr von Industrialisierung, Rationalisierung und Technologie, in der Herausbildung eines «objektiven Gegners» (Hannah Arendt) in Gestalt der Juden zeichnen sich politisch-kulturelle Denk- und Verhaltensmuster ab, aus denen nationalsozialistische Dichtung eine inhaltsästhetisch bestimmte Topographie ihrer Traditionsbezüge entwickeln konnte.

12. Die Differenz zwischen völkisch-nationaler und nationalsozialistischer Literatur liegt in der ungerichteten Negativität der völkisch-nationalen, in der entschiedenen Positivität der nationalsozialistischen Dichtung. Hatte jene ihre Wirklichkeitsabkehr, ihren Kampf gegen das Undeutsche eher in ein dunkles Nicht-Wollen gekleidet (Hermann Löns, Hermann Burte beispielsweise) und darin die Ungerichtetheit und Unentschiedenheit ihrer regressiv-utopischen Strebungen mitgeteilt, so findet diese, die nationalsozialistische Dichtung, ihr Ziel in der Positivität des Reichsgedankens – des Deutschen wie des Dritten Reichs – und in der Positivität des messianisch gesehenen Führers. Erst unter diesem Aspekt gewinnt, literarhistorisch, das Jahr 1933 die Qualität einer Zäsur. Die Positivität nationalsozialistischer Dichtung spricht vom Ende eines Wegs, da das Ziel erreicht scheint. Ihre Positivität stutzt mithin zugleich der utopischen Strebung des Aufbruchdenkens die Flügel. Hierin – nicht in der Faktizität des politischen Entscheidungsprozesses – befindet sie sich im Einklang mit der Sphäre nationalsozialistischer Politik, die der sozialistischen Utopie des Faschismus mit der Niederschlagung des Röhm-Putsches 1934 ein endgültiges Ende bereitete.

13. Nationalsozialistische Dichtung entwickelt ihre Strukturmerkmale nicht genrespezifisch, sondern genreübergreifend. Aus diesem Grund nur läßt sich das bislang angewandte, methodologisch angreifbare Verfahren rechtfertigen, literarästhetisch so unvergleich-

bare Formen wie Lyrik, Thingspiel und historischen Roman gleichzeitig und gleichrangig als Exempel zu zitieren. Gattungspoetische
Probleme aber gelten nationalsozialistischer Dichtung als *quantité négligeable*: Ihre ästhetische Struktur teilt die «Haltung» mit, von der
Gerhard Schumann sprach. Dies bedeutet umgekehrt: Der Nationalsozialismus hat, in der Terminologie des jungen Lukács gesprochen,
keine «geschichtsphilosophisch echtgeborene Form» (1971:63) hervorgebracht und hat sie auch nicht hervorbringen können. Der
Grund hierfür liegt eben in jener umfassenden Gesellschafts- und Be-
wußtseinskrise, deren Ausdruck, Resultat und Bewältigungsversuch
in einem der Nationalsozialismus als Massenphänomen gewesen ist.
Die Erinnerung an diesen krisenhaften Ursprung auszulöschen, wurden die Massenrituale der Nürnberger Parteitage inszeniert, bis sich
ihre Form zur reinen Positivität verselbständigt hatte. So ist Hitlers
Wort zu verstehen: «In den nächsten tausend Jahren findet in
Deutschland keine Revolution mehr statt!» Hieraus erklärt sich auch,
warum nationalsozialistische Dichtung – anstatt die Erinnerung an
ihre krisenhaften Ursprünge formkonstitutiv in sich aufzunehmen:
als offene Form also – statt dessen ihre utopische Strebung, ihre Hete-
rogenität durch die Setzung eines endlichen Ziels regressiv bricht,
warum das aktive und aggressive, das kämpferische Element in Verklärung übergeht. In der – seinerzeit nicht gehaltenen, doch veröffentlichten – Rede auf Stefan George sagte Gottfried Benn: «Der
abendländische Mensch unseres Zeitalters besiegt das Dämonische
durch die Form, seine Dämonie ist die Form, seine Magie ist das
Technisch-Konstruktive, seine Welt-Eislehre lautet: die Schöpfung
ist das Verlangen nach Form, der Mensch ist der Schrei nach Ausdruck, der Staat ist der erste Schritt dahin, die Kunst der zweite, weitere Schritte kennen wir nicht» (1968 b:1037). Das ist die treffende
Umschreibung eines Grundzugs faschistischer Ästhetik. So: als
Nachschöpfung der vorgeprägten Form ästhetisierter Politik, läßt
sich die «Haltung» nationalsozialistischer Dichtung angemessen bestimmen, die Gottfried Benn postuliert, doch weder persönlich gelebt noch ästhetisch realisiert hat.
14. Ihre «Haltung» unterscheidet nationalsozialistische Dichtung
auch von faschistischer Literatur. Sowenig Artistik – Benns späterem
Wort zufolge – als «Versuch, innerhalb des allgemeinen Verfalls der

Inhalte sich selber als Inhalt zu erleben und aus diesem Erlebnis einen neuen Stil zu bilden» (1968a: 1064), Gültigkeit haben durfte, nachdem die Positivität aller Inhalte gewonnen schien, so wenig durfte es weiterhin eine Offenheit des ästhetischen Prozesses geben, nachdem alle gesellschaftliche Prozessualität offiziell als abgeschlossen galt. Der italienische Faschismus verstand sich als politische Avantgarde. Aus diesem Grund erschien es ihm, zumindest bis zum nationalsozialistischen Einspruch hiergegen, ganz selbstverständlich, sich mit der künstlerischen Avantgarde zu verbünden und Arm in Arm mit ihr in eine offene, stets aufs neue zu gestaltende Zukunft zu gehen. Umgekehrt erkannten Autoren wie Ezra Pound, Marinetti, Céline, Drieu LaRochelle, T. S. Eliot in der Appellstruktur des politischen Faschismus die artistische Struktur ihres ästhetischen Entwurfs wieder (vgl. hierzu Mosse 1980: 133–149; Ketelsen 1994: 241 ff). Der Nationalsozialismus hat eine solche Vorstellung von Offenheit des historischen wie des ästhetischen Prozesses nie formuliert. Utopisch war die Strebung, die Bewegung des Aufbruchs – das Ziel war die Regression auf Führertum und Reich. Deshalb beerbte *diese* Bewegung alle Archaik, die auf ihrem Weg lag, und unterdrückte, verfolgte, vertrieb alle Offenheit, die auf eine – auch ästhetische – Entgrenzung drängte.

15. Faßt man die genannten Bestimmungen zusammen – also die Elemente des Aufbruchs, des Dualismus, der Heimkehr und der Sakralität, die literarische Organisierung von Massensymbolen und unsichtbaren Massen, von Monumentalität und Suggestivität, die Genreindifferenz und die epigonalen wie die traditionalistischen Züge –, so ergibt sich: Nicht ihre Programmatik, nicht ihre Stofflichkeit, nicht ihr Inhalt gibt Auskunft über das, was «nationalsozialistisch» an dieser Dichtung ist (und was nicht), sondern die spezifische Ästhetik ihrer «Haltung». Diese Ästhetik will Kampf, Unterwerfung, Ausgrenzung und Herrschaft. Sie dient nicht lediglich einem politischen Ziel, das Bewegung, Partei oder Staat ihr gesetzt hätten, sondern sie verfolgt selber ihre Zwecke: allen die identische Rede aufzuzwingen, allen ein identisches Reden abzuringen. Hierdurch definiert sie ihre Besonderheit.[13]

«Sprache», so hat Roland Barthes 1977 in seiner Antrittsvorlesung am Collège de France gesagt, «als Performanz aller Rede ist weder reaktionär noch progressiv; sie ist ganz einfach faschistisch; denn Faschismus heißt nicht am Sagen hindern, er heißt zum Sagen zwingen» (1980: 19). Von dieser – offenbar an Nietzsche orientierten – Bestimmung der Sprache hatte Barthes freilich gerade jene Form des Sprechens ausgenommen, die «listig» versuche, den Faschismus aller Rede zu umgehen: «Dieses heilsame Überlisten, dieses Umgehen, dieses großartige Lockmittel, das es möglich macht, die außerhalb der Macht stehende Sprache in dem Glanz einer permanenten Revolution der Rede zu hören, nenne ich: *Literatur*» (ebd.:23). Nationalsozialistische Dichtung will Macht. So verstanden, läßt sie sich mit Roland Barthes bestimmen als *Nicht-Literatur*.

5
Literarische Innere Emigration

Der Begriff der Inneren Emigration ist literarhistorisch ebenso vieldeutig wie umstritten.[14] Vieldeutig vor allem wegen der Widersprüchlichkeit des Prozesses, den er benennt: Emigration nach Innen konnte im Dritten Reich, im Angesicht totalitärer Herrschaftsgewalt, Flucht ebenso wie kalkulierten und realitätsgerechten Protest bedeuten. Eben ihre Vieldeutigkeit aber ließ die Leistungen und das Versagen der literarischen Inneren Emigration nach dem Zusammenbruch des Dritten Reichs zum Gegenstand eines öffentlichen Streits werden, dessen Wertungen – jeweils abhängig von aktuellen politischen Auseinandersetzungen – zwischen emphatischer Betonung des Widerstandspotentials[15] und konsequenter Verurteilung des Anpassungscharakters (Schonauer 1961) changierten.

Übersehen wurde in diesen vielfältigen Diskussionen die Tatsache, daß der Begriff der Inneren Emigration nicht in erster Linie ein literaturgeschichtliches und literarästhetisches Phänomen benennt, sondern ein politisch-gesellschaftliches. Denn «Emigration nach Innen» meint vor allem anderen ein soziales Verhalten, eine gesellschaftliche Disposition, in der eine spezifische Reaktion auf den faschistischen Führerstaat und seine Strategie der «Gleichschaltung» zum Ausdruck kommt. Innere Emigration ist deshalb zunächst gegenüber anderen Verhaltensweisen im Dritten Reich abzugrenzen, und zwar in zweifacher Hinsicht. Sie ist einerseits abzugrenzen gegenüber allen Formen eines dezidiert politischen Widerstandes, wie er sich bei Kommunisten und Sozialdemokraten, in Gewerkschaften und Kirchen findet. Denn im protestierenden, kontemplativen oder resignativen Rückzug auf bürgerliche Individualität oder Identität bleiben – bei allem möglicherweise vorhandenen subjektiven Widerspruchspotential – ebenjene gesellschaftlichen Verhältnisse unangetastet, vor denen diese Verhaltensweise zurückweicht oder von denen sie sich abwendet. Innere Emigration ist andererseits abzugrenzen gegenüber solchen Formen politischen Mitläufertums oder gar aktiven Eintretens für den Faschismus, die vor allem in den ersten Jahren nationalsozialistischer Herrschaft kennzeichnend gewesen sind für das politische Verhalten eines konservativen Bürgertums (zur Vorgeschichte vgl. Sontheimer 1962).

Zudem aber ist Innere Emigration als soziales Verhalten in sich zu differenzieren, da die Formen des Rückzugs oder der Abwendung von der politischen Realität des Faschismus durchaus unterschiedliche Qualitäten aufweisen. Denn Distanz angesichts der politischen Herrschaftsverhältnisse konnte sich in nuancierten bis erkennbar kritischen Abgrenzungen ebenso äußern wie in einem vollständigen, gar demonstrativen Verstummen. Pauschale Bewertungen müssen deshalb notwendig auch gegenüber der Inneren Emigration unbefriedigend bleiben: Sie versagen vor der Realität einer politischen Herrschaft, die bis ins einzelne die Reaktionsformen selbst derjenigen bestimmte, die sie bekämpften.

Aus diesen Überlegungen ergeben sich Konsequenzen für die Wertung Innerer Emigration als soziales Verhalten im Dritten Reich generell wie für die literarische Innere Emigration im besonderen:
– Ausgangspunkt jeder Beurteilung gesellschaftlichen Verhaltens muß die alltägliche politische Wirklichkeit im Dritten Reich sein. Nicht ein abstraktes Postulat – sei es politischen, sei es moralischen Kategorien abgewonnen – kann den Maßstab für eine Wertung *ex post* bilden, sondern ausschließlich jene Spannung zwischen «Gleichschaltungs»-Anspruch und sozialem Protestpotential, die auch unterm Faschismus ein – freilich eng begrenztes – politisches Handeln noch ermöglichte.
– Innerhalb jenes widerspruchsvollen Entwicklungsprozesses, der trotz der nationalsozialistischen «Volksgemeinschafts»-Demagogie auch im Dritten Reich noch als gesellschaftlicher Eigensinn zu identifizieren ist, hebt sich die Innere Emigration als eine soziale Verhaltens- und Reaktionsform neben anderen ab. Sie wird deshalb mit Recht begrifflich abgegrenzt. Allerdings kommt hier ein grundlegendes Problem begrifflicher Festlegung und Systematisierung in besonderer Weise zum Vorschein: Der Begriff Innere Emigration fixiert das Typische, nicht das Abweichende, Widersprüchliche. Gerade an den politischen Biographien von Autoren wie Gottfried

Benn, Ernst Jünger, selbst Hans Carossa, die sich in unterschiedlicher Weise auf den Faschismus eingelassen und sich von ihm abgewendet haben, zeigt sich, daß es der Prozeßcharakter gesellschaftlicher Entwicklung im Dritten Reich selber ist, der Eindeutigkeit in der inhaltlichen Fixierung nur um den Preis erlaubt, Nuancen, gar Widersprüche zurückzustellen.

– Ein weiterer Aspekt schließlich betrifft die Abgrenzung politisch-sozialer Phänomene und Verhaltensweisen von künstlerischen, insbesondere literarischen Äußerungsformen. Denn so unstrittig die Auffassung sein dürfte, daß Literatur und Gesellschaft in einem engen, wenngleich jeweils aufs neue zu bestimmenden Zusammenhang stehen, sowenig sagt doch die gesellschaftliche Position oder das politische Verhalten eines Autors unmittelbar etwas über sein literarisches Werk aus. Das heißt: Nicht Parteimitgliedschaft, Zugehörigkeit zu Institutionen, individuelle Lebens- und Überlebensformen der Autoren stehen im Vordergrund, wenn es um Literatur im Dritten Reich gehen soll. Sondern die literarischen Werke selber sind auf ihr ästhetisches Widerstandspotential zu befragen, auf jenes Engagement der poetischen Artistik, das auf Gesellschaftliches in vermittelter Form nur antwortet.

Dies soll im folgenden exemplarisch, anhand einiger repräsentativer Aspekte und Werke gezeigt werden. Historische Camouflage, Naturlyrik, Eskapismus und Formen literarischen Widerstands im Dritten Reich bieten die inhaltlichen Schwerpunkte. Den Abschluß bildet ein knapper Aufriß der Widerstands- und Exilliteratur, vor dessen Hintergrund sich die Konturen der Inneren Emigration deutlicher markieren lassen.

Ambivalenzen historischer Camouflage

1936 notierte Jochen Klepper nach der Lektüre von Reinhold Schneiders im selben Jahr erschienenem Englandbuch *Das Inselreich*: «Die Wendung zur Historie, die erst die Autoren ergriff, (scheint) nun auch, entgegen aller sonstigen Mode, die Leser gepackt zu haben. Und zwar jene Historie, die das Heute nicht rechtfertigt oder gar verherrlichen soll, sondern gerade die, die es anklagt. Ist es nur die letzte Zuflucht ohnmächtiger Opposition?» (1956: 393). Klepper spielt mit dieser Notiz auf eine im Dritten Reich bemerkenswerte Entwicklung an. Die «Wendung zur Historie» kennzeichnet eine solche Vielzahl literarischer Werke, daß der nationalsozialistische Literarhistoriker Hellmuth Langenbucher von einer «Flut der geschichtlichen Romane» sprechen konnte, die «in den Jahren 1935 und 1936 gefährliche Ausmaße anzunehmen drohte» (1938: XIV). Soweit diese «Flut» faschistisch inspiriert war, diente sie – wie einschlägige Untersuchungen gezeigt haben (Werbick 1978: 157–190) – vor allem der Legitimation gegenwärtiger NS-Herrschaft, zu der sich alle bisherige Geschichte wesentlich als Vorgeschichte verhalten habe. Bedeutsam für den hier zur Diskussion stehenden Zusammenhang ist dabei, daß sich innerhalb der «Flut der geschichtlichen Romane» eine Gruppe von Prosatexten identifizieren läßt, die in der Tat im Sinne Kleppers «anklagend» auf die Gegenwart verweist, und zwar gerade im Schutz des historischen Erzählvorwurfs.

Die historische Camouflage, also die Tarnung von Gegenwartskritik im Gewand eines Geschichtsausschnitts, repräsentiert und realisiert jenes «Spiel mit sechserlei Bällen» (Langgässer), das der Literatur der Inneren Emigration im Dritten Reich eine legale Existenz ermöglichte. Für diese hochentwickelte literarische Technik, die sich auch in anderen Kulturen mit einer autokratischen Herrschaftsform nachweisen läßt, haben sich verschiedenartige Bezeichnungen herausgebildet. So finden sich in der Literatur Begriffe wie Sklavensprache, Äsopische Schreibweise, Zwischen den Zeilen oder Schlüsselliteratur. Historische Camouflage ist nur einer von ihnen, aber wohl der präziseste. Die Autoren mußten sich dabei, wie Werner Bergengruen formulierte, «auf die Technik der stichwortartigen Anspielung, die Technik der indirekten und doch unmißverständlichen Aussage verstehen», sie mußten sich «auf die immer mehr sich verfeinernde Kunst des Schreibens (...) zwischen den Zeilen» (1966: 141 f) einstellen. Es handelt sich hierbei um eine «List» – im bereits zitierten Sinne Bertolt Brechts – beim «Schreiben der Wahrheit», um ein Verfahren, mit dem ein der Gegenwart vergleichbarer historischer Vorgang auf kritische Weise dargestellt und bewertet wird, so daß die Wertungen durch offenkundige Parallelen als gegenwartsorientierte Anspielungen zu verstehen sind. Der Publizist Rudolf Pechel hat 1937 in der von ihm herausgegebenen *Deutschen Rundschau* eine solche historische Camouflage in einer Buchbesprechung mit dem Titel *Sibirien* vorgenommen, der sich für den geübten Leser die Darstellung des stalinistischen Terrors als Kritik an der Gestapo entnehmen ließ. Schon einleitend hatte Pechel in einer Art Leseanleitung auf die Möglichkeit zu solcher Parallelisierung explizit hingewiesen: «Bei ähnlich gearteten Vorgängen wiederholen sich in der Geschichte auch die politischen Begleitumstände in merkwürdiger Übereinstimmung von Peisistratos über Napoleon zu Stalin. Nur die Methoden verfeinern sich mit dem Fortschritt der Technik» (1948: 94).

Was Pechel im folgenden unter dem Stichwort «Sibirien» entwirft, ist nichts Geringeres als die Phänomenologie eines totalitären Staates, deren charakteristische Merkmale sich unschwer auf das Dritte Reich übertragen ließen. Der – zumindest bis zum Hitler-Stalin-Pakt und erneut nach dem deutschen Angriff auf die Sowjetunion – schützende Mantel des Antikommunismus bot hinreichende Möglichkeiten zu schneidend scharfen, wenngleich getarnten Attacken auf den Terror im Dritten Reich:

Auf der einen Seite steht also die Partei mit ihrem Terrorapparat und das Lumpengesindel, auf der anderen Seite – das Volk. Das Volk, das ja immerhin den einen Vorzug hat, zahlenmäßig sehr viel größer zu sein als die Partei, hat sich, da aktiver Widerstand nicht möglich ist, Methoden der Anpassung, das heißt der Tarnung und des Ausweichens geschaffen und bewahrt hierin seinen Widerstandswillen. Die Scheidewand zwischen der Staatsgewalt und dem Volke ist mit einer solchen Schärfe aufgerichtet, wie sie gewöhnlich nur zu Zeiten einer feindlichen Besetzung sich findet. Die Insassen der Konzentrationslager sind in ein gigantisches Unternehmen zur Ausbeutung kostenloser Arbeitskräfte verwandelt, die anderen sind das Objekt grausamer Verwaltungsmaßnahmen. Sie leben in Dumpfheit und Furcht, aber nicht ohne Hoffnung (ebd.: 98).

Pechel synchronisiert die differenten Diskurse Kommunismus – Faschismus, indem er sie strukturell homogenisiert. Er aktualisiert den stalinistischen Terror für das Dritte Reich durch Homonymien («Konzentrationslager»). Er gewinnt der Diktatur auf dialektische

Weise Widerstands- oder doch zumindest Widerstehenspotentiale ab, die das Ende des Dritten Reichs vorstellbar machen. All diese Funktionen vermag sein Text deswegen zu erfüllen, weil der schützende Titel *Sibirien* mit fortschreitender Argumentation vor der Physiognomie des Terrors zurücktritt, die der Autor für seine Leser im Dritten Reich zeichnet: Nicht «Sibirien», so wird zunehmend erkennbar, sondern Deutschland ist das Thema. Ein Effekt, den Pechel mit noch schärferer Konsequenz 1941 in seinem Aufsatz *Bei Dr. Leete* erzielt hat. Hier wird über zwei Seiten hinweg ein mit dem Dritten Reich identifizierbares Unterdrückungssystem charakterisiert, das erst mit den beiden letzten Worten eine geographische Identität zugeschrieben erhält: «in Sowjetrußland» (ebd.: 294). Der Versuch, von einem anderen Gesellschaftssystem aus auf die Gegenwart des Dritten Reichs zu verweisen, legt jedoch – dies ist kritisch gegen das von Pechel praktizierte Verfahren der politischen Camouflage einzuwenden – zugleich den Eindruck von der Gleichartigkeit lediglich *vergleichbarer* Bewegungen, von der Wiederholbarkeit der Geschichte oder gar der ewigen Wiederkehr des historisch stets Identischen nahe. Bei der zitierten Buchbesprechung Pechels erfordert die gewählte Form der Camouflage die Gleichsetzung ungleicher politischer Bewegungen wie Kommunismus und Faschismus – eine politisch wie zeitgeschichtlich verständliche und doch prekäre Gleichung, da sie der historisch reflektierten Analyse, der sozialen Kritik und politischen Gegenarbeit kaum Raum läßt.

Dies gilt in anderer Weise auch für die bekannten Werke historischer Camouflage. Ernst Jünger (*Auf den Marmor-Klippen,* 1939) und Reinhold Schneider (*Las Casas vor Karl V.,* 1938), Friedrich Sieburg (*Robespierre,* 1935), Werner Bergengruen (*Der Großtyrann und das Gericht,* 1935) und Friedrich Reck-Malleczewen (*Bockelson. Geschichte eines Massenwahns,* 1937) haben jene Geschichtsromane vorgelegt, die bis heute als beispielhaft für diese literarische Gattung im Dritten Reich gelten. Doch muß auch hier einschränkend hinzugefügt werden, daß diese Werke im Hinblick auf ihren Erzählansatz keineswegs unproblematisch sind. Prekär erscheint das Verfahren der historischen Camouflage insbesondere dann, wenn – wie bei Jünger und Bergengruen – nicht ein realhistorischer Vorgang, sondern eine Art mythische Erzählvorlage gestaltet wird: eine Fabel, deren Raum-

und Zeitkonstruktionen Ahistorizität ebenso wie Gegenwartsnähe bedeuten können und sollen; eine Ethik, die im Postulat eines übergeschichtlich-anthropologischen Moralkonsensus gründet und damit ihre Kritik an der faschistischen Herrschaft implizit zum Ausdruck bringt.

Als Beispiel für dieses Verfahren kann das wohl bekannteste und umstrittenste Werk der Inneren Emigration gelten: Ernst Jüngers *Auf den Marmor-Klippen*. Die von Jünger eingesetzte erzählerische Technik bewirkt zunächst eine Distanzierung des Lesers vom Erzählgegenstand dadurch, daß der Erzähler souverän über das Geschehen im Werk verfügt: durch direkte Ansprache an ein imaginäres Publikum, durch eingestreute Reflexionselemente, durch Vorausdeutungen und Rückwendungen, durch rhetorische und syntaktische Stilisierungen, nicht zuletzt durch suggestive Ansprachen und Verallgemeinerungen («Ihr alle kennt ...», «Uns allen fehlt ja ...», «So suchen wir ...»). Schon die Erzählhaltung teilt so dem Leser jene Distanz mit, die diesen das Geschehen im Werk als Exempel wie auch für die Gegenwart bedeutsamen, übergeschichtlichen Musterfall begreifen läßt. Dieses Verständnis wird durch die Raum–Zeit-Konstellation und durch die Figuren-Komposition verstärkt. Die ahistorische Konstruktion der Zeit, die jeglicher Fixierung entzogene Geographie und Geologie des Orts, die repräsentative Funktion der Figuren schaffen bei Jünger jenen Mythos-Charakter, mit dessen Hilfe der jeweilige Konflikt als ein exemplarisches Thema durchgespielt werden kann, das sowohl generell als auch insbesondere im Zusammenhang detaillierter Schilderungen zur Evozierung von Gegenwartsassoziationen geeignet erscheint. Dem geschichtsphilosophischen Mythos von der ewigen Wiederkehr des Immergleichen eignet mithin einerseits eine potentielle Aktualität, die auf seiner Beispielhaftigkeit wie auf seiner Überzeitlichkeit beruht. Andererseits ermöglicht gerade die exemplarische Struktur Assoziationen, die historisch unspezifisch sind, also auf verschiedene geschichtliche Konstellationen übertragbar erscheinen und deshalb im Zusammenhang mit der insinuierten Naturgesetzlichkeit des Konflikts in den *Marmor-Klippen* die mythische Geschichtsauffassung des Autors selber repräsentieren.

Die Nationalsozialisten haben die hier genannten Romane denn auch keineswegs einfach abgelehnt. Werner Bergengruens Roman etwa ist im Parteiorgan der NSDAP, dem *Völkischen Beobachter,* als «Führerroman der Renaissancezeit» gewürdigt worden, ähnlich positiv wie auch Jochen Kleppers Roman *Der Vater* (1937) über den «Soldatenkönig» Friedrich Wilhelm I. Werner Bergengruen hat sich über eine solche – von seinen Lesern vielfach unternommene – Identifizierung seines Titelhelden mit Hitler später empört gezeigt: «Die erwähnte Frage hat mich jedesmal verdrossen, und ich habe sie als eine Kränkung meines Helden empfunden. Gehörte denn gerade dieser Mann zu den terribles simplificateurs, dieser Mann des Gedankens, zwiegesichtig, vielschichtig, ein Mann reicher Gaben und herrscherhaften Anstandes, ein großer Herr?» (1961: 180).

Doch gerade die Worte, die der Autor zur Charakterisierung seines Helden verwendet – «herrscherhafter Anstand», «großer Herr» –, machen deutlich, daß das Mißverständnis im Roman selber angelegt ist. Denn Bergengruens Großtyrann übt seine autokratische Herrschaft ohne jede Einschränkung, ohne kritisch-selbstkritische Infragestellung aus, obwohl gerade diese Herrschaftsstruktur absoluter Machtvollkommenheit den Grund für den im Roman entwickelten Konflikt bietet. Mehr noch: Die Herrschaft des Großtyrannen erscheint unmittelbar durch Gott legitimiert – und bot sich eben hierdurch den Nationalsozialisten für eine zustimmende Interpretation an. Zu solcher inhaltlichen Problematik tritt ein strukturelles Element hinzu. Bergengruens Roman läßt sich zwar unter dem Begriff der historischen Camouflage rubrizieren, doch geht es ihm weniger um eine spezifische Geschichtlichkeit seines Konflikts als um dessen mythisch–überzeitlichen Gehalt, um die Möglichkeit seiner prinzipiellen Wiederkehr. In einer «Präambel» hat der Autor deshalb seine Erzählintention in die verallgemeinernde Formel gefaßt, «daß unser Glaube an die menschliche Vollkommenheit eine Einbuße» (1935: 7) erfahren solle. In solcher Hervorhebung einer überzeitlichen Bedeutung des entwickelten Konflikts trifft sich Bergengruens Erzählintention mit der Ernst Jüngers. Auch in Jüngers *Marmor-Klippen* geht es, wie gezeigt, um einen strukturellen Konflikt von mythisch–überzeitlicher Qualität, nämlich um den Konflikt von Geist und Gewalt, symbolisiert in den Landschaften Marina und Campagna.

Unter dem Aspekt der Naturgesetzlichkeit gesellschaftlicher Konfliktkonstellationen lassen sich Jüngers und Bergengruens Werke auch auf die Romane der anderen genannten Autoren beziehen. Französische Revolution (Sieburg), Münsteraner Wiedertäuferbewegung (Reck-Malleczewen), die Kolonisierung Süd- und Mittelamerikas im 16. Jahrhundert (Schneider) – dies sind geschichtliche Ereignisse, die durch die Technik der historischen Parallelisierung paradigmatische Bedeutung erhalten, als Paradigmen ihrerseits aber durch eine gesellschaftlich unüberschreitbare Prädominanz der Naturgewalt strukturiert sind. Sprachliche Bilder aus dem Kontext von Massenwahn, sozialer Krankheit und naturhaft-ewigem Auf und Ab grundieren dementsprechend die vorherrschenden Metaphern und Symbole dieser geschichtsphilosophischen Disposition. «Rasende Ausschreitung eines einzelnen Menschen?» fragt etwa der Erzähler Friedrich Sieburg anläßlich der Taten eines Robespierre, um die Antwort folgen zu lassen: «Keineswegs, sondern vielmehr strenger Vollzug eines Schicksalsspruches, der das unmenschliche Beispiel einer vergeblichen und der lebendigen Führung ermangelnden Volksvergötterung für das Universum forderte» (1935: 141 f).

Wenn aber aufgrund der Prädominanz transzendenter Gewalten über den Geschichtsprozeß dieser lediglich als Modellfall innerhalb eines deterministisch vorgegebenen Rahmens aufzufassen ist, dann wird die Frage nach den materiellen und ideellen Faktoren geschichtlicher Entwicklungen, nach den Möglichkeiten menschlicher Selbstverwirklichung und Selbstverantwortung obsolet. Aus der Relativierung des historischen Prozesses resultiert ein Agnostizismus, der sich implizit als Geschichtsphilosophie gibt, dessen erkenntnistheoretische Konsequenz aber heißt: Kapitulation vor der undurchschaubaren Schicksalhaftigkeit der Welt. Die Faschismusdeutung der Autoren wird so zur Aporie: Wo die Anklage gegen die Gegenwart verbunden ist mit der erzählerischen Konstituierung eines naturgesetzlich selbstmächtigen Schicksals, da wird zugleich der Faschismus zum bloßen Ausführungsorgan eines transzendenten Subjekts mystifiziert.

Ebendies macht die Ambivalenz der in historischer Camouflage vorgetragenen Auffassungen der literarischen Inneren Emigration aus. Wo der geschichtlich-mythische Rahmen benutzt werden muß, um dem Leser Aussagen vermitteln zu können, die für die Gegen-

wart Gültigkeit haben, da führt gerade die derart mitgeteilte Überzeitlichkeit zu einer Relativierung der beabsichtigten Kritik an Ge-
genwartsphänomenen. Die Abwehr der faschistischen Ideologie, die
Distanz zur NS-Politik werden von Positionen aus vorgetragen, deren Konservatismus eine entmystifizierende Darstellung dieses Epo-
chenphänomens gerade nicht ermöglicht. Daß die Autoren zu den
«unerwünschten» Schriftstellern zählten, resultierte aus ihrer erkennbar abwehrenden Haltung gegenüber machtpolitischen Konstellationen, die in ihren Augen durch den jeweils gewählten Stoff
ebenso wie durch das Dritte Reich repräsentiert wurden. Daß sie *lediglich* unerwünscht waren, nicht aber verboten wurden, hängt mit
der Funktion zusammen, die ihnen kulturpolitisch zugedacht war:
Sie bildeten ideologisch brauchbare Reservate bürgerlicher Gegen-
aufklärung.

Zur Problematik der Naturlyrik

Eine Prädominanz der Naturgewalt findet sich auch in der Naturlyrik dieser Zeit. Einerseits als jenes von Elisabeth Langgässer treffend
gegeißelte «anakreontische Tändeln mit Blumen und Blümchen über
den (...) Abgrund der Massengräber», andererseits als Zufluchtsort
wie als Protestelement. Richtete sich die Kritik Langgässers gegen
eine Naturlyrik in der Manier Georg Brittings und Georg von der
Vrings, so bezeichnete sie im Gegensatz hierzu Oskar Loerke und
Wilhelm Lehmann als «die beiden großen», um «das metaphysische
Element der Naturdichtung wissenden Lyriker dieser barbarischen
Jahre» (1947: 40).

Hermann Kasack hat später für Loerke und Lehmann sogar das
Prädikat «Widerstandsliteratur» (1956: 150) in Anspruch genommen. In der Tat finden sich, vor allem in Loerkes Gedichtband *Der
Silberdistelwald* aus dem Jahre 1934, vielfältige Motive des Protests,
des Verfolgtseins, der Brutalität und der Angst, die sich problemlos
auf die Realität des Dritten Reichs beziehen lassen. Doch Loerkes
Lyrik ist, wie sein Gedicht *Abräumen* beispielhaft zeigt, in einem sehr
viel umfassenderen Sinn ein «Faktor des Widerstandes gegen die Zeit

und ihre Diktatoren» (Kasack 1951: 68), als die inhaltliche Verknüpfung mit dem Nationalsozialismus nahelegen mag:

Laßt! Was auch Menschen tun, sie schütten
Nur Staub auf; Fingerhüte voll und Bütten;
Und sind sie werktreu, – Hügel, Wüstendünen.
Laßt! Einmal werden alle wieder grünen.
(Loerke 1958: 443)

In dieser naturlyrischen Disposition ist ein Anti-Industrialismus gegenwärtig, der den Faschismus einbegreift, ohne auf diesen beschränkt zu bleiben. Es ist ein Anti-Industrialismus, der sich von den verdinglichten Verkehrsformen der kapitalistischen Gesellschaft – einschließlich ihrer Entartung im Faschismus – lossagt, um seine Hoffnungen auf den Bereich der Natur zu projizieren. Loerkes Natursehnsucht ist mithin ein Komplement seines Anti-Industrialismus, Ausdruck eben des wachsenden, sich beschleunigenden Zivilisations- und Technisierungsprozesses, gegen den sie sich zugleich wendet. Die Kontemplation des «anschauenden Teilhabens», von der Loerke gelegentlich gesprochen hat, ist für diese Protesthaltung konstitutiv. Sie gründet sich auf die Interpretation von Wirklichkeit als Resultat entfremdeter und unproduktiver menschlicher Tätigkeit und bezieht aus dieser Realitätsauffassung ihre Legitimation, empirische Wirklichkeit in ihrer profanen Geschichtlichkeit insgesamt zu verwerfen und sich zu prinzipieller Geschichtsfeindlichkeit zu bekennen.

Vor dem Hintergrund dieser Disposition bedarf auch der Begriff «Naturlyrik» einer Erweiterung. Denn es geht bei Loerke nicht nur um die eindimensionale Konstituierung eines Naturbereichs, sondern dieser ist, da er antithetisch auf die empirische «Welt» bezogen wird, zugleich als «Gegenwelt» gedacht und geformt. Eben hierin besteht denn auch die qualitativ entscheidende Differenz zur Naturlyrik Wilhelm Lehmanns. Während Loerke über die im engeren Sinn naturlyrische Thematik hinaus ein ganzes Netz aus Gegenwartsbezügen, Anspielungen und Allegorisierungen knüpft, um sein Verdikt über die historische und gesellschaftliche Realität zu sprechen, begnügt sich Lehmann in den im Dritten Reich erschienenen Gedichtbänden *Antwort des Schweigens* (1935) und *Der Grüne Gott* (1942) zumeist damit, nur sehr verhalten Zustände zu benennen oder Distanzierungen anzudeuten, die vage Assoziationen zur nationalsozialistischen Gegenwart erlauben. Lehmann beharrt auf dem Sujet «Natur», indem er ihm nuancen- und facettenreich auf immer neuen Stufen der Konkretion und Präzision begegnet, ein poetisches Verfahren, das notwendig ein Defizit an aktualisierbarer naturlyrischer Potentialität mit sich bringt. Die Hinwendung zur Natur wird derart nur andeutungsweise auch als Abwendung von der «Welt» erkennbar – dann nämlich, wenn das grundlegende Motiv dieser Disposition anklingt: die Suche nach der Dimension des Trostes.

Aporien des «Einfachen Lebens»

Natur als Gegenwelt-Mythos eines unbeschädigten Lebens, in das der Geist sich einzufühlen, dem er sich anzugleichen und das er sich anzuwandeln vermag – eine solche Synthese liegt auch den Schreibintentionen anderer Autoren der Inneren Emigration zugrunde. Ernst Wiecherts Werke (etwa *Die Majorin,* 1934; *Die Hirtennovelle,* 1935; *Das heilige Jahr,* 1936) sind hierfür ebenso beispielhaft wie Friedrich Georg Jüngers Essays und seine Gedichte (*Der Taurus,* 1937; *Der Missouri,* 1940; *Griechische Götter,* 1943). Und selbst Erhart Kästners *Griechenland*-Buch (1943; 1953 unter dem Titel *Ölberge, Weinberge* in einer überarbeiteten Fassung erschienen), das im Auftrag der Wehrmacht entstanden ist, trägt bei aller erkennbaren militärpolitischen Funktionszuschreibung noch die Sehnsucht nach der Antike als einer unzerstörten Lebensform in sich. Daß aber gerade die ästhetischen Ausdrucksformen solcher Dispositionen diese als Ideologie erweisen, sagt über Substanz und Aporien literarischer Innerer Emigration mehr, als eine politische Wertung ihrer Einstellungen und Verhaltensweisen es vermag.

An Ernst Wiecherts Roman *Das einfache Leben* (1939), einem der meistgelesenen Werke dieser Zeit[16], lassen sich gesellschaftliche Aporien solcher Art in ihren ästhetischen Dimensionen exemplifizieren. Mit seinem Helden Thomas von Orla, einem Korvettenkapitän außer Diensten, hat Wiechert ein «problematisches Individuum» (Goldmann 1970: 35) geschaffen, das – ganz in der Tradition des bürgerlichen Romans – in Konflikt mit seiner Welt, mit der ihn umgebenden prosperierenden Gesellschaft der zwanziger Jahre lebt. Wiecherts Held entsagt diesem Leben, dieser Gesellschaft, seiner Zeit, um im Rückzug ins «einfache Leben», in eine Existenz als Fischer und Jäger inmitten der Einsamkeit ostpreußischer Wälder, zu sich selber zu finden: «Sich abends mit frohem Herzen niederlegen können, das war vielleicht das ganze Geheimnis. Froh, wenn man an den gewesenen Tag, und froh, wenn man an den kommenden Tag dachte. Keine Erlebnisse, keine Heldenrolle, kein Glanz um die Stirn. Die Netze auslegen und wieder einziehen, Haus und Insel sauber halten, ein paar Seiten lesen und abends am Wasser sitzen und in die Sterne sehen» (1939: 76).

Doch diesem Rückzug aus der Gesellschaft, der von Wiecherts Zeitgenossen durchaus als Opposition zum «Gleichschaltungs»-Anspruch des Dritten Reichs gelesen und verstanden wurde, mangelt es – so muß man kritisch anmerken – an Substanz, an ästhetischer Glaubwürdigkeit, weil der Autor ihn romankonstruktiv mit der Mächtigkeit transzendenter Gewalten begründet. Wiecherts Held legitimiert seine neue Existenz aus der prätendierten Abhängigkeit von einem metaphysischen «Gesetz»:

> Es schien ihm, als wisse er nun erst, was Stille sei, der tiefe Atem eines Daseins, das nichts wollte und nichts begehrte, nichts zu bedauern und sich an nichts zu erinnern hatte, das nicht fröhlich oder traurig war gleich einem menschlichen Herzen, sondern das abrollte wie eine Sternenbahn, groß, weil es ein Gesetz erfüllte, und gut, weil es notwendig war (ebd.: 231).

Die Absage des «problematischen Individuums» Thomas von Orla an die es umgebende Welt und der mit dieser Absage sichtbar werdende antagonistische Konflikt zwischen Individuum und Gesellschaft dienen Wiechert nicht dazu, eine – wie immer illusorische – Autonomie des bürgerlichen Individuums zu begründen. Vielmehr tritt an die Stelle der Anpassung an gesellschaftliche Zwänge die Unterordnung unter die Mächtigkeit der Transzendenz. Deren Wirken teilt der Roman nicht als beliebige ideologische Botschaft mit, sondern er reflektiert sie in der Kohärenz seiner Metaphorik und seiner Symbolstruktur. Das Insel-Motiv, die Ozean-Metapher oder das Netzwerk eines Globus bilden erzählerische Mittel, die in leitmotivischer Wiederkehr einen inneren Zusammenhang begründen, in den das gesellschaftlich «problematische» Individuum literarisch eingebunden erscheint, ja durch den es, bei allem Streben nach Selbstbestimmung, nachgerade gefesselt bleibt:

> Bevor er das Licht löschte, trat er noch einmal an den Globus. Er legte einen Finger auf die Gipfel des Himalaya und schob sie mit leisem Schwung zur Seite. Die große Kugel begann sich leise surrend in ihrem Lager zu drehen, und Gebirge, Ebenen und Meere glitten mit einem flüsternden Ton an seinen Augen vorbei. Tauchten wieder auf und versanken wieder, Farbflecke und ein Netz von Linien, Licht, Dämmerung und Schatten, und er stand vorgebeugt, leise verwundert, als stehe er auf einem fremden Stern und sehe zu, wie die alte Heimat vorüberschwebe, ganz weit, durch den eisigen Weltenraum, und alles Schicksal auf ihr sei so fremd wie ein Märchen aus längst vergangenen Tagen (ebd.: 34).

Das dem Werk immanente Widerspruchspotential, das im radikalen Rückzug des Individuums auf nichts als die eigene Individualität liegt, wird mithin ästhetisch aufgehoben durch die literarisch vermittelte Rückbindung an die Allgewalt dessen, was bei Wiechert «Gesetz» heißt. In dieser Aporie manifestiert sich der ideologische Charakter des *Einfachen Lebens*. Dessen sorgsame literarische Organisierung mag den Erfolg des Romans erklären. Doch das «einfache Leben» ist in Wiecherts Entwurf zu erreichen nur um den Preis von Selbstbescheidung und Unterordnung unter metaphysische Mächte, die als Ausdruck einer höheren Gewalt an die Stelle der irdischen treten. Unverkennbar tritt dabei auch das Fluchtmoment hervor, das Wiecherts Roman mit anderen Werken der Inneren Emigration verbindet. Nicht die politische Bekämpfung der Hitler-Diktatur ist das konkrete Ziel, sondern die Überhöhung und Verklärung der von der NS-Wirklichkeit mit den Füßen getretenen humanen und kulturellen Werte, allenfalls das poetische Verweisen auf mögliche Gegenwelten.

Man kann die bislang genannten Werke ebenso wie die Tagebücher und brieflichen Aufzeichnungen deshalb durchaus als Dokumente eines «hilflosen Antifaschismus» (Haug 1970) verstehen, vorausgesetzt, dieser vielzitierte Terminus behält die äußeren politisch-kulturellen Bedingungen des Schreibens im Dritten Reich im Blick. Denn in der Tat scheint die kulturell bestimmte Oppositionshaltung der Inneren Emigration von ihrer wenig entwickelten Fähigkeit zur politischen Analyse bestimmt worden zu sein. Ihre Abwehrhaltung wurde dominiert von Denk- und Gefühlstraditionen, die der realen gesellschaftlichen Kraft des Nationalsozialismus, seiner geschichtsmächtigen Gewaltförmigkeit, seinen sozialpsychologischen und politisch-ökonomischen Antrieben nichts als das Beharren auf der überzeitlichen Gültigkeit einer konservativen bürgerlichen Geistigkeit entgegenzusetzen hatten. Doch läßt sich eine solche Kritik sinnvoll nur dann formulieren, wenn darüber die subjektiven Anteile an Mut, Empörung und Leiden nicht in Vergessenheit geraten, die auch hinter kritisierbaren Potentialen einer dissidenten Literatur noch erkennbar sind.

Innere Emigration ist, so kann man zusammenfassend sagen, eine Konstellation der Ambivalenzen, der Widersprüche, der Hoffnungen und Verstrickungen. Sie wurde von einzelnen repräsentiert, in sehr unterschiedlicher Weise und in verschiedenartigen Formen. Die Gemeinsamkeiten der Inneren Emigranten überwiegen dabei ihre Differenzen. Sie erlauben es, von einer politisch-kulturell repräsentativen Gruppe von Autoren zu sprechen, die dem Nationalsozialismus in kritischer Distanz gegenüberstand, aber in ihren künstlerischen Produktionen nur ausnahmsweise über ihn hinauswies. Eine Gruppe von Autoren aber auch, die sich nicht mit mehr oder minder gutem Gewissen im Dritten Reich arrangiert hat, sondern die gelitten hat unter den Zeitumständen – und ihr Leiden in Dimensionen demonstrativer Flucht oder stummen Protests zu verwandeln wußte.

Gegenwelten: Widerstand und Exil

Wenn sich in der Literatur der Inneren Emigration poetische Verweise auf mögliche Gegenwelten zur Wirklichkeit des Dritten Reichs erkennen lassen, so wird man die Widerstandsliteratur im engeren

Sinn und ebenso die Literatur des antifaschistischen Exils als reale Gegenwelten zum Terror des Faschismus bezeichnen dürfen. Sie im thematischen Zusammenhang literarischer Innerer Emigration zu diskutieren, kann – angesichts der offenkundigen Differenz ihrer Produktionsbedingungen und ihrer ästhetischen Identität – sinnvoll nur unter einem Aspekt sein: vor dem Hintergrund der bislang erörterten Beispiele literarischer Innerer Emigration deren Konturen im Verhältnis zur gleichzeitig entstehenden Widerstands- und Exilliteratur (vgl. Feilchenfeldt 1986) genauer zu bestimmen. Dies soll in Form eines knappen Aufrisses geschehen, der sich auf einige wenige wichtige Entwicklungen konzentriert. Nicht Systematik oder Vollständigkeit des Überblicks, sondern Beispielhaftigkeit der herangezogenen Autoren und Werke wird im folgenden angestrebt.

Die Literatur des Widerstands im Dritten Reich stand zumeist in einem engen politischen, zum Teil auch organisatorischen Zusammenhang mit aktiven Bemühungen um eine Beseitigung der Hitler-Diktatur. Soweit diese Bemühungen von der Kommunistischen Partei Deutschlands (KPD) ausgingen, lag ihr literaturpolitisches Organisationszentrum im wesentlichen beim *Bund proletarisch-revolutionärer Schriftsteller* (BPRS), einer 1928 gegründeten Schriftstellerorganisation, die bis zu ihrer Zerschlagung 1935 im Untergrund Zeitungen, Handzettel, Agitationsgedichte herstellte und verbreitete, aber auch die im Ausland arbeitenden Widerstandsgruppen mit dokumentarischem Material über das Leben im Dritten Reich und über die Schwierigkeiten politischer Arbeit versorgte. Diese Literatur war selbstverständlich, im Unterschied zur Literatur der Inneren Emigration, nicht publizierbar. Inhalt und Form waren auf die Bekämpfung der NS-Diktatur angelegt, nicht auf eine Duldung als «unerwünschte» Dichtung, die bei allem erkennbaren kritisch-distanzierten Gehalt doch zugleich als Alibi kulturpolitischer Liberalität dienen konnte. Zudem wies die Widerstandsliteratur – zumindest die innerhalb Deutschlands hergestellte und verbreitete – alle Merkmale des allgemeinen Widerstandskampfes auf, also nicht nur das einer politischen Programmatik und das der Illegalität, sondern auch jenes Merkmal, dessen der Betrachter aus sicherer Entfernung stets eingedenk bleiben sollte: Die Widerstandsliteratur entstand unter Lebensgefahr für ihre Autoren und Multiplikatoren.

Erscheint es deshalb notwendig, in der Diskussion über Widerstandsliteratur im Dritten Reich vor aller literarästhetischen Wertung deren politisch-gesellschaftliche Funktionsbestimmung mitzubedenken, so gilt dies in ähnlicher Weise für die in den Konzentrationslagern und Gefängnissen entstandene Dichtung. Zwei Funktionen dieser – zumeist erst nach 1945 bekanntgewordenen – Literatur lassen sich vor allem bestimmen: die Informationen über Vorgänge im Dritten Reich, gerichtet an die Öffentlichkeit im Ausland, und die Bewältigung der Haftsituation, der Isolation, der Todesangst mit den Mitteln der Poesie. Beispielhaft für die erstgenannte Funktion mag Wolfgang Langhoffs KZ-Schilderung *Die Moorsoldaten* stehen, die 1935 in Zürich veröffentlicht wurde, ein autobiographischer Bericht über die Erlebnisse des Autors in NS-Gefängnissen und im Konzentrationslager. Exemplarisch für die zweite Möglichkeit seien hier die *Moabiter Sonette* Albrecht Haushofers genannt. Ihr Autor, der Kontakt zum Widerstand des 20. Juli 1944 besaß, wurde kurz vor der sowjetischen Einnahme Berlins von einem SS-Kommando erschossen. In den Händen des Toten fand man jene Gedichte, die noch heute von einem Widerstandsgeist aus der Tradition des christlichen Humanismus Zeugnis geben.

Wichtiger als die Inhalte dieser Sonette – der Appell an eine unbeirrbare Individualität, an Gemeinschaftsgeist und Brüderlichkeit, der Versuch, das Dritte Reich zu begreifen – mag die Tatsache erscheinen, daß Dichtung in der traditionellen Formensprache des Sonetts einen Beitrag zur Verarbeitung von Bedrohungen und zur Wiederherstellung eines individuellen Widerstandswillens geleistet hat. Wenn diese Gedichte und viele andere Zeugnisse des Widerstandswillens auch erst nach dem Zweiten Weltkrieg bekannt wurden, so dürfen sie doch als Indiz einer verbreiteten und zunehmenden Bereitschaft gelten, auch innerhalb des Dritten Reichs den Nationalsozialismus zu bekämpfen. Für Albrecht Haushofer allerdings gilt der Aspekt der Ambiguität, des Widerspruchs von Werk und Existenz in besonderer Weise: Noch bis 1941 aktiver Mitarbeiter des nationalsozialistischen Auswärtigen Amtes, verfaßte er zugleich im Dritten Reich regimekritische Dramen (*Scipio,* 1934; *Sulla,* 1938; *Augustus,* 1939), die, in der Form historischer Camouflage, thematisch das Verhältnis von Macht und Machtmißbrauch umspielen.

Allerdings wird man auch dies sagen müssen: Die literarische Innere Emigration wie auch die Widerstandsliteratur im Dritten Reich sind – mit Ausnahme allenfalls der BPRS-Aktivitäten – Beispiele weitgehend individueller Kritik, isolierten Widerstands. Es bestand innerhalb Deutschlands keine literarische Widerstandsfront, die sich aus einem Geist gespeist, über eine gemeinsame Zielsetzung definiert hätte, sondern es gab ein sehr breites Spektrum sehr unterschiedlicher literarischer und ästhetischer Positionen, die bis in die Formensprache hinein ihre Unterschiede bewahrten. Für einen Autor wie Georg Kaiser etwa, der vor seiner Flucht ins Schweizer Exil im Berliner Untergrund 1936 eine Reihe von Gedichten mit Fäkal- und Analvokabular verbreitet hatte – hierzu der nachfolgende Exkurs –, läßt sich keine Zugehörigkeit zu irgendeiner Gruppe oder Organisation oder Weltanschauung ausmachen. Mit Ausnahme eben der Position eines entschiedenen, ja radikalen Antifaschismus, dessen Radikalität bis ins gewählte Vokabular spürbar bleibt.

Auch von einer anderen wichtigen Einzelerscheinung ist zu sprechen, wenn es um den literarischen Widerstand im Dritten Reich geht, nämlich von dem Kabarettisten Werner Finck. Seine Auftritte im Berliner Kabarett *Die Katakombe* waren bis zu dessen Schließung 1939 geprägt von einer genau durchdachten und pointiert formulierten Verbindung von Sklavensprache und Volkswitz. Über alltägliche Begebenheiten, Beispiele nationalsozialistischer Repression, Erfahrungen am eigenen Leib berichtete Finck in witzigen, vom Publikum leicht und lustvoll durchschauten Anspielungen, deren Mehrdeutigkeit ihrem Autor einen gewissen Schutz vor den Überwachungsinstanzen gewährte und zugleich den spezifischen Reiz seines Witzes repräsentierte. Gegen die nationalsozialistische Zensur formulierte Finck 1934: «Nun wird sich mancher vielleicht im stillen wünschen, es möchte der Hydepark oder besser der Redefreihydepark bei uns Nachahmung finden, so etwa, daß aus dem Berliner Tiergarten ein Diskutiergarten entstünde. Dazu ist aber zu bemerken, daß großzügige Einrichtungen bei uns zulande vom Publikum allzuleicht in ihrem Sinne mißbraucht und damit zum Gegenteil ihres Zweckes werden» (1947: 120).

Die Wirkung dieses Sprachwitzes beim entsprechend eingestellten Publikum blieb frei von Mißverständnissen, wie Finck berichtet hat:

Für die ‹Katakombe› war die Zeit der raffinierten Andeutung gekommen. Man brauchte nur mit einem kleinen Hämmerchen an ein kleines Glöckchen zu schlagen, schon übertrug sich das wie das Läuten mit einer Sturmglocke. (...) Die Angst im Publikum, die sich immer wieder im Lachen befreite, trug die Stimmung des Abends – und mir eine Verwarnung nach der anderen ein. Die Spitzel wußten immer genau, was sie mitzuschreiben hatten (1965: 98).

Deren Tätigkeit brachte für Finck KZ-Haft und ein Berufsverbot, das für die Jahre von 1936 bis 1939 wieder aufgehoben wurde. Finck nutzte diese Zeit, um seine literarische Arbeit fortzusetzen, in seinem – wie Oda Schaefer rückblickend schrieb – «unvergleichlichen Kolleg im Kabarett der Komiker» (1970: 266) ebenso wie durch die Veröffentlichung einer Reihe von Glossen in dem 1939 publizierten *Kautschbrevier,* das bald nach seinem Erscheinen verboten wurde.

Exil im eigenen Land – wenn man für die im Dritten Reich entstandene Literatur den Anspruch auf die Qualität literarischen Widerstands erheben will, so wird man ihn auf Beispiele solcher Art beschränken müssen. Denn Exil – auch innerhalb Deutschlands – bedeutete, wie sich anhand von Bertolt Brechts berühmtem Gedicht *Über die Bezeichnung Emigranten* zeigen läßt, Ausbürgerung, Entrechtung, Heimatlosigkeit – und Widerstehen:

Vertriebene sind wir, Verbannte.
Und kein Heim, ein Exil soll das Land sein, das uns da aufnahm.
(1967 a: 718)

Eindringlich fängt Brechts Gedicht die innere Spannung der Exilsituation ein, die Ruhelosigkeit, das Warten und Fragen, die Hoffnung und die ohnmächtige Wut:

Unruhig sitzen wir so, möglichst nahe den Grenzen
Wartend des Tages der Rückkehr, jede kleinste Veränderung
Jenseits der Grenze beobachtend, jeden Ankömmling
Eifrig befragend, nichts vergessend und nichts aufgebend
Und auch verzeihend nichts, was geschah, nichts verzeihend.
(ebd.: 718)

Diese Situation erfuhren Tausende von Künstlern, Intellektuellen und Wissenschaftlern, die zu einem großen Teil schon 1933 das Deutsche Reich verließen, weil sie für ihr Leben und Werk fürchten mußten. Unter ihnen befanden sich, so hat man geschätzt, etwa 250 Autoren, in einem weiten Sinn des Worts, darunter die berühmten Repräsentanten der zeitgenössischen Literatur: Thomas Mann und Heinrich Mann, Arnold Zweig, Bertolt Brecht, Stefan George, Stefan Zweig, Alfred Döblin, Lion Feuchtwanger, Anna Seghers, Oskar Maria Graf, Klaus Mann, Johannes R. Becher – um nur einige wenige Namen zu nennen. Exil hieß für die meisten dieser Dichter gleichermaßen: Geldmangel, Sprachprobleme, Fremdheit, Schikanen, Rechtlosigkeit, politische Unmündigkeit, Existenzbedrohung. Nicht wenige der exilierten Autoren begingen Selbstmord, aus Hoffnungslosigkeit und Verzweiflung – unter ihnen Kurt Tucholsky, Ernst Toller und Walter Benjamin. Lion Feuchtwanger in seinem Schlüsselroman *Exil* (1940) und Anna Seghers in ihrem Roman *Transit* (1944) haben die Exilsituation aus eigenem Erleben anschaulich geschildert. Und sie haben zugleich beschrieben, welche Rückschläge und Enttäuschungen die exilierten Autoren durchlebten.

Zunächst aber überwogen die Hoffnungen auf einen baldigen Sturz des NS-Regimes. Diesem Ziel vor allem galten die politischen Bemühungen der Exilschriftsteller. Der Gedanke einer Einheitsfront im Kampf gegen den Faschismus, zumal von kommunistischen und sozialistischen Autoren vorgetragen, beherrschte die Diskussionen, zumindest bis 1935. In Exilzeitschriften wie *Neue Deutsche Blätter, Die Sammlung* und *Das Wort* wurde dieser Gedanke nicht allein propagiert, sondern auch durch ein breites Spektrum von Autoren, Argumenten und Schreibweisen praktiziert. Im Geleitwort zur *Sammlung* formulierte der junge Herausgeber Klaus Mann das Ziel:

Sammeln wollen wir, was den Willen zur menschenwürdigen Zukunft hat, statt dem Willen zur Katastrophe; den Willen zum Geist, statt dem Willen zur hysterischen Barbarei und zu einem unwahren, verkrampften und heimtückischen ‹Mittelalter›; den Willen zum hohen, leichten und verpflichtenden Spiel des Gedankens, zu seiner Arbeit, seinem Dienst, statt zum Schritt des Parademarsches, der zum Tod durch Giftgas führt im Interesse der gemeinsten Abenteurer; den Willen zur Vernunft, statt dem zur hysterischen Brutalität und zu einem schonungslos programmatischen ‹Anti-Humanismus›, der seine abgründige Dummheit und Roheit hinter den schauerlichsten Phrasen kaum noch verbirgt (1934: 2).

Demselben Ziel, der Herstellung von Einheit im Kampf gegen den Faschismus, diente der Internationale Schriftstellerkongreß 1935 in Paris. Das hier vorgelegte «Programm zur Verteidigung der Kultur» zielte auf einen offenen politischen Horizont, von bürgerlichen bis zu marxistischen Autoren. Die mit diesem Programm formulierte politische Perspektive läßt sich am besten mit dem Stichwort «Volksfront» umschreiben, einer Formel, auf die sich ebenfalls 1935 der VII. Weltkongreß der Kommunistischen Internationale (Komintern) geeinigt hatte. Sie fand zumal in Heinrich Mann einen engagierten Befürworter mit großer Ausstrahlung. Er sah 1934 in der antifaschistischen Bewegung und ihrer Literatur die einzig authentische Repräsentation der «Gedanken- und Gewissensfreiheit (...) auch kraft des Leidens», durch das sie hindurchgehen mußte: «Durch Verbannung, Not und Mühen werden die Begabungen vertieft» (1974: 400). Man darf vor dem Hintergrund der Gegenbewegungen, die die Exilierung Hunderter deutscher Autoren hervorgebracht hat, die Feststellung wagen: Kaum je zuvor hat Literatur einen stärkeren Charakter, ein selbstbewußteres Gesicht gezeigt als in diesen Jahren des Exils. Jene Autoren, denen Joseph Goebbels sein böses Wort «Kadaver auf Urlaub» nachgerufen hatte – sie erwachten gerade durch die Erfahrung der Vertreibung und Verbannung zu politischer Verantwortung, sahen sich zu öffentlichem Engagement herausgefordert, fühlten sich verpflichtet, Stellung zu nehmen, Partei zu ergreifen, zu kämpfen. 27 deutsche Autoren, unter ihnen Erich Weinert, Gustav Regler, Alfred Kantorowicz, Arthur Koestler, nahmen am Spanischen Bürgerkrieg teil. Alfred Döblin, Hans Habe, Klaus Mann und Stefan Heym kämpften auf seiten der Amerikaner gegen Nazi-Deutschland. Thomas Mann wurde mit seinen Rundfunksendungen gegen den Nationalsozialismus (*Deutsche Hörer!*, 1940–45) zum Repräsentanten des «anderen» deutschen Geistes. Schon 1935 sah sich Goebbels angesichts der politischen Aktivitäten der deutschen Exilschriftsteller genötigt, von einer «europäischen Gefahr» zu sprechen – er hätte seinen Feinden kein größeres Kompliment machen können.

Sie waren eine «europäische Gefahr» auch deswegen, weil die deutschen Autoren im Exil nicht allein standen, sondern der Solidarität der Intellektuellen und Schriftsteller im europäischen Ausland sicher sein konnten. Dem Pariser Schriftstellerkongreß ging 1934 der Allunionskongreß in der Sowjetunion voraus, ihm folgte 1937 der II. Internationale Kongreß antifaschistischer Schriftsteller in Spanien, zu dem, trotz des Bürgerkriegs, mehr als 200 Schriftsteller aus 30 Nationen anreisten. Es waren Demonstrationen eines intellektuellen Selbstbewußtseins, dem in Frankreich Autoren wie André Gide, André Malraux und Louis Aragon ihre Namen liehen und das sich in Spanien auf Themen und Problemkreise höchst aktueller Art einließ: Rolle des Schriftstellers in der Gesellschaft, Würde des Denkens, Bedeutung von Individuum, Humanismus, Nation und Kultur, Probleme der spanischen Kultur, Kulturelles Erbe, Literarische Schöpfung, Stärkung der kulturellen Bindungen, Hilfe für die republikanischen Schriftsteller. Bertolt Brecht, obwohl nicht persönlich anwesend, hat in seiner für den Kongreß in Spanien geschriebenen Rede den Zusammenhang von Politik und Kultur, Krieg und Kunst, Literatur und Leben vielleicht am schärfsten pointiert:

> Die ungeheuerlichen Vorgänge in Spanien, die Bombardierung offener Städte und Dörfer, die Abschlachtungen ganzer Bevölkerungen, öffnen nun immer mehr Menschen die Augen für die Bedeutung der im Grund nicht weniger ungeheuerlichen, nur nicht so dramatisch erscheinenden Vorgänge, die sich damals in Ländern wie dem meinigen, wo der Faschismus die Macht eroberte, abgespielt haben. (...) Diesen Kriegen wie jenen anderen Kriegen, von denen wir sprachen, muß der Krieg erklärt werden, und dieser Krieg muß als Krieg geführt werden. Die Kultur, lange, allzu lange nur mit geistigen Waffen verteidigt, angegriffen aber mit materiellen Waffen, selber nicht nur eine geistige, sondern auch und besonders sogar eine materielle Sache, muß mit materiellen Waffen verteidigt werden (1967e: 248).

Diese Einsicht besaß Anhänger auch unter den nicht-deutschen Autoren des europäischen Auslands, und zwar in dem Maß, wie diese die Verteidigung der Kultur gegen den Faschismus als existenznotwendig begriffen hatten. In Italien beispielsweise war dies, entsprechend den frühen Erfolgen Mussolinis, schon in den zwanziger

Jahren der Fall, mit der bezeichnenden italienischen Variante, daß der *fascismo* hier schon früh durch bedeutende Schriftsteller Unterstützung gefunden hatte (Filippo Tommaso Marinetti, Curzio Malaparte, Luigi Pirandello). Nicht minder bedeutende und prominente Literaten aber zählten zur *resistenza.* Der Gelehrte Benedetto Croce beispielsweise trat 1925 mit einem antifaschistischen Manifest an die Öffentlichkeit, Autoren wie Eugenio Mortale und Alberto Moravia äußerten sich in ihren Werken dezidiert antifaschistisch, andere, wie Cesare Pavese und Elio Vittorini, sahen sich der Verfolgung durch die Zensur ausgesetzt.

So wie in Italien und Spanien bildete sich auch in Griechenland und Polen, in Dänemark, Norwegen, Schweden und – nicht zuletzt – in Frankreich eine antifaschistische Literatur heraus, schon vor Beginn des Zweiten Weltkriegs und zumal nach der Besetzung durch die deutsche Truppen, eine Literatur, die in engem Zusammenhang mit dem politischen Widerstand zu sehen ist. Die französische *résistance,* mag ihre Tradierung nach 1945 sie auch zunächst zu einem Mythos verklärt haben, der in jüngerer Zeit, nach Aufdeckung mancher Widersprüche und unhaltbarer Selbststilisierungen zu verblassen beginnt – sie kann dennoch als Beispiel für den antifaschistischen Widerstand europäischer Literatur gelten. Zwar fanden sich auch in Frankreich Autoren bereit, mit dem Faschismus zu kollaborieren (Pierre Drieu la Rochelle, Robert Brasillach, Alphonse Châteaubriant). Doch entwickelte sich hier, wie innerhalb Deutschlands auch, eine eigenständige Literatur des Widerstands, die eine Vielfalt von Äußerungsformen umfaßte, vom Flugblatt über die Publizistik des Untergrunds bis zum Gedicht. Doch Prosawerke wie Vercors' (Pseudonym für Jean Bruller) *Le silence de la mer* (*Das Schweigen des Meeres,* 1942) oder Dramen wie Jean-Paul Sartres *Les mouches* (*Die Fliegen,* 1942, Uraufführung in Paris 1943) oder Jean Anouilhs *Antigone* (Uraufführung in Paris 1944) blieben die Ausnahme. Das bevorzugte Medium der *résistance* bildete die Lyrik. Paul Éluard, Pierre Emmanuel, Pierre-Jean Jouve und Louis Aragon sind, neben anderen, ihre Autoren. Eine Lyrik jedoch, die aus dem Traum von der Autonomie der Kunst grausam erwachen mußte. Ihre Autoren hatten mit Paul Éluard erkannt:

Aber es war wirklich notwendig, daß die Dichtung in den Untergrund ging. Sie kann nicht allzu lange ohne Risiko mit den Worten spielen. Sie mochte alles verlieren, um nicht mehr zu spielen und in ihrem ewigen Spiegelbild aufzugehen: der sehr nackten und sehr einfachen und sehr glühenden und immer schönen Wahrheit. Und wenn ich sage ‹immer schönen›, so deshalb, weil sie zur einzigen Tugend wird, zum einzigen Gut. Und dieses Gut ist nicht meßbar (1968: 1606).

Die Bemühungen der Autoren, eine gleichsam kulturelle, literarische «Volksfront» herzustellen, sahen sich jedoch alsbald durch die unüberbrückbaren Differenzen zwischen den großen politischen Bewegungen in Frage gestellt. Der Riß zwischen Sozialdemokratie und Kommunismus ließ auch die Schriftsteller im Exil nicht unberührt – spätestens 1937 war das Ende der Volksfrontpolitik abzusehen. Auf eine vermittelte Weise teilte sich dieser Riß auch in den Diskussionen über Kunst und Literatur im Exil mit, exemplarisch in jener berühmten Expressionismus-Debatte, in der es in Wahrheit um Probleme des poetischen Realismus ging, genauer noch: um die Frage, was «faschistische», was «antifaschistische» Literatur sei. Der Expressionismus konnte dieser Diskussion als Anlaß dienen, weil einige seiner Repräsentanten (Gottfried Benn, Hanns Johst, Arnolt Bronnen beispielsweise) aus ihrer Begeisterung für den Nationalsozialismus kein Hehl gemacht hatten. War also – so lautete die Kernfrage – der Expressionismus ein erster geistiger und künstlerischer Schritt auf dem Weg zum Faschismus? Und wenn ja: Wie müßte eine Literatur beschaffen sein, die beitragen könnte zu dessen Bekämpfung? Im Umkreis dieser Fragen und Problemstellungen bewegten sich die Diskussionen, an denen sich neben anderen Klaus Mann, Herwarth Walden, Alfred Kurella, Heinrich Vogeler, Rudolf Leonhard und Ernst Bloch beteiligten.

Kontrovers zumal waren die Positionen, die Georg Lukács und Bertolt Brecht einnahmen. Bestand Lukács auf dem Postulat einer «Gestaltung» der Literatur in der Tradition der großen realistischen Romane des 19. Jahrhunderts, so vertrat Brecht das Konzept einer poetischen Modernität, die sich mit ihren Mitteln und Techniken auf der Höhe ihrer Zeit zu bewegen habe. Auch diese wichtige Debatte aber blieb nicht unberührt von den großen politischen Entwicklungen: Gerade mit Rücksicht auf die Einheit im Kampf gegen den Faschismus hielt Brecht seine besseren Argumente zurück. Sie wurden erst in den fünfziger Jahren veröffentlicht.

Die hier in Erinnerung gebrachten öffentlichen Demonstrationen und Diskussionen machen deutlich: Die Schriftsteller des Exils hatten ihre Lektion in Sachen Engagement begriffen. Sie waren bereit, jenen Typus des republikanischen Intellektuellen zu verkörpern, dessen Vorbild man in Frankreich gefunden und den in der Weimarer Republik am ehesten Heinrich Mann repräsentiert hatte. Kunst und Gesellschaft, Poesie und Politik galten den exilierten Autoren nicht länger als wesensfremde, prinzipiell voneinander zu scheidende Bereiche, weil man ihren engen Wirkungszusammenhang – wofern man um diesen nicht schon vorher gewußt hatte – jetzt, in den dreißiger Jahren, nur allzu schmerzhaft am eigenen Leib erfuhr. Über die literarischen Leistungen des Exils ist damit allerdings noch nichts gesagt. Und dies ist vielleicht der überraschendste Befund angesichts der außerordentlich eingeschränkten Existenzbedingungen der Autoren: Was in der Zeit der Vertreibung und Verbannung durch den Nationalsozialismus poetisch geschaffen wurde, zählt zu einem nicht geringen Teil zum herausragenden und bleibenden Bestand der deutschen Literatur.

Ein Genre zumal erlebte – wie unter anderen Umständen und auf prekäre Weise innerhalb Deutschlands auch – eine Blütezeit wie kaum je zuvor: der historische Roman. Lion Feuchtwangers *Der falsche Nero* (1936), Gustav Reglers *Die Saat* (1936), Bertolt Brechts *Die Geschäfte des Herrn Julius Cäsar* (1937–39) und Joseph Roths *Die Kapuzinergruft* (1938) können hierfür als Beispiele dienen, ebenso Thomas Manns Goethe-Roman *Lotte in Weimar* (1938) und seine *Joseph*-Tetralogie, nicht zuletzt Heinrich Manns zweibändiger *Henri Quatre* (1935 und 1938). Was diese Romane von ihren Vorläufern der Weimarer Jahre wie von den gleichzeitig erscheinenden historischen Romanen im Dritten Reich unterscheidet, ist ihr struktureller Bezug auf ein Konzept von Demokratie, Liberalität und Offenheit des Denkens. Auch wenn etwa Heinrich Manns *Henri Quatre* durchaus Anspielungen auf die Gegenwart in Form historischer Parallelisierungen enthält, bietet sich doch in seinem Werk Geschichte nicht lediglich als Möglichkeit zur Camouflage aktueller Kritik dar, noch weniger figuriert sie als bloße Vorgeschichte der Gegenwart. Historische Vorgänge und Strukturen, Ideen und Kontroversen werden vielmehr genutzt, um in ihrem Licht – wie Thomas Mann dies ausgedrückt hat – den Schritt zum «Mythisch-Typischen» zu tun. Allerdings nicht zu einer neuerlichen Affirmation des Mythos, wie sie zur selben Zeit der Faschismus unternahm, sondern zu seiner Neubestimmung und Umwertung. 1941 schrieb Thomas Mann an den Mythenforscher Karl Kerényi: «Man muß dem intellectuellen Fascismus den Mythos wegnehmen und ihn ins Humane umfunktionieren. Ich tue längst nichts anderes mehr» (1968a: 344).

Entwirft der historische Roman des Exils eine Perspektivierung der Geschichte in Gestalt mythologisch entgrenzter Humanitätsideale, so der gleichzeitig entstehende Zeit- und Gesellschaftsroman eine Kritik an der Gegenwart vor dem Hintergrund des herrschenden Faschismus. Vor allem Alfred Döblins Roman *Pardon wird nicht gegeben* (1935) und seine Trilogie *November 1918* (entstanden 1937 bis 1940, erschienen 1948 und 1950) sind in diesem Zusammenhang zu nennen – Zeugnisse nicht nur einer ungebrochenen, sondern durch den übermächtigen Feind zusätzlich stimulierten literarischen Produktivität, die sich im Schreibakt selber ihrer historischen und politischen Voraussetzungen zu vergewissern suchte. Denn was Döblin aufarbeitete, war nichts Geringeres als die Entstehungsgeschichte des deutschen Faschismus im Kontext eines krisengeschüttelten Kapitalismus. Seine zeitkritischen Werke bilden Höhepunkte einer literarischen Traditionsreihe des Exils, die von Johannes R. Bechers *Abschied* (1940) über Anna Seghers' *Das siebte Kreuz* (1942) und Willi Bredels *Die Väter* (1943) bis zu dem künstlerisch komplexesten Werk dieser Reihe, Thomas Manns *Doktor Faustus* (1947), reicht.

Hätte mithin – so muß man angesichts dieser literarischen Leistungen fragen – der Nationalsozialismus sich zuletzt doch als Förderer der Literatur erwiesen? Wider Willen zwar, aber immerhin mit der unbezweifelbaren Wirkung bedeutender Werke, die ihren ästhetischen Impuls aus Kritik und Negation des Faschismus bezogen? Das ist mehr als nur eine rhetorische Frage – sie enthält in ihrem Kern ein prinzipielles Problem künstlerischer Produktivität. Woraus, wenn nicht aus dem Leiden an ihrer Zeit, empfängt große Kunst ihre Impulse? Picassos *Guernica,* Schönbergs *Überlebende von Warschau*

– hierauf hat Theodor W. Adorno (1974: 595) mit großem Nachdruck hingewiesen – setzen beim Leid, bei den Opfern, beim Leiden an der Zeit an. Auf diese Weise leisten sie Erinnerungs- und Trauerarbeit. Dürfte man nicht für die antifaschistische Literatur des Exils einen ähnlichen Anspruch erheben?

Vielleicht läßt sich diese Frage abschließend im Blick auf einen Autor beantworten, dessen Werk in seiner Entwicklung durch die Gegnerschaft zum Nationalsozialismus gewiß beeinflußt, womöglich gefördert worden ist: Bertolt Brecht. Das Exil hat Brecht umgetrieben wie kaum einen anderen Schriftsteller. Es führte ihn über Prag nach Wien, von dort über die Schweiz und Frankreich nach Dänemark (Svendborg), dann über Schweden nach Finnland, verschlug ihn über die Sowjetunion (Moskau, Wladiwostok) von 1941 bis 1947 in die USA (Santa Monica / Kalifornien) und brachte ihn schließlich über die Schweiz 1948 zurück nach Deutschland. Fünfzehn Jahre Exil, «öfter als die Schuhe die Länder wechselnd» (Brecht 1967 b: 725) – das war tatsächlich die produktivste Zeit im Leben Brechts. Nicht daß die Erfahrung des Faschismus eine notwendige Voraussetzung hierfür gewesen wäre, soll damit behauptet werden. Wohl aber, daß Brecht in der Auseinandersetzung mit dem Nationalsozialismus während der dreißiger Jahre entscheidende Schritte seiner eigenen Entwicklung zurückgelegt hat – politisch, intellektuell und künstlerisch.

Brecht hat sich in den Jahren von 1933 bis 1939 eine Faschismusanalyse auf der Grundlage marxistischer Kapitalismuskritik erarbeitet (*Aufsätze zum Faschismus,* 1933–1939). Er hat verschiedentlich und öffentlich gegen den Nationalsozialismus Stellung genommen: in Reden, Artikeln, Aufsätzen, Gedichten. Er hat die Erfahrungen des Exils in seiner Lyrik bewahrt (*Svendborger Gedichte,* 1939). Er hat, in ständiger Rücksicht auf die Zeitumstände, eine Theater- und Dramentheorie entwickelt, die fortschrittliche Tendenzen des bürgerlichen Theaters und die eigenen Versuche mit einem «epischen» Theater im Konzept einer «nichtaristotelischen» Dramatik zusammenfaßte (*Über eine nichtaristotelische Dramatik,* 1933–1941). Er hat in verschiedenen Stücken den Faschismus thematisiert und karikiert (*Die Gewehre der Frau Carrar,* 1937; *Furcht und Elend des Dritten Reiches,* ab 1935; *Der aufhaltsame Aufstieg des Arturo Ui,* 1941). Und er hat in dieser Zeit zwei seiner wichtigsten Dramen verfaßt (*Leben des Galilei,* 1938; *Mutter Courage und ihre Kinder,* 1939).

Jahre des Exils, die zugleich Jahre höchster Produktivität waren – man muß diesen Zusammenhang ernst nehmen. Er zeugt, im Grunde, von der Erfahrung einer existentiellen Gefährdung, gegen die zu wappnen und die zu bekämpfen selbst die «schwache Position der Literatur», von der Hans Erich Nossack (1966) einmal gesprochen hat, nicht zu schwach schien. Im Gegenteil: Gerade die Gefährdung durch den Faschismus hat auch schöpferische Kräfte mobilisiert, hat Einsichten befördert und künstlerische Energien geweckt, die über die konkreten Zeitumstände des Dritten Reichs und des Zweiten Weltkriegs hinausweisen. Bertolt Brecht und Alfred Döblin, Heinrich Mann und Thomas Mann, Lion Feuchtwanger und Arnold Zweig – ihre Namen stehen stellvertretend für die künstlerische Bedeutung wie für die politische und historische Leistung der deutschen Exilliteratur.

Deren schwärzeste Stunde hatte denn auch nicht in der Zeit ihrer Vertreibung und Verbannung geschlagen, sondern sie schlug, paradoxerweise, an dem Tag, als der Krieg beendet war. Was die antifaschistischen Schriftsteller des Exils mit denen der Inneren Emigration verbunden hat, läßt sich am ehesten mit der Kategorie der «Fremdheit» beschreiben: Fremdheit hier, im eigenen Land, unter bedrohlichen politischen und sozialen Bedingungen, Fremdheit dort, in unbekannten Ländern, fern der Sprachheimat und den vertrauten Lebensumständen. Was aber die Exilautoren trennte von den in Deutschland verbliebenen Schriftstellern, war, nach 1945, die Erfahrung eines zweiten Exils innerhalb des ersten, die Erfahrung einer zweiten Fremdheit: im eigenen Land, im eigensten Kultur- und Geschichtszusammenhang unbekannt, schlimmer: unwillkommen zu sein. Auf seine Art, mit noblem Understatement, hat der Exilverleger Fritz H. Landshoff diese desillusionierende Erfahrung nach fast vier Jahrzehnten gesprächsweise mit der Bemerkung umschrieben, «daß die Aufnahmewilligkeit, insbesondere in der Bundesrepublik, für die Literatur der Emigration anfangs sehr begrenzt war» (1983: 429).

Exkurs

Der Faschismus und das Ende der Kunst.
Georg Kaisers Entwicklung im Dritten Reich und im Exil –
Paradigma einer literarischen Desillusionierung

1937 erschien in der Exilzeitschrift *Das Wort* unter dem Titel *Zu den Fragen der antifaschistischen Literatur* ein Aufsatz, in dem zum Verhältnis von veröffentlichter Literatur und Untergrundliteratur im Dritten Reich entschieden Stellung bezogen wurde: «Jeder kleinste Handzettel, jedes noch so primitive Flugblatt, das unter Todesgefahr gegen Hitler geschrieben wurde, offenbart mehr von der Macht des Wortes als die anspruchsvollsten Elaborate jener pseudoliterarischen Parasiten, die ihre Feder nach dem Machtwort des Goebbels und seiner Unterfeldwebel kommandieren» (Timm 1937: 37).

Dieses apodiktische Votum für die literarischen Aktivitäten des antifaschistischen Untergrundes macht auf ein Problem aufmerksam, das in der bislang geführten Diskussion über das Verhältnis von Literatur und Faschismus noch zu kurz gekommen ist: die grundsätzliche Frage nach den Möglichkeiten von Literatur, angesichts der Überwachungsinstanzen des Dritten Reichs Widerstand gegen den Nationalsozialismus zu unterstützen oder gar zu wecken. Mit dieser Frage verbunden ist eine Umwertung dessen, was unter faschistischer Herrschaft als Literatur Bedeutung beanspruchen kann. Das Postulat des Antifaschismus wird in dem zitierten Aufsatz mit den Produktions- und Distributionsbedingungen von Literatur im Dritten Reich in unmittelbaren Zusammenhang gebracht und stellt insofern den Begriff des Literarischen selbst in Frage. Die im Deutschland der Jahre 1933 bis 1945 publizierbare Literatur – so der Tenor des Aufsatzes –, die entweder als «nationalsozialistisch» zu identifizieren ist oder aber, wenngleich «unerwünscht», doch die Normen der NS-Literaturüberwachung erfüllen muß und diese deshalb mittelbar zur Geltung bringt, kann den Ansprüchen des Kampfes gegen den Nationalsozialismus nicht genügen, weil sie sich mit ihrer Publizierung bereits auf die Bedingungen des Faschismus eingelassen hat. Ihr gegenüber erweist die Literatur des Untergrundes die reale «Macht des

Wortes», weil sie dem Primat der Politik in Inhalt und Form, in Produktion und Distribution Ausdruck gibt, mithin die Bedingungen des Nationalsozialismus als Bedingungen ihres Kampfes gegen ihn reflektiert.

Unverkennbar steht diese Verabsolutierung von Literatur zum politischen Kampfinstrument im Untergrund des Dritten Reichs im Zeichen der strategischen Diskussion, die Mitte der dreißiger Jahre von der Kommunistischen Internationale mit ihrer Politik einer «antifaschistischen» Einheitsfront lanciert worden war. Dieser Diskussion entspringt auch die Unterschätzung der systemkritischen Tendenzen und dissidenten Impulse, wie sie etwa Oskar Loerke und Wilhelm Lehmann, Friedrich Reck-Malleczewen und Reinhold Schneider in den spezifischen Formen der Naturlyrik oder der historischen Camouflage zum Ausdruck gebracht haben. Doch ist, für den Zusammenhang unserer Fragestellung, an dem zitierten Votum etwas anderes bedeutsam: der nachdrückliche Hinweis des zeitgenössischen Chronisten «Friedrich Timm» – vermutlich ein Pseudonym für Willi Bredel – auf die Konstitution einer literarischen Gegenöffentlichkeit im Dritten Reich. Autoren wie Jan Petersen und andere Mitglieder des *Bundes proletarisch-revolutionärer Schriftsteller,* anonym verbreitete literarische Dokumente des Widerstands, antifaschistische Kurzgedichte, illegale Tarnschriften, auch die in Zuchthäusern und Konzentrationslagern des Drittens Reichs entstandene Literatur – sie waren Teil einer strukturellen Opposition, deren Existenz weitgehend in Vergessenheit geraten ist (vgl. Brekle 1990). Verdrängt worden ist damit auch die Frage nach der Qualität einer Literatur, deren ästhetische Identität sich allein über ihr Verhältnis zum herrschenden Faschismus bestimmen läßt.

Dieser Frage soll im folgenden am Beispiel des Dramatikers Georg Kaiser nachgegangen werden. Kaiser hat in den Jahren 1935 und 1936 Gedichte geschrieben und im Untergrund verbreitet, die von einer Radikalisierung und Desillusionierung des meist nur als Expressionist gewürdigten, in der Weimarer Zeit hochgerühmten und häufig gespielten Autors zeugen. Diese Gedichte – sie sind außer in der Werkausgabe (Kaiser 1971: Bd. 4, 667–670) lediglich in einer bibliophilen Ausgabe der Berliner Handpresse mit einer limitierten Auflage von tausend numerierten Exemplaren (Kaiser 1968) erschienen –

denunzieren ihr politisches Objekt, den Nationalsozialismus und seine Repräsentanten, vornehmlich mit Vokabeln aus dem Anal- und Fäkalbereich. Sie dokumentieren insoweit einen scharfen Schnitt in der Entwicklung Kaisers vom eher unpolitischen Erfolgsautor der Stücke *Die Bürger von Calais* (1914), *Gas* (1918/20) und *Kolportage* (1924) über das Aufführungsverbot seiner Dramen durch die Nationalsozialisten bis zu einer tiefgreifenden künstlerischen Krise im Schweizer Exil. In einem Brief vom 18. Oktober 1941 fragt Kaiser seinen Freund Julius Marx ironisch: «Dichten Sie weiter? Das erregt meine Bewunderung. Ich bereue, es je getan zu haben.»[17]

Die resignative Stimmung, die aus dieser Briefstelle spricht, wirft nicht nur ein bezeichnendes Licht auf die Umstände, unter denen Georg Kaiser als Exilautor in der Schweiz zu leben hatte. Die Verzweiflung über sein zeitweise entwürdigendes Exil verbindet sich vielmehr mit anhaltenden Depressionen angesichts des in Europa herrschenden, auch 1941 militärisch noch immer erfolgreichen Faschismus zur melancholischen Absage an den Glauben, in der Vergangenheit durch Bühnenwerke zu gesellschaftlichen Veränderungen beigetragen zu haben oder in Gegenwart und Zukunft durch Kunst und Literatur noch wirken zu können. In einem anderen der zahlreichen Briefe an den Freund Julius Marx heißt es: «Meine dramatische Laufbahn betrachte ich als beendet. Ich erinnere mich noch hie und da an meine Leistungen, die mich nicht in den Glanz, sondern in die schwärzeste Nacht geführt haben. Nach Bezahlung der wichtigsten Schulden verabschiede ich mich still in das Nichts» (3. März 1943).

Kaisers Verdikt über die gesellschaftlichen Möglichkeiten nicht nur seines eigenen dramatischen Schaffens, sondern, wie aus seinen Briefen deutlich wird, von Kunst schlechthin ist im Zusammenhang einer Entwicklung zu sehen, die sich mit den Stationen Innere Emigration, Widerstand und Exil kennzeichnen läßt. Kein einzigartiger Weg also. Wie andere Autoren der literarischen Inneren Emigration nimmt auch Kaiser in den Jahren 1933 bis 1938 zunächst eine höchst widersprüchliche Position ein, die von politischem Sarkasmus und Anpassungsneigungen, von Rückzugstendenzen und Widerstandsaktivitäten gleichermaßen geprägt zu sein scheint. Neben Illusionen, die sich Kaiser trotz des gegen ihn verhängten Publikationsverbots über Aufführungsmöglichkeiten für seine Stücke macht, steht der Versuch, mit Hilfe eines Freundes unter einem Pseudonym an die Öffentlichkeit zu gelangen. Die Mitarbeit an einem von den NS-Behörden zunächst geförderten, nach Beendigung der Arbeiten schließlich doch untersagten Filmprojekt wird begleitet von einem ohnmächtigen Haß auf die politischen Zustände: «Heute ist hier schönster Frühlingstag – warum, weshalb, wieso in Deutschland? Seit wann Flieder in der Hölle?» (Brief an Richard Révy vom 10. Mai 1935).

Akuter Geldmangel wechselt mit euphorischen Zukunftsvisionen, Resignation und Depression mit Kontakten zum proletarischen Widerstand und der letztlich doch immer wieder enttäuschten Hoffnung auf Veränderung. Wie andere Autoren auch muß Kaiser schließlich nach einer Hausdurchsuchung wegen der zu befürchtenden weiteren Repressalien ins Exil gehen – zunächst, 1938, nach Holland, dann in die Schweiz –, wie andere hat auch er unter schwierigsten materiellen Bedingungen zu leiden (Ausweisungsandrohungen, Visumsverweigerung für die USA, Publikationsverbot, Entzug von Aufenthaltsgenehmigungen), bis er im Juni 1945, nur wenige Wochen nach dem ersehnten Ende des Kriegs, im Exil stirbt. Kein außergewöhnlicher Lebenslauf mithin, vielmehr ein auch im Rückblick noch bedrückend alltäglicher Weg aus der Geschichte der deutschen Exilliteratur.

Was dennoch gerade Georg Kaisers Entwicklung von der sprachlosen Existenz im Dritten Reich zu einem absurden Dasein im Exil paradigmatisch erscheinen läßt, ist die fortschreitende Desillusionierung eines Künstlers über die Wirkungsmöglichkeiten seines Werks in der Epoche des Faschismus, die sich als grundsätzliche Problematisierung des Verhältnisses von Kunst und Gesellschaft auswirkt. Hatte Kaiser noch in den Jahren 1928 bis 1933 im Zusammenhang einer zunehmenden Politisierung Dramen verfaßt, die – wie *Die Lederköpfe* (1928), *Ächtung des Kriegers* (1929) und *Der Silbersee* (1932) – von der Öffentlichkeit als kaum verhüllte Schlüsselstücke gegen Militarisierung und SA-Terror verstanden wurden, so schlugen sich seine Erfahrungen aus der Zeit nach 1933 als Skepsis gegenüber der dramatischen Form ebenso nieder wie in der Gestaltung sehr persönlicher Probleme, deren gesellschaftliche Vermittlungen unübersehbar sind. Als beispielhaft für diese Disposition kann das Schauspiel *Rosamunde Floris* (1936/37) gelten, in dem Kaiser aus dem Gegensatz von Liebesbeziehung und Konvention das Thema der Asozialität des Eros entwickelt, der sich gesellschaftlich nicht mehr versöhnen läßt. Diese Unversöhnlichkeit gibt die dramatische Form als Negation von immanenter Logik, Kausalität und konsequenter Figurenpsychologie wieder. Das Drama war, wie Kaiser wußte, kaum aufführbar. Die Dramaturgie des Stücks bedeutete eine Absage des Dramatikers Georg Kaiser an die Gesellschaft, in der er als Autor zu leben hatte. Deren Wirklichkeit wurde in der strukturellen Negativität des Stücks reflektiert.

Doch noch bewahrt Kaiser jenen Glauben an sein Werk, der seinen Entschluß, ins Exil zu gehen, vor allem anderen begründet hat. In einem undatierten Brief an seinen Freund Hugo F. Koenigsgarten schreibt er 1938: «Grünheide ist verlassen. Ich habe mich schwer von Wald und See getrennt. Mir blieb in Grünheide nur die Wahl: Hungertod oder Selbstmord. Aber ich wollte mein Werk nicht im Stich lassen und reiste ab.» Die Hoffnungen jedoch, die Kaiser in das Exil als Beginn einer neuen schöpferischen Periode setzt, sein Glaube an ein fortzuschreibendes Werk, das der Vollendung bedürfe, gerade angesichts des herrschenden Faschismus, gar als Waffe im politischen Kampf gegen diesen einzusetzen sei, erweisen sich bald schon als Illusionen. Die Exilsituation läßt Kaiser immer häufiger über den Widersinn seines Daseins nachgrübeln und in seinen dramatischen Arbeiten eine immer abstrakter werdende Negation des Bestehenden zum Ausdruck bringen, die weder gesellschaftlich noch historisch differenziert wird. Einbezogen in diese abstrakte Negation von Geschichte und Gesellschaft ist die Existenz des Dramatikers Kaiser, der im bewußten, willentlichen Untergang des Kindes Allan in seinem Stück *Das Floß der Medusa* (1940/43) ein Vorbild der Selbstvernichtung sieht: «Ich bin Allan – in ihm schildere ich mich – in ihm vernichte ich mich – ihn beneide ich um seinen jungen Tod» (Kaiser 1971: Bd. 3, 380).

Walter Huder, Herausgeber der Werkausgabe Kaisers, hat mit Recht von einem nach 1933 sich abzeichnenden, im Exil dann evidenten «Verfall der Produktion» des Dramatikers Georg Kaiser gesprochen (Kaiser 1971: Bd. 6, 855). Dieser «Verfall» wird begleitet von einer Krise seiner ästhetischen Theorie, deren Details der Freund Julius Marx berichtet hat. Eine Krise, die sich als subjektiver Ausdruck einer politisch-gesellschaftlichen Krise verstehen läßt, deren objektiver Ausdruck der Faschismus war – sie hat Kaiser bis zur grundsätzlichen Absage an den gesellschaftlichen Sinn und Nutzen von Kunst geführt:

> Die Kunst ist Teufelswerk. Sie ist eine Produktion von Masken. Humanität bedeutet, Kunst nicht zu fördern, sondern auszurotten. Die Kunst untergräbt das mögliche Glück der Menschheit. Deshalb muß Kunst liquidiert werden. (...) Doch wir alle sind nicht konsequent genug. Ich müßte ja eigentlich bei mir selbst anfangen, müßte mich selbst liquidieren, die Welt von mir befreien, weil ich zu nichts anderem fähig war, als Kunst zu produzieren, anstatt Vernunft-Chemikalien gegen die faschistische Pest zu erfinden (J. Marx 1970: 81).

Die Entgegensetzung von «Kunst» und «Vernunft-Chemikalien» bringt das Dilemma zum Ausdruck, in dem sich Kaiser während des Exils theoretisch und praktisch seiner eigenen dramatischen Produktion gegenüber befindet. Ihm gelingt es – im Unterschied zu anderen Künstlern des Exils – nicht, die erfahrene Krise in seine ästhetische Praxis formkonstitutiv einzubeziehen. Während Brecht gerade angesichts des Faschismus den Begriff einer eingreifenden, operativen, auf Veränderung zielenden Literatur entwickelt und verwirklicht, dokumentiert und reproduziert sich für Kaiser in künstlerischer Arbeit nur mehr die gesellschaftliche Ohnmacht der Kunst, deren bewußtlose Funktion in Vergangenheit und Gegenwart die Verschleierung gesellschaftlicher Elendszustände und Abhängigkeitsverhältnisse gewesen sei. Die Gefahr, der Kaiser Kunst vor allem ausgesetzt sieht, ist die ihres Mißbrauchs durch die Herrschenden, ihre Funktionalisierung zur Verherrlichung der jeweils mächtigen «Größen der Unmenschlichkeit»: «Ohne die Kunst wird es keine Verherrlichung der Verbrecher mehr geben» (J. Marx 1970: 84).

Diese Äußerungen machen deutlich, daß Kaiser noch in der Ablehnung der ornamentalen Dimensionen von Kunst einer idealistischen ästhetischen Tradition verhaftet bleibt, die zu ihrem Maßstab eben das abgelehnte «große Kunstwerk» erhoben hatte. Kaiser erkennt diesem nicht nur die Fähigkeit, dem herrschenden schlechten Allgemeinen prinzipiell zu opponieren, nicht mehr zu, sondern er übersieht auch die subjektiv tätige Seite von Kunst, ihre subversiven Möglichkeiten, ihre Fähigkeit zur Negation des Bestehenden, ihre die Wahrnehmungen und Perspektiven verändernden Potenzen. Aus der Erkenntnis, daß Kunst zum Ornament der jeweils herrschenden Klasse sich degradieren lasse, resultiert mit der Absage an die Herrschenden das radikale Verdikt, allein durch die Tatsache ihrer Existenz stelle Kunst ihre gesellschaftliche Wirkungslosigkeit, ihre potentielle machtpolitische Verfügbarkeit unter Beweis. Jede «künstlerische Form» sei, so Kaiser, eine Art der «Verherrlichung, nämlich der Demonstration von Überragendem» (ebd.: 80).

Ebendieser Gefahr hatte Kaiser durch jene Gedichte zu entkommen versucht, die er im Dritten Reich verfaßt hat. Diese 1969 erstmals veröffentlichten politischen Gebrauchsverse sind aus Kontakten Kaisers zum proletarischen Untergrund hervorgegangen. Sie zeigen, daß Kaiser von den Arbeitern denunziatorischen Witz, politische Ketzereien und Schmähungen der NS-Führung übernommen hat, um diese zu Gedichten für die Arbeit im antifaschistischen Untergrund umzuformen. Das von Kaiser entwickelte Verfahren der politischen Demaskierung durch eine obszöne literarische Maskierung der Herrschenden sei im folgenden an zwei Beispielen, an den Gedichten über Hitler *(Der Kaulb)* und Göring *(Das Batzenschwein)*, demonstriert.

Der Kaulb ...

Der Kaulbarsch fand sich hinten kürzer,
er hält sein Ende nicht für fein,
so schreibt er in das Fischregister
sich nur als Kaulb und sonst nichts ein.

Die Dechiffrierung des «Kaulb» als Adolf Hitler bereitet aus großem historischen Abstand einige Schwierigkeiten. Sie resultieren, wie bei der Dechiffrierung der anderen Untergrundgedichte Kaisers auch, aus der mangelnden Evidenz, die zahlreiche Details, Anspielungen, Benennungen in subversiven Gegenöffentlichkeiten des Dritten Reichs noch besaßen. Solche Schwierigkeiten sind jedoch zugleich ein Indiz des besonderen Charakters operativer Kunst. Sie ist konzipiert für den geschichtlichen Augenblick, in dem sie die ihr eigenen Potenzen zu entfalten vermag, aber sie bedarf der Erklärung, der Rekonstruktion der Zeitumstände, wenn sich mit ihrer identifizierbaren Funktion ihre Evidenz verliert.

Tatsächlich hat Kaiser in seinem Gedicht Fakten der politischen Biographie Hitlers metaphorisch verarbeitet, die zur Zeit der Niederschrift als allgemein bekannt vorausgesetzt werden konnten. Die verkürzende Veränderung des «Kaulbarsch» zum «Kaulb» und der Hinweis auf die Eintragung ins «Fischregister» findet ihre biographische Parallele in der Veränderung des ursprünglichen Familiennamens Schicklgruber zu Hitler. Sie mochte erste Assoziationen im Sinne des Autors wecken. Zugleich deutet diese Namensverkürzung auf Kastrationsvorgänge, die im Zusammenspiel mit dem diffamierenden Hinweis «hinten kürzer» und dem fortgelassenen Teil des Wortes «Kaulbarsch» einen denunziatorischen Sinn bekommen. Das Gedicht hält so Gerüchte einer latenten oder tatsächlichen Homosexualität, aber auch einer möglichen Impotenz des nationalsozialistischen «Führers» wach, wie sie seit der öffentlichen Anprangerung von angeblichen SA-«Verfehlungen» nach dem Röhm-Putsch 1934 im Umlauf waren (vgl. Ch. Bloch 1970: 102ff). Kaiser konnte deshalb davon überzeugt sein, daß die potentiellen Leser dieses Gedicht als sarkastische Charakteristik Hitlers ebenso verstehen würden wie sein Freund Richard Révy, dem Kaiser die Verse brieflich mit der ironischen Notiz mitteilte: «Solche Gedichte werden doch wohl in Germanien noch erlaubt sein. Dazu im Februar, der frisch auf den Januar gefolgt ist. Und so herrscht Ordnung im Kalender – und sonst herrscht nichts» (Brief vom 2. Februar 1935).

Ein Stück politischer Wirklichkeit des nationalsozialistischen Deutschland hat Kaiser auch in die folgende Skizze Görings eingearbeitet:

Das Batzenschwein

Dies ist das echte Batzenschwein.
Es scheißt tagaus, es scheißt tagein.
Es kann kaum vorne so rasch beißen,
wie hinten schon gequirlt zu scheißen.

Der Titel *Das Batzenschwein,* in dem die im Volkslied *Ein Heller und ein Batzen* bewahrte Bezeichnung für eine alte süddeutsche Münze anklingt, verweist auf die Wirtschaftspolitik im Dritten Reich, deren zentrales Thema 1936, im Jahr der Niederschrift dieser Verse, der zweite Vierjahresplan zur ökonomischen Stabilisierung bildete. In die Diskussionen um diesen Plan hatte sich nicht zuletzt Hermann Göring, nationalsozialistischer Reichstagspräsident und später unter anderem Reichsmarschall des Großdeutschen Reichs, nachdrücklich eingeschaltet, um seinen politischen Einfluß zu mehren. In einer kaum übersehbaren Serie von Konferenzen («Es scheißt tagaus, es scheißt tagein») adaptierte Göring in rascher Folge («kann kaum vorne so rasch beißen») eine Fülle von Konzeptionen, die ebenso rasch wieder verworfen wurden («wie hinten schon gequirlt zu scheißen»). Kaiser hat die charakteristischen Merkmale dieses wirtschaftspolitischen Entscheidungsprozesses, aus dem Göring als Beauftragter für den Vierjahresplan mit Weisungsbefugnis gegenüber Staats- und Parteistellen hervorging («das echte Batzenschwein»), scharfsichtig registriert und denunziatorisch verarbeitet.

Die spezifische Weise der literarischen Umformung dieser realen politischen Vorgänge macht deutlich, daß Kaiser an zwei miteinander verwandte literaturgeschichtliche Traditionen anknüpft: an die Tradition des Bestiariums, dessen Muster der allegorischen Tierdeutung Franz Blei 1920 in seinem *Großen Bestiarium* parodistisch auf seine literarischen Zeitgenossen angewandt hat; und an die Tradition des Märchens und der Tierfabel, zu deren Geschichte seit je nicht nur didaktische, sondern auch kritisch und satirisch gegen Herrschaft sich wendende Textelemente zählen. Jedoch nicht mehr Löwe, Fuchs oder Wolf, von deren Charakter oder Verhalten zu lernen wäre, sind in Kaisers gegen die führenden Nationalsozialisten gerichtetem Bestiarium versammelt, sondern höchst abstoßende Tiere. Neben dem als häßlich geltenden Kaulbarsch und dem ekelerregend geschilderten Batzenschwein sind es das «Scheißhuhn» (Goebbels) und der «Gashahn» (Himmler), der «Mistbock» (Rosenberg) und der «Scheißhund» (Streicher), der «Maulwurf» (Tschammer und Osten), der «Schmutzfink» (von Schirach) und der «Afterseher» (Keitel), die ihre Fäkalien in übler Manier verbreiten oder durch ihre Handlungen Abscheu erregen (vgl. Schnell 1976: 156–168).

Zu betonen ist angesichts dieses monströsen Bestiariums, daß die derbe Metaphorik als herausragendes und verbindendes Kennzeichen der Gedichte nicht Selbstzweck ist, sondern im Stil des Volksmunds komplexe soziale und psychische Zusammenhänge auf sehr einfache, aber vernichtende Weise zum Ausdruck bringt. So kann das «Batzenschwein» über die genannte politische Analogie hinaus als Travestie der im märchenhaften «Goldesel» mystifizierten Entstehung von Reichtum interpretiert werden. Der Dukaten hervorbringende Goldesel des bekannten Märchens ist zum nur noch «Batzen» scheißenden Schwein der faschistischen Gegenwart heruntergekommen. Eine solche Interpretation legt auch der Doppelsinn des Worts «Batzen» nahe, das nicht nur den einst in Süddeutschland als Zahlungsmittel gängigen Viertelkreuzer bezeichnen kann, sondern auch einen Klumpen oder Haufen von bestimmter stofflicher Konsistenz, etwa Lehm oder eben Kot.

Zugleich weist die im Wort «Batzen» liegende Verbindung von Geld und Kot über den Zusammenhang der Verse hinaus auf jenen Vorgang der frühkindlichen Analphase, den Sigmund Freud in der *Neuen Folge* seiner *Einführungen in die Psychoanalyse* erläutert hat. Das kleine Kind zeichnet die ihm Vertrauten durch Geschenke aus, zunächst in Form seiner eigenen analen Hervorbringungen, später, nachdem es durch Erziehung seinem Kot entfremdet ist, in Form von Geld- oder Goldgeschenken (vgl. Freud 1969: Abschn. 20 und 32). Dieser Vorgang scheint, ohne daß der Autor dadurch zum Anhänger Freuds gemacht werden müßte, in den Gedichten Kaisers objektiv gegenwärtig zu sein, allerdings in einer signifikanten Umkehrung. Die analbestimmten autoritären Charaktere der führenden Nationalsozialisten haben, als Sachwalter des Kapitals im Dritten Reich, kein Geld oder Gold zu verschenken. Sie finden deshalb in der demagogischen Regression auf die Austeilung analer «Batzen» den ihnen angemessenen Ausdruck.

Reflektieren Kaisers Gedichte im sprachlichen Material und in der politischen Tendenz die Gespräche des Autors mit Teilen des proletarischen Widerstands im Dritten Reich, so deutet ihre äußere Form, der einfache, zum Teil unreine Kreuz- bzw. Paarreim und das vorherrschende jambische Metrum auf ihre politische Funktion. Sie sollten als leicht einprägsame und eingängige literarische Kurzform, die in der Kommunikation des Untergrunds mitteilbar, in seiner Fluktuation «publizierbar» war, zur Herabsetzung der Herrschenden beitragen. Es ist zu vermuten, kann aber nicht mehr mit Sicherheit rekonstruiert werden, daß diese Gedichte in der Weise hergestellt und verteilt worden sind, die Jan Petersen (1967) in seiner Verarbeitung des Untergrundkampfes der Jahre 1933 und 1934, in der Chronik *Unsere Straße* beschrieben hat. Aufkleber, Flugblätter und Zeitungen wurden von einer oder mehreren Untergrundzellen auf primitiven Abziehapparaten in unverdächtigen Wohnungen, Kellern oder Hinterzimmern von Kneipen vervielfältigt und von einzelnen Arbeitern in unbeobachteten Augenblicken an stark frequentierten Verteilerstellen wie Untergrund- und S-Bahnen, aber auch in Betrieben in Umlauf gebracht.

Daß Kaisers Gedichte überhaupt erhalten sind, ist einem Zufall zu danken, der ein bezeichnendes Licht auf den nationalsozialistischen Terror nach innen wie auf die Lücken des Überwachungssystems in seiner Gesamtheit wirft. Kaiser war vor der Hausdurchsuchung am 25. Juni 1938 durch den mit ihm befreundeten Landjäger seines Wohnorts Grünheide gewarnt worden, der seinerseits den Berliner Gestapo-Behörden gegenüber zur Amtshilfe verpflichtet war. Anlaß dieser Hausdurchsuchung waren nicht die antifaschistischen Flugblätter, sondern das pazifistische Stück *Ächtung des Kriegers* aus dem Jahr 1929, nach dessen Manuskript die Gestapo fahndete. Dieses Manuskript wurde auch gefunden, nach Lektüre aber von den Beamten zerrissen und liegengelassen. Die Flugblätter mit den *Gasgesellschaft*-Gedichten, die sich ebenfalls in der Wohnung befanden, nahm der Landjäger, dem Kaisers Autorschaft bekannt war, an sich und überließ sie später dem Georg-Kaiser-Archiv in Berlin.[18]

Kaisers literarische Antwort auf die Herrschaftsverhältnisse im Dritten Reich war eine ebenso politische wie un-ästhetische Kritik an den Herrschenden. Sie verweigerte sich nach Form und Inhalt jeglicher Integration. Die Tatsache, daß der Dramatiker Kaiser in dieser Weise seine Fähigkeiten als Autor operativ eingesetzt hat, bietet jedoch keinen Anlaß, ihn literarhistorisch umstandslos unter dem ebenso weiten wie problematischen Etikett des «Antifaschismus» zu verbuchen. In Kaisers Entwicklung stellen seine Untergrundgedichte vielmehr ein isoliertes, dieser Entwicklung sogar widersprechendes Phänomen dar. Kaiser bleibt, wie seine späteren kunsttheoretischen Äußerungen, aber auch seine wiederholten Bemühungen um die Schaffung eines neuen «großen» Werks im Exil zeigen, einem durchaus traditionellen Begriff künstlerischer Produktivität verhaftet. In einem programmatischen Neujahrsbrief an Julius Marx heißt es: «Ich bin doch längst über das Erwerben von Reichtümern hinaus – ich will mein Werk schaffen, sonst nichts. In meinem Alter und in meinem Range lebt man in der Ewigkeit. (...) Ist es nicht mehr als genug, wenn ich die Gnade meiner Eingebungen erlebe? Das ist der echte Reichtum und das wahre Leben» (1. Januar 1942).

Mag das Pathos dieser und ähnlicher Briefstellen auch den Isolationsmechanismen des Exils geschuldet sein – das damit beschworene Bild des begnadeten, genialischen Schöpfergeistes wird durch Kaisers reale Unfähigkeit zur künstlerischen Produktion nachdrücklich dementiert. Kaiser erlebt keine «Gnade der Eingebung» mehr, keinen «echten Reichtum», kein «wahres Leben». Er fristet ein Dasein, das abgelöst ist von allem Erfahrungspotential einer produktiven Existenz, die ihr ästhetisches Vermögen auf dem gesellschaftlichen Boden gewinnen möchte, auf dem sie steht.

Daß Kaiser den Zusammenhang von sozialer Erfahrung und künstlerischer Produktivität in seine Bemühungen um eine neue Ausdrucksform nicht reflektierend einzubeziehen vermag, erklärt schließlich auch die abstrakte Radikalität seines Verdikts über die Daseinsberechtigung von Kunst in der Epoche des Faschismus. Hatte er in seinen Untergrundgedichten ein nicht geringzuschätzendes Zeugnis seiner Weigerung abgelegt, im esoterischen Rückzug oder im gänzlichen Verstummen eine dauerhafte Existenz im Dritten Reich zu finden, so treibt ihn seine Isolation im Exil zur theoretischen Absage an Kunst schlechthin. Kaiser fällt hinter seine Praxis einer auf Eingriff und Veränderung angelegten Kunst theoretisch zurück, indem er zum Maßstab erhebt, was er mit guten Gründen ablehnt: das «große» Kunstwerk. Die Entwicklung Kaisers im Dritten Reich und im Exil zeigt mithin die Grenzen seiner *Theorie*. Sie liegen in der Befangenheit eines Kunstbegriffs, der veränderte soziale Bedingungen nicht als spezifische Voraussetzungen einer neuen künstlerischen Produktivität zu reflektieren vermochte. Kaisers ästhetische *Praxis* aber einer radikalen Denunziation der Herrschenden im Dritten Reich widerspricht noch in ihren Verfallserscheinungen dem Verfall der Gesellschaft, aus der sie hervorgeht.

6
1945: «Magie» versus «Ratio»

«Spannungen, Gangunterschiede, Interferenzen»

Der Weg zurück ins Deutschland der Nachkriegszeit stand im Zeichen der Ambivalenz. Mai 1945: Das war die Kapitulation. Befreiung oder Niederlage? Schon da gab es Auffassungsunterschiede. Ein Zwiespalt der Meinungen und Empfindungen, die, zunächst unüberbrückbar, einander in einem historischen, politischen und kulturellen Vakuum gegenüberstanden. Das Vakuum der Nachkriegszeit markierte das katastrophische Ende einer Epoche, des letzten Versuchs eines großdeutschen Imperialismus, diesmal in nationalsozialistischem Ornat, zu den imaginären Gestaden der Weltherrschaft aufzubrechen. Das Ende eines Kriegs, der sechzig Millionen Opfer in seine Strudel gerissen hatte, unter ihnen nicht weniger als acht Millionen Deutsche. Das Ende eines beispiellosen Völkermords an sechs Millionen Juden. Das Ende auch einer Vision: in der säkularisierten Gestalt des «Führers», in der Klassen- und Parteienindifferenz einer «Volksgemeinschaft», im gelebten und erbrachten Opfer fürs «Vaterland» eine Erhöhung über die Misere des Alltags zu erfahren. Eine gigantische Rüstungsindustrie, eine Kriegsmaschinerie bislang ungekannten Ausmaßes, ein riesenhafter Propagandaapparat, ein Konglomerat bürokratischer Institutionen, eine so frenetisch wie vielstimmig vorgetragene «Weltanschauung», in zwölf Jahren unablässig variiert und wiederholt – die ganze Wirklichkeit des Dritten Reichs lag, irreversibel zerstört, unter Abermillionen Tonnen von Geröll, Schutt und Asche begraben. Ein Alptraum, zerstoben ins Nichts.

Die Anstrengung, dieses Nichts zu verarbeiten, läßt sich zahlreichen Aufzeichnungen aus den letzten Kriegstagen entnehmen. Sie soll im folgenden am Beispiel des Erfahrungsraums Berlin skizziert werden. Es geht dabei um den Versuch, Stereotypen der Wirklich-

keitswahrnehmung und der Zeitdeutung herauszuarbeiten, die beispielhaft gewesen sind, Muster der Traditionsaneignung und der Zu-
kunftsorientierung nachzuzeichnen, die prägend geworden sind. Gefragt wird nach der Signatur der Zeit, nach atmosphärischen Details
und Nuancen des historischen Augenblicks «1945». Gefragt wird
auch und abermals nach deutschen Kontinuitäten: nach den philosophischen und religiösen Voraussetzungen wie nach der künstlerischen, der literarischen Physiognomie jenes ästhetischen Traditionalismus, der die Zeit von 1933 bis 1945 hatte überdauern können
und der nun, in der Stunde der Kapitulation und des Neubeginns, die
Chance sah, alte Hegemonieansprüche aufs neue zu erheben.

   In Karla Höckers Berliner Tagebuch liest man unter dem Datum
vom 12. April 1945 die Eintragung: «Große Niedergeschlagenheit,
Gefühl der Ausweglosigkeit» (1947: 257).[19] Und am 21. April heißt
es: «Fürchterliche Nacht ohne Alarm, die erste mit stundenweise
heftigstem Flakfeuer, Artilleriebeschuß, Teppichwürfe von Bom-
ben. (...) keine Hilfe, nichts – dabei die Engigkeit im Keller, das
Dunkel, die verbrauchte Luft!» (ebd.: 261 f).

   Ein Gefühl des Ausgesetztseins, das Bewußtsein der Isolation,
Eindrücke von Blindheit und Orientierungslosigkeit sprechen aus
solchen Notizen, das Wissen, nichts als das eigene Leben in Unter-
ständen und Bunkern und Kellern zu besitzen, mit begrenztem Blick
auf engstem Raum. «Über die ganze Stadt in den letzten irren Tagen
des Krieges war kein Bild zu gewinnen», so auch Friedrich Luft
– später die unverwechselbare Berliner «Stimme der Kritik» – in
einem Rückblick auf den Mai 1945:

Die Welt war der eigene Keller, falls der noch hielt. Ohne Licht war diese
Welt oder doch nur erleuchtet von den Resten einiger Kerzen. Das Wasser
war versiegt. Man trank die rostige Flüssigkeit, die aus den geöffneten
Tanks der Warmwasserheizung kam. Der letzte Koffer war unsere Heimat. Draußen war das Inferno. Lugte man hinaus, sah man einen hilflosen
deutschen Tank sich durch die Glut der Häuserzeilen schieben, halten,
schießen, beidrehen. Hin und wieder stolperte ein Zivilist, von Deckung
zu Deckung stürzend, über den aufgeborstenen Fahrdamm. Eine Mutter
jagte mit ihrem Kinderwagen aus einem ausgeschossenen, brennenden
Haus in die Richtung des nächsten Bunkers. Das sinnlose Reißen der nahen
Abschüsse. Eine Mutter schob ihr Kind durch den letzten Aufruhr des

Krieges. Einschläge unweit von ihr, daß einem der Atem fortblieb. Und sie hatte – das rührende Bild bleibt haften – den weißen Kinderwagen mit erstem Frühlingsgrün gegen Flieger ‹getarnt›, wie es im Buch des Krieges gestanden hatte. Sie jagte, von Granatsplittern umfegt, dem Bunker zu. Die bittere Lektion ging zu Ende» (1965: 11 ff).

Was blieb, war die Deutung des eigenen Daseins im Lichte von Absurdität und Surrealität, unter dem Neigungswinkel von Kunst-Wirklichkeiten, da die Realität der Kriegswirren den marginalisierten Subjekten eine individuelle Sinngebung nicht länger erlaubte. Karla Höcker am 1. Mai 1945: «Wir sind wie Schauspieler, deren Rollen zu Ende sind. Abgeschminkt sitzen wir da und starren in den Spiegel, der unser eigenes Gesicht leer und grau zeigt. Und über unsere Schulter grinst, wie auf Böcklins Selbstbildnis, der Tod» (1947: 270).

Das Ende dieses Alptraums kommt am 2. Mai, dem Tag der Kapitulation der einstigen Metropole, die schwer gelitten hat, zumal unter den Kämpfen und Bombardements der letzten Kriegstage. Nahezu 20 Prozent aller Häuser liegen in Trümmern, von 220 Brücken sind mehr als die Hälfte zerstört oder schwer beschädigt, von über 700 Schulen nur noch knapp die Hälfte nutzbar. Die Stadt zählt nur mehr 2,6 Millionen Einwohner, gegenüber 4,3 Millionen bei Kriegsbeginn. Und deren Lebensverhältnisse sind äußerst karg bemessen: 200 g Brot, 10 g Zucker, 25 g Fleisch, 10 g Salz, 400 g Kartoffeln, 2 g Kaffee – rund 1500 Kalorien für jeden Erwachsenen pro Tag betragen die Lebensmittelrationen, mit fallender Tendenz. Hunger, Seuchen, Diebstahl, Mangelerkrankungen bestimmen den Alltag.

«Es gibt kein Wasser. Es gibt auch kein Gas, kein Licht und kein Telefon. Nur Chaos gibt es. Unübersehbares, undurchdringliches Chaos» – so Ruth Andreas-Friedrich über den *Schauplatz Berlin* (1984: 19).[20] Ein Chaos aus Trümmern – für die Überlebenden in der zerstörten Reichshauptstadt bedeutet es die Erfahrung eines existentiellen Nullpunkts. Noch am 2. Mai 1945, wenige Stunden nach der Kapitulation, wird der Lyriker und Erzähler Frido Lampe aufgrund einer Verwechslung von einem sowjetischen Soldaten erschossen. Und fast acht Monate später findet sich in einem Brief Gottfried Benns der Satz: «Hier zwischen Trümmern leben, heißt nicht viel anderes, als schon in seinem eigenen Sarg schlafen» (1977: 15).

Aber es gibt sofort nach Kriegsende auch erste, noch zaghafte kulturelle Regungen, die zur Linderung der Misere beitragen: Hans von Benda dirigiert am 13. Mai ein erstes öffentliches Konzert; die Philharmoniker unter Leo Borchard schließen sich wenig später an; es folgen eine erste Theateraufführung (*Der Raub der Sabinerinnen* im Renaissance-Theater) und ein Ballettabend in der Städtischen Oper – bis zum Jahresende sind bereits wieder 16 Theater und Opernhäuser eröffnet; im Juni erscheint erstmals die *Berliner Zeitung,* im September der *Tagesspiegel*; die Hochschule für Bildende Künste nimmt ebenfalls im Juni ihren Betrieb wieder auf, die Berliner Universität folgt im September; im Oktober erhält Peter Suhrkamp im britischen Sektor der besetzten Stadt die erste Verlagslizenz – Daten und Wegmarken eines Kulturbedürfnisses, das sich diesseits der Normalisierung der Lebensverhältnisse zu behaupten versucht.

Für die Zurückkehrenden – sei es aus Krieg, Gefangenschaft oder Exil – bedeutet dieses Nachkriegsdeutschland, bedeutet dieses Berlin: abgründige Fremdheit. Das einst Vertraute erscheint, wie in Wolfgang Borcherts Drama *Draußen vor der Tür*, entrückt in eine gespenstische Ferne, ein Pandämonium der Verwüstung und Zerrüttung. Traum oder Wirklichkeit? Der Blick der Remigranten fällt auf eine Stadt, die nur in Umrissen noch, rudimentär und schattenhaft, als Abbild eines früheren Lebens sich zu erkennen gibt.

«Diese Ankunft, die Fahrt durch die Ruinen, am kahlgeschlagenen Tiergarten entlang – die alten Bäume waren längst zu Brennholz gemacht, sogar die Strünke ausgerodet, es war da nur noch ein riesig ausgedehnter Kartoffelacker, über den man hinblickte wie über eine Wüste –, von einem Trümmerfeld zum anderen» – so, unverkennbar erschrocken und erschüttert, Carl Zuckmayer (1966: 546), der die Stadt im Auftrag der Amerikaner zur Berichterstattung über den Stand des kulturellen Lebens im November 1946 besucht: «Berlin, das einstmals von Leben durchtoste, war eine Totenstadt geworden» (ebd.: 548).

Dem Suchen und Fragen der Erinnerung schlägt – so notiert es auch der Reporter Peter Weiss – eine Antwort aus «Schweigen und Dunkelheit» entgegen:

Die Bäume, deren Laub einmal wie Silber in der Frühlingssonne glänzte, stehen nicht mehr, die hohen, mit Eisenornamenten geschmückten Laternenpfähle stehen nicht mehr – leer und öde liegt der Platz da, schwarze leblose Häuserfassaden ringsum. Die Überreste der Ladenschilder versuchen sich des einstigen Namens ihrer einstigen Besitzer zu erinnern, oder sie bieten höhnisch Waren ihrer Träume feil; Pfeile und rauchgeschwärzte, mißgestaltete Metallhände weisen schadenfroh hinab zu den Fenstern, wo Schutt und Abfall liegen. Durch die Mauerkulissen siehst du den Himmel. Weiße Pfeile aber zeigen hinab in die Erde, überall siehst du diese drohende Erinnerung an die Gräber der überschwemmten Keller, die letzte Zuflucht und Ruhe der Geschäftsinhaber» (1985: 14f).

Deutschland ist ein totes Land, Berlin eine Totenstadt. Eine Stadt der Trümmer und Gräber, aus denen die Vergangenheit des Faschismus finster hervorsticht. Trümmer und Gräber – das heißt auch: Krankheit, Tod und Verwesung, Plünderung, Raub und Mord. Das bedeutet Vergewaltigung, Verwahrlosung, Verzweiflung, Psychose und Neurose. Der Zerstörung des Landes und der Städte entspricht die der Menschen, die hier leben, vegetieren müssen in Katakomben der Anarchie und der Angst. Es sind Bilder solcher Trümmer, die die Aufzeichnungen und Erinnerungen, die Notizen und Berichte aus dieser Zeit als feste Topoi einer Art Nachkriegsgeographie leitmotivisch durchziehen. Im November 1947 notiert der Besucher Max Frisch aus der Schweiz in seinem *Tagebuch*: «Nicht abzuschätzen ist die Menge von Schutt: doch die Frage, was mit dieser Menge geschehen soll, gewöhnt man sich einfach ab. Ein Hügelland von Backsteinen, darunter die Verschütteten, darüber die glimmenden Sterne: das Letzte, was sich da rührt, sind die Ratten.» Und lakonisch – oder zynisch? – fügt er hinzu: «Abends in die Iphigenie» (1950: 209).

Solcherart Lakonismus oder Zynismus, Ausdruck zugleich von Melancholie und ohnmächtigem Ingrimm, bot die Möglichkeit, das gesehene und erfahrene Leiden zu bearbeiten. In seinem *Arbeitsjournal* notiert der Heimkehrer Bertolt Brecht unter dem Datum vom 25. Oktober 1945: «berlin, eine radierung churchills nach einer idee hitlers. berlin, der schutthaufen bei potsdam. über den völlig verstummten ruinenstraßen dröhnen in den nächten die lastaeroplane der luftbrücke. das licht ist so schwach, daß der gestirnhimmel wieder von der straße aus sichtbar geworden ist» (1973: 396).

Zorn und Entmutigung angesichts der Trümmerwüsten suchen sich Entlastung in grimmigem Spott, in einer Art schwarzem Humor des Mangels und Elends, der auf Überwindung des Status quo drängt, gerade in der Ausweglosigkeit der durchlebten Situation. Dies sind Gegenbewegungen, Äußerungsformen von Widerstehens-potentialen. «Zwölf Grad unter Null sind kein Spaß», schreibt Erich Kästner in seinem Bericht aus dem Berlin des Jahres 1947:

> Der Sturm fegt eisig um die Ecken. Er pfeift durch hunderttausend leere Fensterhöhlen. Es klappert und klirrt und scheppert. Das ist die atonale, die hochmoderne Ruinenmusik. Auch wer zu Hause, bei Stromsperre, hinterm kalten Ofen sitzt, kann mithören. Die Übertragung ist vorzüg-lich. Das Konzert ist gratis. Es kostet nur Nerven. Alles, was Zähne hat, darf mitklappern (1966 b: 496).

Im Witz solcher Skizzen, in der bissigen Pointe wie in Lakonismus und Melancholie teilt sich ein Berlin-spezifischer Mythos mit, der den Zusammenbruch des Jahres 1945 überdauert hat. Es war – diesen Schluß legen zahlreiche literarische Zeugnisse nahe – der Mythos vom unbesiegbaren Kern der Stadt, vom unsterblichen Lebenswillen einer Weltmetropole, vom Zentrum europäischen Geistes- und Kul-turlebens, der, allem Faschismus zum Trotz, überlebt hatte, und auch der von Intelligenz und Wortwitz, Behendigkeit und Wendig-keit der Berliner selber. Erich Kästner hat ihnen ein Denkmal gesetzt:

> Aber unterkriegen lassen? Niemals. Die Berliner, dieser ‹verwegene Menschenschlag›, wie Goethe sie genannt hat, die Berliner sind fleißig, tapfer, zuversichtlich und keß wie je zuvor. Wer mit ihnen in den Luft-schutzkellern gesessen hat, wer dann durch die brennenden Straßen ging und hörte, wie sie sofort wieder am Werke waren, wie sie sägten und häm-merten, daß sich die Göttin der Nacht die Ohren zuhielt, der weiß Be-scheid. Und wer, wie ich, zufällig neben dem Mann stand, der im Flam-mensturm zum Himmel hochsah und sagte: ‹Wenn die Tommies so wei-termachen, dann müssense sich nächstens die Häuser selber mitbringen›, der weiß, daß die Berliner außer ihrer sagenhaften großen Schnauze noch andere Eigenschaften besitzen (1966 a: 496).

Auch Brecht fängt den Mythos vom «verwegenen Menschenschlag» in einer Anekdote ein. Unterm Datum vom 23. Oktober 1948 liest man im *Arbeitsjournal*:

> gestern abend sahen wir nur bei der einfahrt im dunkeln die ruinen der friedrichstraße, undeutlich. früh sechs uhr dreißig gehe ich die zerstörte wilhelmstraße hinunter zur reichskanzlei, sozusagen meine zigarre dort zu rauchen. ein paar arbeiter und trümmerweiber. die trümmer machen mir weniger eindruck als der gedanke daran, was die leute bei der zertrümmerung der stadt mitgemacht haben müssen. ein arbeiter zeigt mir die richtung. ‹wie lang wird das gehen, bis das wieder nach was aussieht?› – ‹da werden noch ein paar graue haare vergehen bis dahin. wenn wir geldleute hätten, ging's schneller. aber wir haben doch gar keine geldleute mehr. na, guten morgen (1973: 394).

Auch wenn der materialistische Dialektiker seiner Anekdote unnachsichtig den ironischen Zusatz anfügt: «mir schienen die ruinen zumindest auf die frühere anwesenheit von geldleuten hinzuweisen» (ebd.) – erkennbar wird gleichwohl der Lebenswille nach der Totenstarre, erweckt von der Besinnung auf die eigenen Mythen und Legenden, gespeist, nicht zuletzt, aus der selbstbewußten Erinnerung an die einstige Bedeutung als Kulturmetropole. Es ist Brechts Antipode Gottfried Benn, der seinerseits eben diesen Aspekt in seinem Brief aus der «blockierten, stromlosen» Metropole des Jahres 1948 betont: «Ja, jetzt könnte man ihr sogar eine Zukunft voraussagen: in ihre Nüchternheit treten Spannungen, in ihre Klarheit Gangunterschiede und Interferenzen, etwas Doppeldeutiges setzt ein, eine Ambivalenz, aus der Zentauren oder Amphibien geboren werden» (1968 d: 1741).

Berlin beginnt, sobald und soweit es der Konzentration auf ein kulturelles Leben überhaupt fähig ist, sich seiner einstigen Leistungen und Verdienste zu entsinnen, um aus der eigenen Geschichte den eigenen Traditionen und Kontinuitäten eine kulturelle Zukunft entstehen zu lassen. «Was sagen Sie zu Berlin?» lautete eine seinerzeit häufig, vorzüglich den Heimkehrenden, den Besuchern und Ausländern gestellte Frage. Eine rhetorische Floskel: Sie suchte Zustimmung und Bestätigung, nicht Kritik, wie Max Frisch in einer ironischen Replik bestätigt hat: «Das lobende Wort eines Ausländers steht hoch im Kurs; der Bedarf an Anerkennung ist riesengroß; wer jetzt versichert, Berlin sei ungebrochen in seinem Geistesleben, ist ein bedeutender Kopf» (1950: 209).

Den hinter jener Rhetorik lauernden Anspruch freilich vermochte die kulturelle Wirklichkeit der Stadt nicht zu decken. Dem guten Willen, Berlin als Kulturmetropole überdauern zu lassen, ja sie zum Mittelpunkt allererst wieder zu formen, entsprachen weder die Inspirationen noch die Mittel. Es fehlte nicht nur die Möglichkeit, elementare Bedürfnisse des alltäglichen Lebens zu befriedigen. Es fehlten – angesichts des zunehmend prekären Viermächtestatus der Stadt – nicht nur die politischen Rahmenbedingungen für eine schöpferische Konzentration der Kräfte. Sondern es fehlte vor allem an einer personellen und institutionellen Kontinuität: an Menschen, die den kulturellen Ruf Berlins einst begründet, an Einrichtungen, die ihn repräsentiert hatten. Geblieben war nach dem Zusammenbruch des Dritten Reichs ein Kulturvakuum, erfüllt von den besten Vorsätzen und den höchsten Ansprüchen, doch leer, weil ohne Leistungsäquivalent. Max Frisch, der unbestechliche Beobachter und sanfte Kritiker, attestierte diesem Zustand «etwas Melancholisches, sogar etwas Gefährliches; wir werden stets versucht sein, daß wir schließlich das beste, was wir in unsren Tagen antreffen, bereits für das Gute halten» (ebd.: 217f).

So erschien es auch Erich Kästner. Aus dem uneingestandenen Mangel, aus der Künstlichkeit, mit der inmitten des «Treibhauses Berlin» (Kästner) die verdorrte Pflanze «Kultur» gefördert wurde, aus den allenthalben spürbaren Lebensproblemen, aus der politischen Grenzlage und dem sozialen Abgrund entstand eine Art Überkompensation der Existenznöte:

Die Temperatur (...) ist überhitzt. Und sie überhitzt alles: die Not, das Temperament, die Preise, den Ehrgeiz, die Moral und deren Gegenteil. Sie überhitzte, diese soziale Temperatur, auch die Wahrnehmung der eigenen Entwicklungsmöglichkeiten, der gesellschaftlichen und künstlerischen Kraftzentren und Energiequellen. Überhitzte sie in einer Weise, die auszustrahlen vermochte, die für sich einnahm, die affizierte, kurz: Wirkungen zeitigte, ohne Wirklichkeitsfundament. So nimmt es nicht wunder, daß mir ausländische Journalisten, die es wissen müßten, erklärten, Berlin sei zur Zeit nicht nur die interessanteste Stadt Europas, sondern der ganzen Welt (1966 a: 495).

Von solcher «Interessantheit» teilt der Blick auf die Berlin-Dichtung dieser Zeit etwas mit. Allein, daß die Stadt zum Gegenstand der Poesie werden kann, drückt ihre Attraktivität aus. Dem poetischen Material «Berlin» werden sowohl hoffnungsvolle wie verstörende Züge untermischt. Berlin – geschunden, gespalten, zerstört – erscheint als ein einziges trutziges Dennoch, beispielhaft wahrnehmbar in Ilse Langners Posatext *Mutter Berlin an ihre Töchter*:

Eine Riesin ist Berlin – mit zerbrochenen Gliedern, blutig geschrammter Haut –, mit herausgeschlagenen Zähnen und wüstem Schopf –, aber eine Riesin immer noch, die trotz Verwundung und Verkrüppelung ihre gewaltigen Glieder regt und ihre Kinder zu sich ruft –, die am Leben gebliebenen Töchter und Söhne, die der Tod nicht fraß, der Bombentod nicht und der Kampfestod nicht –, sie ruft sie schallend zu sich unter ihre steinernen Fittiche. Eine große Mutter ist Berlin, die uns mit Versprechungen tröstet und mit kleinen Freuden, die ersterbenden Hoffnungen aufmuntert, die uns die Zukunft wie ein Märchen erzählt, wenn wir am Abend todmüde in unsere kahlen Stuben einkehren und bei Sparlicht das karge Mahl verzehren – ja, sie tröstet uns mit gutem, kräftigem Zuspruch und stärkt uns den Glauben an unsere steinerne Heimat (1947: 18).

Die expressionistische Tradition, der diese anthropomorphe Stadt-Vision entstammt, ist eines ihrer Merkmale, die Matriarchalisierung von Hoffnung und Verklärung ein anderes. Beide Elemente finden sich auch in Günther Weisenborns *Berliner Totentanz*, entstanden im Sommer 1945, in dem die allegorischen Figuren des Soldaten, der Waschfrau, des Kindes, der Braut, des Arbeiters und des Gefangenen nacheinander dem Tod – ein «Herr von der Straße, im Haar den Strohkranz der Vernichtung» – anheimfallen. Allein der Mutter erweist der Tod zuletzt seine Reverenz, der Verkörperung einer Hoffnung für die Gattung Mensch, die – nach des Dichters Willen – leben soll nach so langer, so tiefer Erfahrung des Todes:

Tod: Und bittet eine Mutter sehr um ihr Kind,
so sei's, weil soviel Kinder verstorben sind.
Jede Mutter pflanzt sich fort wie ein Lied,
das von Mund zu Mund in Jahrhunderten zieht.
(1947: 125)

Schließlich Wolfgang Weyrauchs *Ode an Berlin*: eine poetische Miniatur aus Alltagsbildern und Traumgesichten, Realitätssegmenten und Naturmetaphern, Visionen und Impressionen, deren poetischer Überschwang sich durch eingearbeitete Berliner Lakonismen gleichsam selbst hintergeht und entschärft. Ein Emblem der Lebensvielfalt und der Lebensfreude, in dem Berlin als Botin eines künftigen Friedens figuriert:

> Süße Taube,
> Schwingst dich über uns, steigst, schwebst,
> Gleichnis des Kommenden, der Vielfalt
> in der Seligkeit des Unauflöslichen.
> (1947: 15)

Den Texten gemeinsam ist eine transitorische Struktur, die Kontinuität, nicht Bruch bedeutet. Hervorgegangen aus Nationalsozialismus, Krieg und Tod, verfaßt inmitten von Trümmern und Trauer, entwerfen sie das Bild einer offenen Zukunft, die ihre rückwärtsgewandte Verknüpfung mit traditionsreichen Topoi und Diskursen nirgendwo verleugnen kann. In ihnen verbindet sich Kritik an überkommenen männlichen Mustern destruktiver Geschichtsmächtigkeit mit den archaischen Mythen von Weiblichkeit, Mütterlichkeit und Fruchtbarkeit. Diese Verbindung setzt die Vision eines Lebens frei, das aus den Niederungen der Katastrophe heraus, geläutert, seinen besten Möglichkeiten sich entgegenträumen soll. Die Entgrenzung, das Schweben über den Niederungen der Zeit, repräsentiert symbolhaft das Medium, aus dem die Zukunft erstehen soll. Die Trümmerwüste Berlin bildet das allegorische Zentrum dieses Traums, seinen Brennpunkt, in dem die Ambivalenzen des Neubeginns sich bilden. Insoweit ist Berlin auch der exemplarische Ort Nachkriegsdeutschlands – atmosphärisch und kulturell, künstlerisch und intellektuell.

Deutsche Innerlichkeit

Vielleicht hat die kulturellen Ambivalenzen der Nachkriegszeit niemand schärfer diagnostiziert als der Remigrant Theodor W. Adorno. *Auferstehung der Kultur in Deutschland?* lautete der Titel eines Aufsatzes, den der soeben aus dem US-amerikanischen Exil zurückgekehrte Gelehrte im Mai 1950 in den *Frankfurter Heften* veröffentlichte. Das Fragezeichen, das Adorno zu diesem Titel setzte, gab der Erwartung ebenso Ausdruck wie dem Zweifel, der Hoffnung auf einen grundlegenden Neubeginn ebenso wie der Skepsis gegenüber dem Fortdauern fragwürdiger Traditionen.

Einerseits bemerkte Adorno anerkennend: «Die Beziehung zu geistigen Dingen, im allerweitesten Sinne verstanden, ist stark. Mir will sie größer erscheinen als in den Jahren vor der nationalsozialistischen Machtergreifung» (1950: 469). Andererseits kritisierte er scharfsichtig die kulturellen Kontinuitäten, die jene «Beziehung zu geistigen Dingen» untergründig konturierten: «Der Umgang mit Kultur im Nachkriegsdeutschland hat etwas von dem gefährlichen und zweideutigen Trost der Geborgenheit im Provinziellen» (ebd.: 471).

Adornos Diagnose der zeitgenössischen kulturellen Situation erweist ihre eigene Zeitgebundenheit wie ihre Bindung an die ihr zugrunde liegende ästhetische Theorie der Frankfurter Schule darin, daß ihr Autor die gleichzeitigen, gegenläufigen Kulturtendenzen eines sozialistisch-demokratischen Gesellschaftsentwurfs und einer ‹littérature engagée› nicht zur Kenntnis nimmt. Unterderhand aber wird damit zugleich deutlich, daß nach 1945 nicht in erster Linie die Autoren des *Ruf* und der Gruppe 47 oder gar die Exilliteratur und ihre Schreibtraditionen die publizistisch-literarischen Auseinandersetzungen bestimmten. Vielmehr dominierten, auch hinsichtlich der Werkvielfalt und der Auflagenhöhe, in der Nachkriegsdiskussion gerade jene Autoren, die an ästhetische Traditionen der Zeit vor 1933 anknüpften, um dem raschen Wandel der Zeit die vermeintliche Dauerhaftigkeit einer überzeitlich inaugurierten Dichtung entgegenzuhalten, Autoren der literarischen Inneren Emigration also wie Hans Carossa, Georg Britting, Stefan Andres, Ernst Penzoldt, Josef Weinheber, Werner Bergengruen, Ernst Wiechert oder Reinhold Schneider. Um sie, abermals, geht es im folgenden.

Wenn festgefügte Ordnungssysteme ihre Konturen und damit ihre Evidenz verlieren – so wurde in der Einleitung zu diesem Buch gesagt –, dann beginnt ein Wettlauf zwischen Neubesetzungsversuchen des geräumten Geländes. Das verhielt sich in der unmittelbaren Nachkriegszeit nicht anders als in der Situation offener Auseinandersetzungen während der zwanziger Jahre oder nach 1989. Unterscheidungen und Abgrenzungen werden vorgenommen, um eigenes Terrain zu gewinnen, zu befestigen und zu erweitern, verbunden mit dem Anspruch auf politisch-kulturelle Hegemonie. Dieser Anspruch war nach 1945 regressiv geprägt. Gottfried Benns Wahrnehmung von «Spannungen, Gangunterschieden, Interferenzen», seine Eloge auf die ambivalente Gleichzeitigkeit differenter Formen kultureller Intensitäten und Beschleunigungen, «aus der Zentauren oder Amphibien geboren werden» – sie wurde rasch überlagert durch einen Diskurs, der inmitten von Zerstörung, Trümmern, Auflösungstendenzen Halt suchte in einer traditionalistischen Ästhetik. Dieser Diskurs hat die literarische Wirklichkeit der unmittelbaren Nachkriegszeit nachhaltig bestimmt, im Osten Deutschlands als doktrinäre Fortführung und Entfaltung des «Sozialistischen Realismus», im Westen, im Werk der genannten und anderer konservativer Autoren, in Form einer scharfen Dichotomie. Hier ging es um die Behauptung einer Kunst-Autonomie, die sich als kultureller Hegemonieanspruch von religiösen Dimensionen darstellte.

Es handele sich, so formulierte beispielsweise Ernst Wiechert 1949 in seiner Autobiographie *Jahre und Zeiten*, um die «große Entscheidung», ob «die Kunst, und nicht allein die Dichtung, sich zur nackten Realität wenden wird oder ob das Unbegreifliche noch in ihrer Hand bewahrt werden wird» (1949: 419). Der Gegensatz, den Wiechert auf diese Weise zwischen Wirklichkeit und Kunstsphäre konstruierte, darf als fester Topos innerhalb der traditionalistischen Konzeptionen der Nachkriegsjahre gelten. So wie Wiechert Naturinnigkeit als dichterisches Substrat gegenüber der Gesellschaft behauptet, so wie er das Herz dem Hirn, das Einfältige dem Zwiespältigen, das Magische dem Intellekt gegenüber hervorhebt (ebd.: 373 ff), so bestehen auch Autoren wie Hans Carossa und Friedrich Georg Jünger, Georg Britting und Rudolf Alexander Schröder, Albrecht Goes und Werner Bergengruen auf dem Selbst-Bild eines «poeta creator»

(Bergengruen 1949 b: 7 ff), eines poetischen Welten-Entwerfers, jenseits aller Gesellschaftlichkeit. *Im Anfang war das Wort*, lautet der programmatische Titel einer Rede Werner Bergengruens im Jahre 1947. Das Programm, das hier vor den Mitgliedern des Börsenvereins für den deutschen Buchhandel verkündet wurde, pochte mit kulturidealistischer Emphase darauf, «Wort und Geist in ihre alte Würde bringen zu helfen» (1948: 16) und «Dienst am Wort, Dienst am Geist und seiner Reinigung, Dienst am fruchtbringenden Leben, Dienst am Menschenbilde» (ebd.: 17) zu leisten. Wirklichkeitsabkehr als Erfahrungszuwachs – dies sei, betonte auch Albrecht Goes 1946, notwendiges Erfordernis der Zeit: «Es ist nicht anders: auf dem Asphalt gedeihen Parolen und Stimmungen, verwegen und flüchtig beide, Erkenntnisse aber und Erfahrungen, die wachsen dort, wo man Boden unter den Füßen hat, Erde, die bis zu den Wurzeln geht. Der Geist der Städte ist hurtig und kalt, der Geist der Gärten ist milde und geduldig, wir brauchen die Milde und die Geduld» (1949: 150).

Die Übernahme des nationalsozialistischen Begriffs «Asphaltliteratur» macht ebenso wie die organologische Metaphorik deutlich, daß die traditionalistischen Autoren der Inneren Emigration nach 1945 den Nationalsozialismus keineswegs konsequent hinter sich gelassen haben. Hatten sie ihm zum Teil schon vor 1933 nahegestanden – erinnert sei an das Beispiel Ernst Wiechert –, so zeugen die Formen des Nachdenkens über das Dritte Reich von einem Fortdauern national-konservativ geprägter Denkmuster und Geschichtsdeutungen. Dies gilt vor allem für die Denkfiguren, in denen das Dritte Reich und die unmittelbare Nachkriegszeit gefaßt werden. Hans Carossas Autobiographie *Ungleiche Welten* setzt so ein: «Wie oft in den zwölf Jahren, da sich das deutsche Verhängnis erfüllte, konnte man befreundete Menschen sagen hören: Wäre ich doch nicht in diese Zeit hineingeboren! Oder: Dürfte ich nur in einem anderen Lande leben!» (1951: 7).

Die Auffassung vom Dritten Reich als einem «deutschen Verhängnis» ebenso wie das Gefühl subjektiver Handlungsunfähigkeit entsteht nicht erst nach 1945, sondern läßt sich – wie gezeigt – in Jochen Kleppers und Oskar Loerkes Tagebüchern oder in den Aufzeichnungen Friedrich Reck-Malleczewens und Emil Barths als verbreiteter Ausdruck real erfahrener Ohnmacht und politischer Desorientierung unter der NS-Herrschaft begreifen. Nach 1945 aber – angesichts einer Kapitulation, die als Niederlage, einer Zerstörung, die als Katastrophe, einer Befreiung, die als Untergang wahrgenommen wird – erscheint die Figur des «deutschen Verhängnisses» als reine Apologie. Sie beruft sich auf Unergründlichkeit und Unbegründbarkeit einer historischen Entwicklung, an der sie selber Anteil hatte, und sie filtert aus den je eigenen «Verstrickungen» in die deutsche Geschichte den individuellen Gewinn einer Persönlichkeitsreifung:

> Ich nahm mir vor, das Verhängte auf mich zu nehmen und, Soldat geworden, mir jeden Versuch zu versagen, die sich bietenden Wege des Schicksals durch eigene Winkelzüge zu kreuzen. Es möchte fast scheinen, als ob das Schicksal diese ‹Toleranz› mir mit seltenem Entgegenkommen zu danken suchte. Es ersparte mir vieles, das vielen nicht erspart blieb. Ja, es schenkte demjenigen, der nun außen und innen für die Kriegszeit (und vielleicht für immer) der Dichtung entsagen sollte, die Bestätigung seiner selbst (Hagelstange 1953: 224f).

In der Hinnahme, ja Annahme des historischen Geschehens, wie sie dieser ‹Blick zurück› Rudolf Hagelstanges ausdrückt, läßt sich das Bemühen um eine Sinngebung *ex post* identifizieren. Die schicksalhaft «verhängten» Vorgänge im Dritten Reich und im Weltkrieg bedürfen, um überhaupt verarbeitet werden zu können, der Auffüllung mit Interpretamenten aus dem Arsenal deutscher Innerlichkeit, bedürfen einer rechtfertigenden Ausfüllung durch eine Individualität, die sich ihrer Korrespondenz wie ihrer Gegenläufigkeit zu den Tendenzen der Zeit gleichermaßen versichern muß, um vor sich selber und der Nachkriegszeit bestehen zu können.

In diesem Sinn ist auch eine Erklärungs- und Rechtfertigungsschrift der katholischen Dichterin Gertrud von Le Fort aus dem Jahre 1949 zu verstehen, die den programmatischen Titel *Unser Weg durch die Nacht* trägt und sich im Untertitel («Worte an meine Schweizer Freunde») bereits in ihrer vermittelnden Funktion zu erkennen gibt. Auch hier die «Anerkennung der metaphysischen Macht des Bösen», die Berufung auf das «Wesen des Dämonischen» (1949: 10), auch hier die Einsicht in den Erfahrungsgewinn, den der Handlungsverlust bedeutet hatte: «Gerade die Ungeheuerlichkeit der Nacht, das Erlebnis der furchtbaren Verführbarkeit des Menschen stellte zuletzt die Voraussetzung dar für eine ganz neue Erfahrung des Lichts!» (ebd.: 11).

Die tiefempfundene katholische Religiosität der Gertrud von Le Fort, die in ihren im Dritten Reich erschienenen Werken ebenso wahrnehmbar ist wie in dieser autobiographischen Schrift aus der Nachkriegszeit, bietet indes nur eine besonders akzentuierte Ausprägung eines weithin unbegriffenen Denkmusters der Jahre nach 1945. Unbegriffene Geschichte, Sinngebung *ex post* und apologetischer Gestus bilden die Faktoren, in deren Zusammenspiel dieses Muster funktioniert. Aus ihm gehen jene Formen der Vergangenheitsbewältigung hervor, die ein Fortleben in einer erschütterten Dichterexistenz allererst ermöglichen: die Selbsttröstung über die erlittenen Schrecken der jüngsten Vergangenheit, das Arrangement mit den vermeintlichen Erniedrigungen einer schuldbeladenen Gegenwart, die Zukunftsgewißheit aus der Gnadenhoffnung. Gertrud von Le Fort resümiert ihre Erinnerungen an die Zeit des Dritten Reichs mit den Worten: «Wie in allen Untergängen so bleibt auch im Untergang des menschlichen Bildes nichts anderes übrig als die Gewißheit der nie untergehenden göttlichen Liebe» (ebd.: 16).

Man muß sich diese Formen der Auseinandersetzung mit der NS-Herschaft deutlich vor Augen halten, wenn man die Dichotomie von Kunst und Leben, wie Ernst Wiechert und andere sie nach 1945 postulierten, in ihrem Entstehungs- und Wirkungszusammenhang verstehen will. Die Erfahrungen mit dem Faschismus und seinen Folgen – der Ausgriff der Politik auf die Dichter und ihre Werke, die Indienstnahme der Literatur, die Ausgrenzung der Unbotmäßigen und die Förderung der Anpassungswilligen, die sich ihrerseits nach 1945 zumindest zeitwillig ausgegrenzt sahen – erweisen nach Kriegsende ihre poetologische Mächtigkeit, weil sie in eine Konstellation mit den besonderen Formen christlich-konservativer Geschichtsdeutung eintreten. Da die Epoche des Faschismus metaphorisch als «Verhängnis» erscheint, da dem Krieg und der Kapitulation nur unter der Dimension des Leidens, des Opfers, der Tragik Sinn abzugewinnen ist, da schließlich die real erfahrene Ohnmacht der Subjekte nur den Rückschluß auf eine prinzipielle Handlungsunfähigkeit des Menschen zu erlauben scheint, finden die konservativen und christlichen Schriftsteller ihre Zuflucht in der Obhut transzendenter Mächte ebenso wie in der Nestwärme der Tradition. Gerade die überlieferten Werte, Denkweisen und Formtraditionen schienen sich nach 1945 als Koordinaten der Orientierung anzubieten, da sie durch den Faschismus entweder mißbraucht oder aber diffamiert worden waren. Inmitten von Trümmern sollten sie die Säulen bilden, an denen das zusammengebrochene Bauwerk bürgerlicher Kultur aufs neue errichtet werden könnte. Den Werkstoff aber hatte die unnachgiebige Konzentration auf den Eigenwert des Geistes zu geben, die Abtrennung der Kunst vom Leben, die Poetik einer ‹reinen› Dichtung.

An den Argumentationen Ernst Wiecherts läßt sich dieser Begründungszusammenhang exemplarisch studieren. Wiechert konstruiert zwischen Intellektualität und Vor-Bewußtheit eine Antithese, die er durch Rationalismus und Aufklärung in die Welt getragen sieht. In der Abwendung von der «ratio», in der Hinwendung zum «Magischen» erblickt Wiechert die letzte Möglichkeit zur Einkehr – bevor «das Abendland untergeht» (1949: 412):

Alle Seher und Deuter der Zeit und der Geschichte haben zu erkennen vermeint, daß der abendländische Mensch seit zweihundert Jahren in die verhängnisvollste Sünde gefallen ist, in die des Intellekts. Des Intellekts, der aus der mittelalterlichen und der Urzeitgnade hinausgetreten ist, um zu sein wie Gott. Der den magischen Boden verlassen hat, in dem die Primitiven ruhen, die östlichen Völker, in dem noch der russische Bauer ruht. Der die *ratio* auf den Thron gesetzt hat, der im Bewußten lebt und nur im Bewußten, und für den das Unbewußte eine Torheit und ein Ärgernis ist. Aber es ist mir gewiß, daß diese als die Letzten übrigbleiben, die ‹Unbewußten›, wenn der Purpurmantel der Klugen, der Wissenden als ein zerschlissenes Gewebe von ihren Schultern fallen wird. Daß die Seher übrig bleiben werden, die wahren Künstler, die wahren Gläubigen und die Kinder. Diejenigen, die ihre Werke aus dem dunklen Grunde heben werden, in die keine Klugheit hinabreicht, keine mathematische oder chemische Formel, keine Erkenntnistheorie, keine menschlichen Fragebogen (ebd.: 411 f).

Die scharfe Antithetik Wiecherts ist kennzeichnend für die Argumentationsweise insbesondere konservativer Schriftsteller während der Nachkriegszeit. Hatten sozialistisch sich verstehende Autoren wie Alfred Kantorowicz, Günter Weisenborn und Alexander Abusch in den ersten Nachkriegsjahren noch die Gemeinsamkeiten mit den Inneren Emigranten hervorgehoben, die durch die Erfahrungen mit dem Faschismus und die Opposition, von Innen wie von Außen, bestimmt seien, so herrschte im Gegensatz hierzu bei den Traditionalisten von Anbeginn ein Abgrenzungsgestus vor. Nicht nur versuchten die Angehörigen der Inneren Emigration – exemplarisch in der berühmten Polemik Frank Thieß' gegen Thomas Mann (vgl. Grosser 1963) – ihre Position gegenüber den Exilschriftstellern als die des «besseren» Deutschland zu behaupten, sondern sie setzten auch den Kulturkampf der Weimarer Republik mit anderen Mitteln fort. Ernst Wiechert gab gerade jenen, die der Faschismus vertrieben hatte, den Intellektuellen und Literaten der Weimarer Zeit, Schuld an dessen Sieg im Jahre 1933: «Eine ganze Literatur, ja eine ganze Kunst hatte das große Nein gesprochen und hatte vergessen, das wenn auch noch so kleine Ja hinzuzufügen. Und in diese kleine, verhängnisvolle Lücke des Grabes war das deutsche Volk, ja wahrscheinlich das Abendland gestolpert» (1949: 399). Ein Freispruch in eigener Sache.

Die Abwehr der politischen, poetischen und persönlichen Leistung von Exil-Autoren verband sich in der Nachkriegsdiskussion mit der politischen Schuldzuweisung an Heraufkunft und Sieg des Faschismus zu einem säkularen kulturellen Hegemonieanspruch der traditionalistischen Schriftsteller. Dessen Schroffheit wurde durch zwei weitere Faktoren mitverursacht: einerseits durch die Tatsache, daß Autoren der «jungen Generation», die – wie etwa Wolfgang Borchert – zunehmend an Bedeutung gewannen, offenbar an die verfemten Traditionen der Weimarer Republik politisch und poetologisch anknüpften; andererseits dadurch, daß auch Innere Emigranten wie Elisabeth Langgässer sich nicht scheuten, nach 1945 das Versagen gerade der konservativen Autoren im Dritten Reich einer pointierten und scharfsinnigen Kritik zu unterziehen. Elisabeth Langgässer hatte 1947 in ihren Gedanken über *Schriftsteller unter der Hitler-Diktatur* nicht nur die «Unterscheidung in Dichter der inneren und der äußeren Emigration» (1947: 37) für absurd erklärt, indem sie das Primat der Sprache zum ausschließlichen, verbindenden und ästhetisch entscheidenden Kriterium erhob. Sie war darüber hinaus gerade mit jenem ästhetischen Traditionalismus scharf ins Gericht gegangen, den Ernst Wiechert und andere Autoren in ihren poetologischen Überlegungen propagierten:

> Noch glaubt man vielerorts, eine Sprache und Ausdrucksweise ungeprüft übernehmen zu können, die einmal in den Händen von entsetzlichen Verbrechern und fürchterlichen Dummköpfen der Vernichtung und dem Untergang unseres Kontinents gedient haben (...). Man glaube doch nicht, daß man neuen Wein in alte Schläuche füllen kann – weder in die von 1933 noch in die von 1923! Vor allem aber gönne man der Sprache eine Zeit der Ruhe und des Schweigens (ebd.: 41).

Mit ihrer Kritik am Traditionalismus stand Elisabeth Langgässer keineswegs allein. Sie traf sich hierin mit einer Autorin wie Marie Luise Kaschnitz, die – beispielsweise in ihrem 1947 erschienenen Gedichtband *Totentanz und andere Gedichte zur Zeit* – in einer kritischen Wendung gegen alle Verdrängungsprozesse und apologetischen Gesten sich den Fragen der Nachkriegszeit zuwandte, ohne den Habitus eines absichernden Suchens nach religiöser oder mythisch–schicksalhafter Gesetzlichkeit. In den frühen Gedichten von Marie Luise Kaschnitz findet sich ein Ton der Beunruhigung, der Selbstkritik, des Arbeitens an der deutschen Gegenwart, dessen Voraussetzung eine entschiedene Wirklichkeitszukehr bildet, auch wenn die Abkehr von tradierten Formen und Sprechweisen der Lyrik nicht immer gewahrt ist (vgl. Schnell 1984). Und eine ebenso entschiedene Wirklichkeitszukehr findet sich nach 1945 im Werk einer anderen Schriftstellerin, die im Dritten Reich zu schreiben begonnen hatte: Luise Rinser. Nach dem Erscheinen ihres ersten Werks, *Die gläsernen Ringe* (1941), war sie mit Schreibverbot belegt und aufgrund einer Denunziation 1944 wegen «Hochverrats» eingesperrt worden (*Gefängnistagebuch*, 1946). Die Erfahrungen aus der Zeit des Faschismus und den Nachkriegsjahren bestimmen Thematik und Motivik ihres Schreibens bis in die fünfziger Jahre hinein. Ohne einer Harmonisierung in ideologischer Absicht zu verfallen, ist die antithetische Struktur ihrer frühen Werke (*Die Stärkeren*, 1948; *Mitte des Lebens*, 1950) auf eine Versöhnung des Widersprüchlichen angelegt, die in den fünfziger Jahren zunehmend religiös motiviert wird.

Doch distanzierte oder gar kritische Stimmen blieben die Ausnahmen im Nachkriegschor der einstigen Inneren Emigranten. Diese konnten sich vielmehr in ihren Auffassungen durch eine Reihe von Faktoren bestätigt sehen, die den restaurativen Tendenzen der Nachkriegszeit Vorschub leisteten: die verbreitete Forderung nach einer Autonomie des Geistes, die in vielfältigen Autorenzirkeln und Lesergemeinden mit Beifall aufgenommen und weitergetragen wurde; die «Anziehungskraft der religiös-ethischen Kulturpolitik der SPD» (Peitsch 1982: 187), die zum Parteieintritt Rudolf Hagelstanges und Manfred Hausmanns und zu einem entsprechenden kulturpolitischen Engagement führte; nicht zuletzt Argumentationen wie die Alfred Döblins, der, als amerikanischer Besatzungsoffizier nach Deutschland zurückgekehrt, in seiner programmatischen Schrift *Die literarische Situation* 1947 einer neuen Innerlichkeit das Wort geredet hatte: «Auch die Kunst verändert ihr Gesicht. Sie wird dringender, innerlicher und herzlicher» (1947: 62).

Ein solches Postulat korrespondierte den ethischen und religiösen Lebensmaximen der traditionalistischen Autoren. Auf den «Weg nach Innen» verwies etwa Edzard Schaper seine Leser mit der Frage, «wie es noch zu leben möglich sei». Diese Frage habe «der Mensch auch und vor allem gegenüber sich selbst zu beantworten (...), gegenüber dem eigenen Ich und seiner schwankenden Überzeugung vom Wert des Daseins unter schweren Belastungen, gegenüber dem eigenen, nicht unerschüttert gebliebenen Lebensmut, der eigenen Hoffnung, die häufig enttäuscht worden ist, dem eigenen Selbsterhaltungstrieb, der so leicht gebrochen werden kann» (Schaper 1952: 118 f).

In vergleichbarer Weise orientierte Gertrud von Le Fort in ihrer Antwort auf eine amerikanische Presseumfrage nach Möglichkeiten der Friedensförderung ihre Leser auf Werte der Innerlichkeit, in der Überzeugung, «daß alles äußere Geschehen nur das Zutagetreten eines inneren» sei:

Wie jeder Quell, der unsere Fluten tränkt, aus den Tiefen der Erde strömt, wie das keimende Leben im Mutterschoß wächst, so ruht das Gesetz des Friedens in unserer Seele: in der heutigen Friedlosigkeit der Völker offenbart sich im Grunde der friedlose Zustand der einzelnen Herzen; nur

von innen her kann die Friedlosigkeit der Welt überwunden werden
(1951 : 125).

Diese ideologische Überantwortung der historischen Dimensionen
von Faschismus, Weltkrieg und Kaltem Krieg, von Kapitulation und
Trümmerrealität an Instanzen einer religiös verstandenen Innerlichkeit findet ihr Korrelat in der Dichtung der Nachkriegszeit. In ihr
feiert sich ein *mixtum compositum* aus Subjektivität und Religiosität,
Geistesaristokratie und Naturinnigkeit, das, fern der kruden Alltagsrealität, dieser den Prozeß macht, um die eigene Rückzugsposition zu
verklären. Exemplarisch tritt dieser Gestus in Rudolf Hagelstanges
berühmt gewordenem Zyklus *Venezianisches Credo* auf. Bereits im
Juni und Juli 1944 in Venedig entstanden, im April 1945 erstmals
veröffentlicht und in den folgenden Jahren als beispielhaft poetische
Einkehr immer wieder aufgelegt, formuliert es in der durchgängigen
Form des Sonetts eine Dichotomie von Dichter und Menge, geistiger
Einsamkeit und massenhafter Betriebsamkeit, deren Schuldzuwei-
sungen ebenso deutlich sind wie ihr ethisches Plädoyer:

Ihr aber dient der Gunst des Augenblickes,
ereifert Euch in täglichen Geschäften,
um Nutzen und Gewinn ans Werk zu heften,
und geht verlustig jenes tiefen Glückes,

ein Mensch zu sein. Ihr laßt Euch dingen
wie Knechte, um ein ausgeraubtes Leben
mühsam zu fristen und es aufzuheben.
Wofür? Was kann dies Los denn bringen?

Ihr seid wie Fische, die in großen Kästen
gefangen noch das freie Wasser spüren,
und sind versprochen schon dem ersten besten,

der sie begehrt. Die Freiheit zu verlieren,
heißt für den Falken, eines Himmels Weite
hingeben für das Brot der Meute.
(1954 : 32)

Hagelstanges Sonetten-Zyklus bietet reine Gedankenlyrik. In ihr steht ein abstrakter Freiheitsbegriff einer ebenso abstrakten Vorstellung von «Masse» gegenüber. Ihre Allegorien und Bilder fassen in sich den Gedanken einer überzeitlichen Ich-Ursprünglichkeit und Gottnähe, der sich selber als Reflex auf das «Chaos» gegenwärtiger Zeitlichkeit versteht. Deshalb gilt dem Autor das Sonett nicht als äußerliche, sondern als die das inwendig Gedachte angemessen bannende Form. In einem späteren Kommentar schreibt Hagelstange zu seinen Gedichten: «Ihr Thema war die Überwindung des zeitlichen Chaos durch Besinnung auf über- und außerzeitliche Kräfte des Menschen, und die Sonette boten sich an wie Quader, mit denen man bauen konnte. In ihrer strengen Form, so scheint mir, manifestiert sich schon äußerlich der Unwille gegen das Formlose, der Wille zu neuem Gesetz» (1961: 38).

Mit dieser Funktionszuweisung befindet sich Hagelstanges lyrische Produktion in Einklang mit Dichtung und Selbstverständnis anderer traditionalistischer Autoren. Religiöse Dichtung und Naturlyrik bilden deren bevorzugte Ausdrucksformen, Einkehr, Demut und christliches Schuldbekenntnis die Verhaltensmuster der geforderten Gegenwartsbewältigung. In Rudolf Alexander Schröders Zyklus *Der Mann und das Jahr* lautet die letzte Strophe:

> Und plagt uns nach dem Scheine
> Gott über die Geduld:
> Die gut Gab bleib seine,
> Und unser bleibt die Schuld.
> Laßt Eure Treu nicht wanken,
> Lernt still sein: Er gebeut's,
> Und heftet die Gedanken
> Fest an sein Kreuz.
> (1945: 20)

Auch Georg Britting, der als Naturlyriker unterm Nationalsozialismus als «unerwünschter» Autor galt, bekräftigte seine konsequent durchgehaltene Naturzukehr nach 1945 dadurch, daß er die «irdische» Welt aller Gesellschaftlichkeit entkleidete, um sie in ihrer Naturhaftigkeit als «Abspiegelung» einer «göttlichen» zu deuten:

Wessen der andre auch ist,
der ewige,
göttlich und engelumflügelt,
droben, der glänzende,
den das Herz nur zu ahnen vermag –
abgespiegelt hier unten
auch glänzt er, der unsre,
mit Bäumen und Wind und dem lärmenden Schlag
des unbehausten, flüchtigen Kuckucks,
der untre,
der irdische Tag.
(1948:5)

Das Bild des Dichters

Vor dem Hintergrund solcher Rückbesinnungen und Rückwendungen auf Positionen der Innerlichkeit, die dem einzelnen zugleich ein hohes Maß an Heroismus und Religiosität abverlangten, gewannen die Schreibstrategien nach 1945 ihr Profil. 1947 erklärt Manfred Hausmann: «Es kommt heute nicht darauf an, Kunst im strengen Sinne zu schaffen, sondern den verstörten und zerstörten Menschen dazu zu bringen, sich des göttlichen Ursprungs der ganzen Schöpfung und seiner selbst zu erinnern» (1947:26). Das Bild des Dichters, der solcher Kunst Ausdruck zu geben hätte, nimmt deshalb in der Nachkriegsdiskussion breiten Raum ein (vgl. Kretschmer 1979: 207 ff).

Eine exemplarische Skizze fertigte 1947 auch Rudolf Alexander Schröder – seinerseits aus berufenem Munde, von Ernst Robert Curtius nämlich, als «Wahrer und Mehrer deutschen Geistesbesitzes in ethisch-religiöser Tradition gewürdigt» (Schröder 1947: 863) – in einer Rede vor einem Kreis junger Dichter im Jahre 1947 an: «Das innerste Wesen aller Kunst ist Trost über die Vergänglichkeit des Daseins» (ebd.: 871), lautet einer der Kernsätze in Schröders poetologischem Programm, ein anderer: «Sein und Ziel (...) aller Kunst ist Erhebung aus dem Vergänglichen, ist Rettung des Vergänglichen ins Unvergängliche, ins Bleibende» (ebd.: 872).

Enthistorisierung und Gesellschaftsferne, christliche Religiosität und Kulturidealismus lassen sich als Voraussetzungen dieser Poetik bestimmen, Trostgebung und Verewigung des Daseins als Aufgabenstellung und Zielsetzung, die sie der Kunst und insbesondere der Dichtung zumißt. Damit steht Schröders Auffassung vom Beruf des *Dichters in der Zeit* in engem Zusammenhang mit den Überlegungen der anderen schon genannten Autoren. Gemeinsam ist ihnen eine weitere Präferenz: Sie sind – wie Schröder auch – orientiert an einem Klassik-Ideal, dessen organisierendes Zentrum Goethe bildet.

Mit Goethe sucht sich diese Poetik nicht allein Vorbild und Autorität zu sichern, sondern sie entnimmt, mit eklektischem Zugriff, Goethes Werk jene Elemente, die dem eigenen Weltbild Ausdruck zu geben scheinen: Trost, Beständigkeit, Verewigung. Dies gilt für Rudolf Alexander Schröder nicht weniger als für Albrecht Goes (vgl. 1953: 15–39) oder Werner Bergengruen, der seine *Rede über Goethe* 1949 mit der Conclusio rundet:

Denn alles Drängen, alles Ringen
ist ewige Ruh in Gott dem Herrn.
(1949 a: 24)

Auch Hans Carossa, dessen Rede *Wirkungen Goethes in der Gegenwart* aus dem Jahr 1938 sich unproblematisch ins politisch-pädagogische Konzept der Nationalsozialisten eingefügt hatte (vgl. Schnell 1976: 65 ff), greift in seinen Lebenserinnerungen verschiedentlich verklärend auf Goethe zurück: «Der herrliche, vollrauschende Baum Goethe. Ein Glück, daß die Wurzeln ins Unendliche reichen: hier ein Zweig, dort ein Ästchen mit welker Belaubung mag abbrechbar sein, in der tieferen Schicht aber, wo jenes Astrale beginnt, steht er unter himmlischem Schutz, unverwundbar für Säge und Beil» (1951: 86).

Diese Traditionssicherung gab dem Bemühen Ausdruck, Rolle und Funktion des Dichters selber dem Streit der Zeit zu entziehen, indem man ihn im Idealbild Goethe erhöhte. Versehen mit der Kraft zur «Wesensschau» des Lebens, getragen von dem unbeirrbaren Drang zur Verinnerlichung, konnte die Dichtung, wie Schröders, Bergengruens und Carossas Reflexionen bezeugen, der Religion an die Seite treten. Derart erhoben, bot sie Erlösung – in der Versenkung ins Überzeitliche wie in der Abkehr vom alltäglichen Leidensdruck – und schien auf diese Weise ihrer eigentlichen Aufgabe nach den Jahren politischer Indienstnahme allererst wieder nahezukommen. Gertrud von Le Fort hat diesen religiösen Begründungszusammenhang in ihrem poetologischen Credo mit den Worten ausgedrückt:

> Denn wie nichts so verräterisch die weithin reichende, schreckliche Entchristlichung und tiefe Unerlöstheit der Gegenwart bezeugt als ihre unselige Neigung zu moralischen Verdammungen, ebenso unerschütterlich bleibt echte Poesie die große Liebende der Schuldigen und Verlorenen. Auch im grenzenlosen Dunkel unserer eigenen Tage bekennt das Urgesetz der Poesie die adventliche Menschenseele: die anima christiana naturaliter ist es, aus der jede echte Dichtung strömt (1951: 26).

Die soziale Funktion einer solchen Poetik der Innerlichkeit und Überzeitlichkeit läßt sich von ihren ästhetischen Ansprüchen nicht trennen. Bezogen auf die vielfältigen Nachkriegsdiskussionen über deutsche Kollektivschuld und deutschen Nationalcharakter, kam ihr in den Jahren nach 1945 vor allem Entlastungsfunktion zu. Zwar thematisieren die genannten Autoren Drittes Reich, Krieg und Nachkrieg. Aber sie verdrängen den Problemkomplex Faschismus gleichwohl, weil sie dessen ideologischen und sozial-psychologischen Anteil bei sich selber und in ihrem Werk nicht aufarbeiten. Vielmehr lösen sie das Phänomen Faschismus in Schicksalskategorien auf. Interpretation ist ihr Verfahren, Selbstbestätigung und -begründung eines erschütterten Bildungsbürgertums ihre Aufgabe, die Rückgewinnung «bewahrender» Traditionsbezüge ihr Ziel. Dieses Ziel ließ sich in dem Maß ästhetisch konkretisieren, in dem die politisch-sozialen Determinanten restaurative Züge annahmen, also spätestens seit der Währungsreform 1948. Hieraus erklärt sich die eminente Bedeutung der ästhetischen Tradionalisten für die Kanonbildung im Deutschunterricht der fünfziger Jahre: Sie schienen, in Person *und* Werk, Antifaschismus und Antikommunismus gleichermaßen zu repräsentieren und boten zudem mit ihrer Dichotomie von Kunst und Leben die Gewähr für eine ‹reine› Poetik, die in ihrer Realitätsabkehr und Politikferne der Entwicklung der Germanistik in der Ära Adenauer korrespondierte.

An der gegenläufigen Entwicklung eines einstigen Inneren Emigranten, eines gleichfalls christlichen Autors und idealistisch geprägten Geschichtsdeuters, an Reinhold Schneider läßt sich die Tendenz der Nachkriegsliteratur *ex negativo* verdeutlichen. Schneider wurde für den politischen Katholizismus zur *persona non grata*, als er, der vermeintlich unpolitische, zutiefst religiöse Autor eben aus seiner Religiosität heraus sein Engagement gegen die atomare Aufrüstung begründete und öffentlich vortrug. Der Kodex, gegen den Schneider mit seinem Engagement verstoßen hatte, verlangte nach Politikferne. Diesem Kodex lag die Erfahrung der Inneren Emigration zugrunde, daß «Politik die Sabotage der Kunst» (Benn 1977: 101) sei.

Erst als mit den Romanen Heinrich Bölls, Martin Walsers und Günter Grass' eine ernstzunehmende Vergangenheitsaufarbeitung und Gegenwartszukehr vorlag und mit der Aufnahme und Fortführung der ästhetischen Moderne durch Wolfgang Koeppen und Arno Schmidt eine künstlerische Innovation von Weltrang, erst Ende der fünfziger Jahre also verloren die traditionalistischen Autoren an Bedeutung. Da ihre Wirklichkeitswahrnehmung von der gesellschaftlichen Restauration ablenkte, die sie zugleich förderte, mußte ihr Werk in dem Maß veralten, in dem die bundesrepublikanische Wirklichkeit selber neuer, literarisch produktiver Antworten bedurfte. Gottfried Benn konnte zum «Phänotyp dieser Stunde» (Dieter Wellershoff) werden, weil seine Antwort ebenso sperrig wie artistisch in die Realität der «Wirtschaftswunder»-Welt ragte. Der «Trost der Geborgenheit im Provinziellen», von dem Adorno bei seiner Rückkehr nach Deutschland sprach, hatte sich schon Ende der fünfziger, vollends aber im Übergang zum Modernisierungsschub der sechziger Jahre als dysfunktionaler Bestandteil restaurativer Ideologie erwiesen – Ende einer unabschließbaren Epoche.

Anmerkungen

1 In vergleichbarer Weise kommt aufgrund der historischen Tatsache, daß Völkermord im 20. Jahrhundert auch von anderen Nationen oder Tätergruppen begangen worden ist (Stalinismus, japanischer Imperialismus, chinesische Kulturrevolution, Pol-Pot-Regime), der Politikwissenschaftler Manfred Hennigsen zu der Auffassung, «daß der Holocaust den Blick auf die Normalität des Demozids verstellt hat» (1997: 116). Diese These scheint mir im Blick auf das von Hennigsen ausgebreitete Material nur dann historisch stichhaltig, wenn der «Blick auf die Normalität des Demozids» nicht seinerseits dazu beiträgt, die Augen vor den spezifisch deutschen Voraussetzungen und Anteilen am Holocaust zu verschließen. Hennigsen hingegen zieht aus dem Vergleich von Goldhagens Studie mit anderen Feldforschungen zum Demozid im 20. Jahrhundert die Konsequenz, es sei damit «die These von der völkermörderischen Einzigartigkeit des jüdischen Holocaust endgültig ad absurdum geführt» (ebd.: 105). Wäre es so, dann löste sich alle geschichtliche Spezifik in eine Horrorvision gleichartiger Demozid-Szenarios auf, die mit politischen und historischen Kategorien nicht mehr bearbeitbar wäre.

2 Die von Martin Jürgens – dessen Argumentation ich im übrigen folge – im Hinblick auf den CDU-Staat vorgenommene Aktualisierung erscheint mir problematisch, da sie keine hinreichende Differenzierung zwischen Konservatismus und Faschismus erlaubt (vgl. Jürgens 1970: 119–139).

3 «Dans la mesure où le fascisme tient à une source philosophique, ce n'est pas à Nietzsche, mais à Hegel qu'il se rattache» (Bataille 1970: 454). – Vgl. hierzu auch das Nachwort von Rita Bischof, *Über den Gesichtspunkt, von dem aus gedacht wird* (Bataille 1978: 87 ff).

4 Vor diesem Hintergrund scheint mir der Vorschlag von Norbert Hopster problematisch – entwickelt unter anderem in kritischer Auseinandersetzung mit den von mir vorgetragenen Überlegungen (Schnell 1978) –, anstelle des als «metaphorisch» kritisierten Terminus «Gesamtkunstwerk» den Begriff einer nationalsozialistisch erstrebten und durchgesetzten «Ganzheitlichkeit» einzusetzen. Problematisch deshalb, weil dieser Begriff von den Nationalsozialisten selber im Zusammenhang ideologischer Strategieentwürfe benutzt wurde. Hopster weist darauf hin, «daß sich die nationalsozialistische Kunstideologie selbst von diesem Ganzheitlichkeits-Paradigma erklärt, also nicht ästhetisch oder kunstgeschichtlich» (1994: 247). Das heißt aber doch: Die Nutzung dieses «Paradigmas» durch die NS-Ideologen besaß vorwiegend propagandistische Funktion, wie etwa die Verwendung des Begriffs «Volksge-

meinschaft» auch, so daß seine analytische Qualität eher fragwürdig erscheint. Zudem läßt sich gegen die Verwendung des Begriffs «Gesamtkunstwerk» dessen metaphorische Qualität kaum ins Feld führen, will man nicht ganze Traditionsbestände geistes- und sozialwissenschaftlicher Begriffsbildungen aufkündigen, die mit guten Gründen metaphorisch inspiriert sind. Auch wenn der Begriff «Gesamtkunstwerk» als eine «bloße Metapher» (ebd.: 246) erscheint, als ein Bild also, dem man mit Ludwig Wittgenstein «verschwommene Ränder» zuschreiben könnte, ist damit über die atmosphärische Prägnanz dieses Bildes noch nichts gesagt. Mit Wittgenstein wäre vielmehr zu fragen: «Ist das unscharfe nicht oft gerade das, was wir brauchen?»

5 «Pechel, der Kerl begreift's nie!», soll Moeller van den Bruck nach einer Begegnung mit Hitler 1922 im nationalkonservativen Juni-Klub geäußert haben (vgl. Pechel 1947: 280).

6 So nennt beispielsweise George L. Mosse die «nationalsozialistische Liturgik» den «Höhepunkt der Entwicklung eines Kults, der sich über eineinhalb Jahrhunderte deutscher Geschichte erstreckt» (Mosse 1976: 212). Vgl. auch die Bestimmung der NS-«Religion» bei Vondung (1971).

7 Uwe-K. Ketelsen hat in seinem Buch *Literatur und Drittes Reich* in diesem Zusammenhang gegen mich den Einwand erhoben, durch eine solche Deutung der faschistischen Massenrituale werde «das Kleinbürgertum, der kulturell entscheidende Träger der nationalsozialistischen Massenbewegung, als eine passive Masse gedacht, ohne eigene geschichtliche Potenz, allein als ein Objekt, an dem der historische Prozeß sich vollzog» (Ketelsen 1994: 39). Dieser Einwand ist so unzutreffend, wie Ketelsens Vermutung abwegig ist, «hinterrücks» werde auf diese Weise die «Dimitroffsche Faschismustheorie» (ebd.: 41) tradiert. Es geht in diesem Kapitel allein um die Frage, was unter «Ästhetisierung des politischen Lebens» verstanden werden kann. Es geht mithin um die spezifische Qualität einer funktionalisierten nationalsozialistischen Ästhetik und die von ihr entwickelte Emblematik. Das ist ein zentraler und legitimer Akzent innerhalb einer umfassenden analytischen Perspektive, dem sich eine vulgärmarxistische Wiederbelebung Dimitroffs wohl nur mit einer überaus selektiven Optik ablesen läßt.

8 Vgl. hierzu den Beitrag von Fritz J. Raddatz, *Wir werden weiterdichten, bis alles in Scherben fällt . . . Der Beginn der deutschen Nachkriegsliteratur,* in: *Die Zeit,* Nr. 42, vom 12. 10. 1979. – Zur Kritik an Raddatz vgl. vor allem Walter Jens, *Vom Geist der Zeit. Kritik und Würdigung der Inneren Emigration im Dritten Reich,* in: *Die Zeit,* Nr. 47, vom 16. 11. 1979.

9 Dies ist der Begriff, von dem aus Helmut Arntzen seine Analyse der dreißiger Jahre konstruiert (vgl. Arntzen 1995).

10 Nach eigenen Angaben hat Ina Seidel dieses Bekenntnis zum 50. Geburtstag Hitlers (20. 4. 1939) verfaßt; es soll 1942 ohne ihr Wissen wieder abgedruckt worden sein (vgl. Wulf 1966: 405).

11 Diese von mir in ähnlicher Form bereits 1986 vorgetragene kritische Sicht auf Jochen Klepper nennt Emiko Dorothea Araki in ihrer Untersuchung *Jochen*

Klepper – Aufbruch zum ewigen Haus ein «Musterbeispiel besonders verzerrter und zugleich eilfertiger ideologiebedingter Aburteilung der Klepperschen Position» (Araki 1993: 170). Davon kann wohl nur dann die Rede sein, wenn man – wie die Verfasserin – ein religiös begründetes, affirmatives Verhältnis zu Person und Werk des Autors Jochen Klepper entwickelt hat. Deshalb sieht sie sich in ihrer Bochumer Dissertation allen Ernstes befugt, mich eines «praktischen Atheismus» (ebd.: 18) zeihen zu dürfen. Mein Urteil hält jedoch einer kritischen Nachprüfung anhand der Tagebücher Jochen Kleppers fraglos stand, ungeachtet der persönlichen Leidensgeschichte des Dichters im Dritten Reich, die außer Zweifel steht, hier aber nicht Gegenstand der Diskussion war.

12 Vgl. zu Wiechert auch die Darstellung bei Barbian (1993: 398 ff), der auch über Repressalien gegen Hans Grimm berichtet (ebd.: 403 ff).

13 Das gegen diese Überlegungen vorgetragene Argument: «Solche strukturellen Merkmale haben allgemeine Funktionen, die ideologisch nicht festlegbar sind» (Caemmerer / Delabar [Hg.] 1996: 11), dürfte kein stichhaltiger Einwand sein. Gerade Hanns Heinz Ewers, auf den die Autoren in diesem Zusammenhang hinweisen, bietet mit seiner Mischung aus Heroismus und Kolportage ein Exempel NS-spezifischer Literarästhetik. Daß Ewers diese Mischung im Stile einer Hagiographie inszeniert, wie im selben Band (ebd.: 215 ff) gezeigt wird, deutet zwar auf «allgemeine Funktionen» der genannten «strukturellen Merkmale», widerspricht aber nicht den hier entwickelten Thesen. Die in diesem Kapitel analysierten Beispiele «nationalsozialistischer Dichtung» geben einer spezifisch nationalsozialistischen Ästhetik Ausdruck und waren im Sinne faschistischer Herrschaftstechnik funktionalisierbar. Die derart instrumentalisierte NS-Literatur war freilich immer durch mehrere der genannten «strukturellen Merkmale» charakterisiert – erst deren Zusammenspiel ergibt die Spezifik der NS-Dichtung. Der von den Autoren als Beleg für die hier vorgetragenen Thesen postulierte «Umkehrschluß» («Texte mit diesen Eigenschaften sind NS-Texte», ebd.: 11) bildet insoweit kein hinreichendes erforderliches Kriterium zur Bestimmung «nationalsozialistischer Dichtung». Ein bloßer «Umkehrschluß» bliebe abstrakt. Selbstverständlich bedarf es der Prüfung im Einzelfall.

14 Ausführlich zu Begriff und Literatur der Inneren Emigration vgl. Schnell (1976). Zum Problem der Inneren Emigration vgl. ferner Brekle (1970: 67–118), Grimm (1972: 31–73), Hoffman (1973: 119–140), Grimm (1976; überarbeitete Fassung von Grimm [1972]). Zur Diskussion um den Begriff «Innere Emigration» vgl. auch Berglund (1980: 213 ff).

15 Vgl. in diesem Zusammenhang die Nachkriegskontroverse zwischen Frank Thieß und Thomas Mann, dokumentiert und kommentiert bei Grosser (Hg.) 1963). – Zur Urheberschaft des Begriffs «Innere Emigration» vgl. Grimm (1972: 42 ff).

16 Von 1939 bis 1942 wurde *Das einfache Leben*, trotz eines weitgehenden Schweigens der lizenzierten Buchbesprechung, in einer Auflage von mehr als einer Viertelmillion Exemplaren verbreitet (vgl. Reiner 1974: 165 und 168–170).

17 Soweit nicht anders vermerkt, werden die Briefe Georg Kaisers im folgenden nach den Originalhandschriften im Georg-Kaiser-Archiv der Berliner Akademie der Künste zitiert.

18 Mündliche Information des vormaligen Leiters des Archivs der Akademie der Künste in (West-)Berlin, Walther Huder.

19 Eine erweiterte Fassung der Aufzeichnungen Karla Höckers liegt vor unter dem Titel *Beschreibung eines Jahres. Berliner Notizen 1945*, Berlin 1984.

20 Zur wechselvollen Publikationsgeschichte dieser Aufzeichnungen vgl. das instruktive Nachwort von Jörg Drews (Friedrich 1984: 275 ff).

Literatur

Nachweise

Studien des Verfassers zum Thema Deutsche Literatur und Faschismus, deren Ergebnisse zum Teil in die vorliegende Darstellung eingegangen sind:

Literarische Innere Emigration 1933–1945, Stuttgart 1976.

Kunst und Kultur im deutschen Faschismus, Stuttgart 1978 (Hg.).

Die Zerstörung der Historie. Versuch über die Ideologiegeschichte faschistischer Ästhetik, in: Ralf Schnell (Hg.): Kunst und Kultur im deutschen Faschismus, Stuttgart 1978.

Natursymbolik und Seinstranszendenz in Reinhold Schneiders Las Casas vor Karl V, in: Carsten Peter Thiede (Hg.): Über Reinhold Schneider, Frankfurt am Main 1979.

Innere Emigration und kulturelle Dissidenz, in: Richard Löwenthal und Patrik von zur Mühlen (Hg.): Widerstand und Verweigerung in Deutschland 1933 bis 1945, Bonn 1982.

Das Leiden am Chaos. Zur Vorgeschichte der deutschen Nachkriegsliteratur, in: Ulrich Walberer (Hg.): 10. Mai 1933. Bücherverbrennung in Deutschland und die Folgen, Frankfurt am Main 1983.

Das verlorene Ich. Zur impliziten Poetik der Marie Luise Kaschnitz, in: Uwe Schweikert (Hg.): Marie Luise Kaschnitz, Frankfurt am Main 1984.

Hans Jürgen Syberbergs filmische Mythologie, in: Ästhetik und Kommunikation, 15. Jg. (1984), H. 56.

Traditionalistische Poetik, in: Ludwig Fischer (Hg.): Literatur in der Bundesrepublik Deutschland bis 1967, München 1986.

Zwischen Anpassung und Widerstand. Zur Literatur der Inneren Emigration im Dritten Reich, in: Thomas Bremer (Hg.): Europäische Literatur gegen den Faschismus 1922–1945, München 1986.

Was ist «nationalsozialistische Dichtung»?, in: Jörg Thunecke (Hg.): Leid der Worte – Panorama des literarischen Nationalsozialismus, Bonn 1987. – Vorabdruck (gekürzt) in: Merkur, 39. Jg. (1985), H. 435.

Die gescheiterte Hoffnung. Schriftsteller und Berlin – 1945, in: Knut Hickethier (Hg.): Mythos Berlin, Berlin 1987.

Dichtung in finsteren Zeiten, in: Hilmar Hoffmann/Heinrich Klotz (Hg.): Die Kultur unseres Jahrhunderts, Band 3: Das Dritte Reich und der Zweite Weltkrieg (1933–1945), Düsseldorf/Wien/New York 1991.

Zitierte Literatur

Theodor W. Adorno (1950): Auferstehung der Kultur in Deutschland?, in: Frankfurter Hefte, 5. Jg., H. 5. (Wieder abgedruckt in Theodor W. Adorno, Kritik. Kleine Schriften zur Gesellschaft, Frankfurt am Main 1971.)

Theodor W. Adorno (1970): Minima Moralia. Reflexionen aus dem beschädigten Leben, Frankfurt am Main.

Theodor W. Adorno (1974): Offener Brief an Rolf Hochhuth, in: Theodor W. Adorno: Noten zur Literatur IV, Frankfurt am Main.

Alfred Andersch (1948): Deutsche Literatur in der Entscheidung. Ein Beitrag zur Analyse der literarischen Situation, Karlsruhe.

Ruth Andreas-Friedrich (1984): Schauplatz Berlin. Tagebuchaufzeichnungen 1945 bis 1948, Frankfurt am Main.

Emiko Dorothea Araki (1993): Jochen Klepper – Aufbruch zum ewigen Haus, Frankfurt am Main u. a.

Hannah Arendt (1958): Elemente totaler Herrschaft, Frankfurt am Main.

Helmut Arntzen (1995): Ursprung der Gegenwart. Zur Bewußtseinsgeschichte der Dreißiger Jahre in Deutschland, Weinheim.

Jan-Pieter Barbian (1993): Literaturpolitik im «Dritten Reich». Institutionen, Kompetenzen, Betätigungsfelder, München.

Wilfried Barner (Hg.; 1994): Geschichte der deutschen Literatur von 1945 bis zur Gegenwart, München.

Emil Barth (1947): Lemuria. Aufzeichnungen und Meditationen, Hamburg.

Roland Barthes (1980): Leçon / Lektion, Frankfurt am Main.

Georges Bataille (1970): Nietzsche et les fascistes, in: Georges Bataille, Œuvres complètes I, Paris.

Georges Bataille (1978): Die psychologische Struktur des Faschismus. Die Souveränität, hg. von Elisabeth Lenk, München.

Walter Benjamin (1974 a): Ursprung des deutschen Trauerspiels, in: Gesammelte Schriften, Frankfurt am Main 1974, Bd. I. 1.

Walter Benjamin (1974 b): Das Kunstwerk im Zeitalter seiner technischen Reproduzierbarkeit, in: Gesammelte Schriften, a. a. O., Bd. I. 2.

Walter Benjamin (1974 c): Über den Begriff der Geschichte, in: Gesammelte Schriften, a. a. O., Bd. I. 2.

Gottfried Benn (1968 a): Probleme der Lyrik, in: Gesammelte Werke in acht Bänden, hg. von Dieter Wellershoff, Wiesbaden 1968, Bd. 4: Reden und Vorträge.

Gottfried Benn (1968 b): Rede auf Stefan George, in: Gesammelte Werke in acht Bänden, a. a. O., Bd. 4: Reden und Vorträge.

Gottfried Benn (1968 c): Antwort an die literarischen Emigranten, in: Gesammelte Werke in acht Bänden, Bd. 7: Vermischte Schriften.

Gottfried Benn (1968 d): Berliner Brief. Juli 1948, in: Gesammelte Werke in acht Bänden, a. a. O., Bd. 7: Vermischte Schriften.

Gottfried Benn (1968 e): Doppelleben, in: Gesammelte Werke in acht Bänden, a. a. O., Bd. 8: Autobiographische Schriften.

Gottfried Benn (1957): Ausgewählte Briefe, Wiesbaden.

Gottfried Benn (1977): Briefe an F. W. Oelze 1932–1945, Wiesbaden.

Werner Bergengruen (1935): Der Großtyrann und das Gericht, Hamburg.

Werner Bergengruen (1948): Im Anfang war das Wort, Freiburg.

Werner Bergengruen (1949 a): Rede über Goethe, Marburg.

Werner Bergengruen (1949 b): Dir zu gutem Jahrgeleit. Zürich.

Werner Bergengruen (1961): Schreibtischerinnerungen, Zürich.

Werner Bergengruen (1966): Dichtergehäuse. Aus den autobiographischen Aufzeichnungen. Stuttgart.

Gisela Berglund (1980): Der Kampf um den Leser im Dritten Reich. Die Literaturpolitik der ‹Neuen Literatur› (Will Vesper) und der ‹Nationalsozialistischen Monatshefte›, Worms.

Werner Beumelburg (1937): Reich und Rom. Aus dem Zeitalter der Reformation, Oldenburg i. O. / Berlin.

Charles Bloch (1970): Die SA und die Krise des NS-Regimes, Frankfurt am Main.

Ernst Bloch (1973): Erbschaft dieser Zeit, Frankfurt am Main.

Hans Blumenberg (1979): Arbeit am Mythos, Frankfurt am Main.

Alexander von Bormann (1976): Das nationalsozialistische Gemeinschaftslied, in: Horst Denkler / Karl Prümm (Hg.): Die deutsche Literatur im Dritten Reich. Themen, Traditionen, Wirkungen, Stuttgart.

Bertolt Brecht (1967 a): Über die Bezeichnung Emigranten, in: Gesammelte Werke in 20 Bänden, Frankfurt am Main 1967, Bd. 9.

Bertolt Brecht (1967 b): An die Nachgeborenen, in: Gesammelte Werke in 20 Bänden, a. a. O., Bd. 9.

Bertolt Brecht (1967 c): Der Messingkauf, in: Gesammelte Werke in 20 Bänden, a. a. O., Bd. 16.

Bertolt Brecht (1967 d): Fünf Schwierigkeiten beim Schreiben der Wahrheit, in: Gesammelte Werke in 20 Bänden, a. a. O., Bd. 18.

Bertolt Brecht (1967 e): Rede zum II. Internationalen Schriftstellerkongreß zur Verteidigung der Kultur, in: Bertolt Brecht, Gesammelte Werke in 20 Bänden, a. a. O., Bd. 18.

Bertolt Brecht (1973): Arbeitsjournal. Zweiter Band: 1942 bis 1955, hg. von Werner Hecht, Berlin / DDR 1973.

Wolfgang Brekle (1970): Die antifaschistische Literatur in Deutschland (1933–1945), in: Weimarer Beiträge, 11. Jg., H. 6.

Wolfgang Brekle (1990): Schriftsteller im antifaschistischen Widerstand 1933–1945 in Deutschland, 2. Aufl., Berlin / Weimar.

Hildegard Brenner (1964): Was ist nationalsozialistische Literatur?, in: alternative, 7. Jg., H. 36.

Hildegard Brenner (1972): Ende einer bürgerlichen Kunst-Institution. Die politische Formierung der Preußischen Akademie der Künste ab 1933, Stuttgart.

Stefan Breuer (1995): Ästhetischer Fundamentalismus. Stefan George und der deutsche Antimodernismus, Darmstadt.

Georg Britting (1948): Der irdische Tag, München.

Karl Bröger (1943): Sturm und Erhebung, Jena.

Wilhelm Busch (1974): Die Fromme Helene, in: Gesamtausgabe in vier Bänden, hg. von Friedrich Bohne, 2. Aufl., Wiesbaden, Bd. II.

Christiane Caemmerer, Walter Delabar (Hg.; 1996): Dichtung im Dritten Reich? Zur Literatur in Deutschland 1933–1945, Opladen.

Elias Canetti (1980): Masse und Macht, Frankfurt am Main.

Elias Canetti (1962): Gespräch mit Theodor W. Adorno, Norddeutscher Rundfunk, 3. Programm (Wiederholungssendung vom 20. 5. 1984).

Hans Carossa (1938 a): Einsamkeit und Gemeinschaft, in: Bücherkunde, 5. Jg., H. 12.

Hans Carossa (1938 b): Wirkungen Goethes in der Gegenwart, Leipzig.

Hans Carossa (1951): Ungleiche Welten, Wiesbaden.

Richard Drews / Alfred Kantorowicz (Hg.; 1947): verboten und verbrannt. Deutsche Literatur – 12 Jahre unterdrückt, Berlin / München.

Henning Eichberg et al. (1977): Massenspiele. NS-Thingspiel, Arbeiterweihespiel und olympisches Zeremoniell, Stuttgart.

Paul Éluard (1968): Poésie et vérité 1942, in: Œuvres complètes, Paris, Bd. I.

Wolfgang Emmerich (1977): «Massenfaschismus» und die Rolle des Ästhetischen. Faschismustheorie bei Ernst Bloch, Walter Benjamin und Bertolt Brecht, in: Lutz Winkler (Hg.): Antifaschistische Literatur. Programme Autoren Werke, Kronberg / Ts., Bd. 1.

Wolfgang Emmerich (1996): Kleine Literaturgeschichte der DDR, Leipzig.

Erik H. Erikson (1975): Der junge Mann Luther. Eine psychoanalytische und historische Studie, Frankfurt am Main.

Richard Euringer (1933): Deutsche Passion 1933, Berlin.

Konrad Feilchenfeldt (1986): Exilliteratur 1933–1945. Kommentar zu einer Epoche, München.

Joachim C. Fest (1973): Hitler. Eine Biographie, Berlin.

Joachim C. Fest (1995): Zeitgenosse Hitler. Versuch, das Unbegreifliche begreifbar zu machen, in: Frankfurter Allgemeine Zeitung vom 7. Oktober 1995.

Werner Finck (1947): Kautschbrevier, Berlin.

Werner Finck (1965): Finckenschläge, 2. Aufl., Berlin.

Sigmund Freud (1969): Neue Folge der Vorlesungen zur Einführung in die Psychoanalyse, Studienausgabe, Frankfurt am Main, Bd. 1.

Max Frisch (1950): Tagebuch 1946–1949, Frankfurt am Main.

Franz Fühmann (1976): Das mythische Element in der Literatur, in: Franz Fühmann, Erfahrungen und Widersprüche. Versuche über Literatur, Frankfurt am Main.

Sander L. Gilman (1993): Jüdischer Selbsthaß. Antisemitismus und die verborgene Sprache der Juden, Frankfurt am Main.

Joseph Goebbels (1939): Rede zur Eröffnung der Reichskulturkammer, in: Paul Meier–Benneckenstein (Hg.): Dokumente der deutschen Politik, Berlin, Bd. I.

Albrecht Goes (1949): Von Mensch zu Mensch. Bemühungen, Berlin.

Albrecht Goes (1953): Im Dornburger Licht, in: Albrecht Goes: Vertrauen in das Wort. Drei Reden, Frankfurt am Main.

Daniel Jonah Goldhagen (1996): Hitlers willige Vollstrecker. Ganz gewöhnliche Deutsche und der Holocaust, Berlin.

Lucien Goldmann (1970): Soziologie des Romans, Neuwied/Berlin.

Heinrich Graetz (1907): Geschichte der Juden von den ältesten Zeiten bis auf die Gegenwart, 4. Aufl., Leipzig, Bd. IV.

Reinold Grimm (1972): Innere Emigration als Lebensform, in: Reinhold Grimm/Jost Hermand (Hg.): Exil und innere Emigration. Third Wisconsin Workshop, Frankfurt am Main.

Reinhold Grimm (1976): Im Dickicht der inneren Emigration, in: Horst Denkler/Karl Prümm (Hg.): Die deutsche Literatur im Dritten Reich, Stuttgart.

J. F. G. Grosser (Hg.; 1963): Die große Kontroverse. Ein Briefwechsel um Deutschland, Hamburg.

Herbert Grundmann (1927): Studien über Joachim von Floris, Berlin.

Herbert Grundmann (1950): Neue Studien über Joachim von Fiore, Marburg.

Jürgen Habermas (1987): Eine Art Schadensabwicklung. Kleine politische Schriften VI, Frankfurt am Main.

Rudolf Hagelstange (1953): Es steht in unserer Macht. Gedachtes und Erlebtes, München.

Rudolf Hagelstange (1954): Venezianisches Credo, Wiesbaden.

Rudolf Hagelstange (1961): Die Form als erste Entscheidung, in: Hans Bender (Hg.): Mein Gedicht ist mein Messer. Lyriker zu ihren Gedichten, München.

Günter Hartung (1968): Über die deutsche faschistische Literatur, in: Weimarer Beiträge, 14. Jg., H. 2, Sonderheft 2, H. 3.

Wolfgang Fritz Haug (1970): Der hilflose Antifaschismus. Zur Kritik der Vorlesungsreihen über Wissenschaft und NS an deutschen Universitäten, 3. Aufl., Frankfurt am Main.

Manfred Hausmann (1947): Von der dreifachen Natur des Buches, München.

G. W. F. Hegel (1970 a): Grundlinien der Philosophie des Rechts oder Naturrecht und Staatsrecht im Grundrisse, Theorie Werkausgabe, Fankfurt am Main, Bd. 7.

G. W. F. Hegel (1970 b), Vorlesungen über die Ästhetik I, Theorie Werkausgabe, a. a.O., Bd. 13.

Heinrich Heine (1968 a): Almansor. Eine Tragödie, in: Sämtliche Werke, hg. von Klaus Briegleb, Bd. 1, München.

Heinrich Heine (1968 b): Der Rabbi von Bacharach. Ein Fragment, in: Sämtliche Werke, a. a. O., Bd. 1.

Heinrich Heine (1968 c): Zum ‹Rabbi von Bacharach›, in: Sämtliche Werke, a. a. O., Bd. 1.

Heinrich Heine (1971 a): Ludwig Börne. Eine Denkschrift, in: Sämtliche Werke, a. a. O., Bd. 4.

Heinrich Heine (1971 b): Deutschland. Ein Wintermärchen, in: Heinrich Heine, Sämtliche Werke, a. a. O., Bd. 4.

Manfred Henningsen (1997): Die Regime des Terrors, in: Merkur 575, 51. Jg., H. 2.

Historikerstreit (1987): «Historikerstreit». Die Dokumentation der Kontroversen um die Einzigartigkeit der nationalsozialistischen Judenvernichtung, München, Zürich.

Adolf Hitler (1942): Mein Kampf, 640.–650. Aufl., München.

Adolf Hitler (1934): Rede vor dem Reichstag am 23. März 1933, in: Verhandlungen des Reichstags. VII. Wahlperiode 1933, Berlin, Bd. 457.

Karla Höcker (1947): Aus einem Berliner Tagebuch, in: Walther G. Oschilewski/Lothar Blanvalet (Hg.): Berliner Almanach 1947, Berlin.

Karla Höcker (1984): Beschreibung eines Jahres. Berliner Notizen 1945, Berlin.

Charles W. Hoffman (1973): Opposition und Innere Emigration. Zwei Aspekte des «Anderen Deutschlands», in: Peter Uwe Hohendahl/Egon Schwarz (Hg.): Exil und Innere Emigration. II. Internationale Tagung in St. Louis, Frankfurt am Main.

Norbert Hopster (1994): Das «Dritte Reich»: «Gesamtkunstwerk» oder ästhetisch inszenierte «Ganzheit»?, in: Hans Günther (Hg.): Gesamtkunstwerk. Zwischen Synästhesie und Mythos, Bielefeld.

Max Horkheimer und Theodor W. Adorno (1947): Dialektik der Aufklärung. Philosophische Fragmente, Amsterdam.

Institut für Sozialforschung (Hg. 1974): Soziologische Exkurse. Nach Vorträgen und Diskussionen, 3. Aufl., Frankfurt am Main.

Inge Jens, Dichter zwischen rechts und links. Die Geschichte der Sektion für Dichtkunst der Preußischen Akademie der Künste, dargestellt nach den Dokumenten, München 1971.

Walter Jens (1979): Vom Geist der Zeit. Kritik und Würdigung der Inneren Emigration im Dritten Reich, in: Die Zeit, Nr. 47, vom 16. 11. 1979.

Joachim von Fiore (1955): Das Reich des Heiligen Geistes, Bearbeitung Alfons Rosenberg, München–Planegg.

Ernst Jünger (1939): Auf den Marmor-Klippen, Hamburg.

Ernst Jünger (1964): Die Hütte im Weinberg, in: Werke, Stuttgart, Bd. 3.

Martin Jürgens (1970): Der Staat als Kunstwerk. Bemerkungen zur «Ästhetisierung der Politik», in: Kursbuch 20.

Erich Kästner (1966 a): Noch immer kein Wiedersehen mit Berlin, in: Kästner für Erwachsene, hg. von Rudolf Walter Leonhardt, Frankfurt am Main.

Erich Kästner (1966 b): Weihnachtsschwarzmarkt in Berlin, in: Kästner für Erwachsene, a. a. O.

Georg Kaiser (1969): Die Gasgesellschaft – illegale Flugblätter, Berlin (West).

Georg Kaiser (1971): Werke, hg. von Walter Huder, Frankfurt am Main/Berlin/Wien.

Hermann Kasack (1951): Oskar Loerke: Charakterbild eines Dichters, in: Akademie der Wissenschaften und der Literatur. Abhandlungen der Klasse der Literatur, Nr. 2, Wiesbaden.

Hermann Kasack (1956): Oskar Loerke, in: Hermann Kasack: Mosaiksteine. Beiträge zur Literatur und Kunst, Frankfurt am Main.

Uwe.-K. Ketelsen (1978): Nationalsozialismus und Drittes Reich, in: Walter Hinderer (Hg.): Geschichte der politischen Lyrik, Stuttgart.

Uwe-K. Ketelsen (1994): Literatur und Drittes Reich, 2. Aufl., Greifswald.

Victor Klemperer (1995 a): Ich will Zeugnis ablegen bis zum letzten. Tagebücher 1933–1945, Berlin.

Victor Klemperer (1995 b): Zwiespältiger denn je. Dresdner Tagebuch 1945, Juni bis Dezember, Dresden.

Jochen Klepper (1956): Unter dem Schatten Deiner Flügel. Aus den Tagebüchern der Jahre 1932–1942, hg. von Hildegard Klepper, Stuttgart.

Alexander Kluge (1978): Schlachtbeschreibung. Der organisatorische Aufbau eines Unglücks, München.

Otto Koellreutter (1934): Der deutsche Führerstaat, Tübingen.

Karl Kraus (1933): Die Fackel, 25. Jg., Nr. 888.

Michael Kretschmer (1979): Die Dichterrolle als Reflexionsmedium literarischer Praxis in Deutschland 1945–1950, in: Poetica, 11. Jg., H. 1/2.

Fritz H. Landshoff (1983): Gespräch, in: Klaus Schöffling (Hg.): Dort wo man Bücher verbrennt, Frankfurt am Main.

Julius Langbehn (1890): Rembrandt als Erzieher. Von einem Deutschen, 13. Aufl., Leipzig.

Hellmuth Langenbucher (1937): Volkhafte Dichtung der Zeit, 3. Aufl., Berlin.

Hellmuth Langenbucher (1938): Deutsches Schrifttum – politisch gesehen, in: Nationalsozialistische Bibliographie, H. 3.

Elisabeth Langgässer (1947): Schriftsteller unter der Hitler-Diktatur, in: Ost und West, 1. Jg., H. 4.

Ilse Langner (1947): Mutter Berlin und ihre Töchter, in: Walther G. Oschilewski/Lothar Blanvalet (Hg.): Berliner Almanach 1947, Berlin.

Gertrud von Le Fort (1949): Unser Weg durch die Nacht. Worte an meine Schweizer Freunde (o. O.).

Gertrud von Le Fort (1951): Aufzeichnungen und Erinnerungen, Zürich.

Wilhelm Lehmann (1961): Sämtliche Werke in drei Bänden, Gütersloh.

Gotthold Ephraim Lessing (1979): Die Erziehung des Menschengeschlechts, in: Werke, hg. von Herbert G. Göpfert, München, Bd. 8.

Theodor Lessing (1930): Der jüdische Selbsthaß, Berlin.

Walther Linden (1937): Geschichte der deutschen Literatur von den Anfängen bis zur Gegenwart, Leipzig.

Oskar Loerke (1955): Tagebücher 1903–1939, hg. von Hermann Kasack, Heidelberg/Darmstadt.

Oskar Loerke (1958): Gedichte und Prosa, hg. von Peter Suhrkamp, Frankfurt am Main, Bd. I.

Ernst Loewy (1969): Literatur unterm Hakenkreuz. Das Dritte Reich und seine Dichtung. Eine Dokumentation, Frankfurt am Main.

Friedrich Luft (1965): Berlin 1945, in: Hans Rauschning (Hg.): 1945 – Ein Jahr in Dichtung und Bericht, Frankfurt am Main.

Georg Lukács (1971): Die Theorie des Romans. Ein geschichtsphilosophischer Versuch über die Formen der großen Epik, Darmstadt / Neuwied.

Georg Lukács (1974): Die Zerstörung der Vernunft, in: Werke, Bd. 9, Darmstadt / Neuwied.

Golo Mann (1982): Wilhelm Busch, in: Wilhelm-Busch-Jahrbuch.

Heinrich Mann (1974): Brief an den Kongreß der Sowjetschriftsteller (13. Juni 1934), in: G. Schramm / H. J. Schmitt (Hg.): Sozialistische Realismuskonzeptionen. Dokumente zum 1. Allunionskongreß der Sowjetschriftsteller, Frankfurt am Main.

Klaus Mann (1934): Die Sammlung, in: Die Sammlung, 1. Jg., H. 1.

Thomas Mann (1968 a): Briefe an Karl Kerényi, in: Thomas Mann, Autobiographisches, Frankfurt am Main.

Thomas Mann (1968 b): Warum ich nicht nach Deutschland zurückgehe, in: Thomas Mann, Politische Schriften und Reden, Frankfurt am Main.

Herbert Marcuse (1968): Über den affirmativen Charakter der Kultur, in: Herbert Marcuse, Kultur und Gesellschaft I, 8. Aufl., Frankfurt am Main.

Herbert Marcuse (1972): Vernunft und Religion. Hegel und die Entstehung der Gesellschaftstheorie, Darmstadt / Neuwied.

Karl Marx (1969): Das Kapital. Erster Band (= MEW 23), Berlin / DDR.

Karl Marx (1972): Einleitung zur Kritik der politischen Ökonomie (= MEW 13), Berlin / DDR.

Karl Marx (1974): Grundrisse der Kritik der politischen Ökonomie (Rohentwurf) 1857–1858, Berlin / DDR.

Julius Marx (1970): Georg Kaiser, ich und die anderen. Ein Bericht in Tagebuchfom, Gütersloh.

Taeko Matsushita (1989): Rezeption der Literatur des Dritten Reichs im Rahmen der kulturspezifischen und kulturpolitischen Bedingungen Japans 1933–1945, Saarbrücken / Fort Lauderdale.

Hans Mayer (1975): Außenseiter, Frankfurt am Main.

Christoph Meckel (1980): Suchbild. Über meinen Vater, Hamburg.

Christian Meier (1996): Erinnern – Verdrängen – Vergessen, in: Merkur 570 / 571, 50. Jg.

Herybert Menzel (1939): Gedichte, in: Paul Gerhardt Dippel (Hg.): Künder und Kämpfer. Die Dichter des neuen Deutschland, München.

Robert Minder (o. J.): Soziologie der deutschen und französischen Lesebücher, in: Minotaurus. Dichtung unter den Hufen von Staat und Industrie, hg. von Alfred Döblin, Wiesbaden.

Arthur Moeller van den Bruck (1931): Das dritte Reich, 3. Aufl., Hamburg.

George L. Mosse (1976): Die Nationalisierung der Massen. Politische Symbolik und Massenbewegungen in Deutschland von den Napoleonischen Kriegen bis zum Dritten Reich, Frankfurt / M. / Berlin / Wien.

George L. Mosse (1980): Faschismus und Avantgarde, in: Reinhold Grimm/Jost Hermand (Hg.): Faschismus und Avantgarde, Königstein/ Ts.

Heiner Müller (1978): Hamletmaschine, in: Heiner Müller, Mauser, Berlin.

Friedrich Nietzsche (1980 a): Unzeitgemässe Betrachtungen. in: Sämtliche Werke. Kritische Studienausgabe, hg. von Giorgio Colli/Mazzino Montinari, München, Bd. 1.

Friedrich Nietzsche (1980 b): Die Geburt der Tragödie, in: Sämtliche Werke, a. a. O., Bd. 1.

Hans Erich Nossack (1966): Die schwache Position der Literatur. Reden und Aufsätze, Frankfurt am Main.

Karl O. Paetel (1946): Deutsche innere Emigration. Antinationalsozialistische Zeugnisse aus Deutschland. Mit Originalbeiträgen von Carl Zuckmayer und Dorothy Thompson (= Vierter Band der Dokumente des anderen Deutschland, hg. von Friedrich Krause), New York.

Rudolf Pechel (1947): Deutscher Widerstand, Erlenbach/Zürich.

Rudolf Pechel (1948): Sibirien, in: Rudolf Pechel, Zwischen den Zeilen. Der Kampf einer Zeitschrift für Freiheit und Recht 1932–1942, Wiesentheid.

Helmut Peitsch (1982): Politisierung der Literatur oder «geistige Freiheit»? Materialien zu den Literaturverhältnissen in den Westzonen, in: Jost Hermand/Helmut Peitsch/Klaus R. Scherpe (Hg.): Nachkriegsliteratur in Westdeutschland 1945–49, Berlin.

Jan Petersen (1967): Unsere Straße. Eine Chronik. Geschrieben im Herzen des faschistischen Deutschlands 1933/34, Berlin (DDR)/Weimar.

Manfred Pohlen (1983): Zu den Wurzeln von Gewalt, in: Peter Passett/ Emilio Modena (Hg.): Krieg und Frieden aus psychoanalytischer Sicht, Frankfurt am Main.

Fritz J. Raddatz (1979): Wir werden weiterdichten, bis alles in Scherben fällt ... Der Beginn der deutschen Nachkriegsliteratur, in: Die Zeit, Nr. 42, vom 12. 10. 1979.

Hans Rauschning (Hg.; 1965): 1945 – Ein Jahr in Dichtung und Bericht, Frankfurt am Main.

Friedrich Percyval Reck-Malleczewen (1937): Bockelson. Geschichte eines Massenwahns, Berlin.

Friedrich Percyval Reck-Malleczewen (1966): Tagebuch eines Verzweifelten, Stuttgart.

Martin Rector (1978): Über die allmähliche Verflüchtigung einer Identität beim Schreiben. Überlegungen zum Problem des «Renegatentums» bei Max Barthel, in: Ralf Schnell (Hg.): Kunst und Kultur im deutschen Faschismus, Stuttgart.

Wilhelm Reich (1933): Massenpsychologie des Faschismus. Zur Sexualökonomie der politischen Reaktion und zur proletarischen Sexualpolitik, Kopenhagen/Prag/Zürich.

Guido Reiner (1974): Ernst Wiechert im Dritten Reich. Eine Dokumentation, Paris.

Leni Riefenstahl (1935): Hinter den Kulissen des Reichsparteitages, München.

Gerd Rühle (1935): Das Dritte Reich. Dokumentarische Darstellung des Aufbaues der Nation, Berlin.

Oda Schaefer (1970): Auch wenn du träumst, gehen die Uhren. Lebenserinnerungen, München.

Hans Dieter Schäfer (1981): Das gespaltene Bewußtsein. Deutsche Kultur und Lebenswirklichkeit 1933–1945, München.

Edzard Schaper (1952): Untergang und Verwandlung. Betrachtungen und Reden, München.

Carl Schmitt (1933): Staat. Bewegung. Volk. Die Dreigliederung der politischen Einheit, Hamburg.

Carl Schmitt (1938): Der Leviathan in der Staatslehre des Thomas Hobbes. Sinn und Fehlschlag eines politischen Symbols, Hamburg.

Reinhold Schneider (1938): Las Casas vor Karl V. Szenen aus der Konquistadorenzeit, Leipzig.

Ralf Schnell (1976): Literarische Innere Emigration 1933–1945, Stuttgart 1976.

Ralf Schnell (1984), Das verlorene Ich. Zur impliziten Poetik der Marie Luise Kaschnitz, in: Uwe Schweikert (Hg.): Marie Luise Kaschnitz, Frankfurt am Main.

Ralf Schnell (1989): Die verkehrte Welt. Literarische Ironie im 19. Jahrhundert, Stuttgart.

Ralf Schnell (1993): Geschichte der deutschsprachigen Literatur seit 1945, Stuttgart / Weimar.

Ralf Schnell (1996): Heinrich Heine zur Einführung, Hamburg.

Albrecht Schöne (1972): Über politische Lyrik im 20. Jahrhundert. Mit einem Textanhang, 2. Aufl., Göttingen.

Franz Schonauer (1961): Deutsche Literatur im Dritten Reich. Versuch einer Darstellung in polemisch-didaktischer Absicht, Olten / Freiburg.

Hubert Schrade (1934): Der Sinn der künstlerischen Aufgabe und politischer Architektur, in: Nationalsozialistische Monatshefte, 5. Jg.

Jürgen Schröder (1978): Gottfried Benn. Poesie und Sozialisation, Stuttgart.

Rudolf Alexander Schröder (1945): Der Mann und das Jahr. Ein Nachtgespräch / Silvester 1945, Berlin.

Rudolf Alexander Schröder (1947): Vom Beruf des Dichters in der Zeit, in: Merkur, 1. Jg., H. 6.

Gerhard Schumann (1934): Fahne und Stern. Gedichte. München.

Gerhard Schumann (1935): Die Lieder vom Reich, München.

Gerhard Schumann (1936): Wir aber sind das Korn. Gedichte, München.

Gerhard Schumann (1943): Politische Kunst?, in: Gerhard Schumann, Ruf und Berufung, München.

Peter Schwerber (1932): Nationalsozialismus und Technik. Die Geistigkeit der nationalsozialistischen Bewegung (= Nationalsozialistische Bibliothek, H. 21), 2. Aufl., München.

Heimo Schwilk/Ulrich Schacht (Hg.; 1994): Die selbstbewußte Nation. «Anschwellender Bocksgesang» und weitere Beiträge zu einer deutschen Debatte, Frankfurt am Main/Berlin.

Friedrich Sieburg (1935): Robespierre, Frankfurt am Main.

Alfred Sohn-Rethel (1973): Ökonomie und Klassenstruktur des deutschen Faschismus, Frankfurt am Main.

Kurt Sontheimer (1962): Antidemokratisches Denken in der Weimarer Republik, München.

Albert Speer (1970): Albert Speer spricht über Architektur und Dramaturgie der nationalsozialistischen Selbstdarstellung (= Veröffentlichung Nr. 1344/1975 des Instituts für den Wissenschaftlichen Film), Göttingen.

Albert Speer (1975): Spandauer Tagebücher, Frankfurt am Main/Berlin/Wien.

Heinz Steguweit (1937): Und alles ist Melodie. Verse, Lieder und Balladen, Hamburg.

Rainer Stollmann (1978): Ästhetisierung der Politik. Literaturstudien zum subjektiven Faschismus, Stuttgart.

Botho Strauß (1994): Anschwellender Bocksgesang. in: Heimo Schwilk/Ulrich Schacht (Hg.): Die selbstbewußte Nation. «Anschwellender Bocksgesang» und weitere Beiträge zu einer deutschen Debatte, Frankfurt am Main, Berlin.

Dietrich Strothmann (1968): Nationalsozialistische Literaturpolitik. Ein Beitrag zur Publizistik im Dritten Reich, 3. Aufl., Bonn.

Hans Jürgen Syberberg (1981): Die freudlose Gesellschaft. Notizen aus dem letzten Jahr, München.

Klaus Theweleit (1978): Männerphantasien, Bd. 2, Frankfurt am Main.

Klaus Theweleit (1991): Buch der Könige, Band 1: Orpheus und Eurydike, 2. überarb. Aufl., Basel/Frankfurt am Main.

Klaus Theweleit (1994): Buch der Könige, Band 2: Orpheus am Machtpol, Basel/Frankfurt am Main.

Friedrich Timm (1937): Zu den Fragen der antifaschistischen Literatur, in: Das Wort, 2. Jg., H. 4/5.

Friedrich Tomberg (1974): Konservative Wegbereitung des Faschismus in der politischen Philosophie Carl Schmitts, in: Das Argument 87, 16. Jg., H. 7–9.

Will Vesper (Hg.; 1940): Die Ernte der Gegenwart. Deutsche Lyrik von heute, Ebenhausen bei München.

Klaus Vondung (1971): Magie und Manipulation. Ideologischer Kult und politische Religion des Nationalsozialismus, Göttingen.

Robert Weimann (1974): Literaturgeschichte und Mythologie. Methodologische und historische Studien, Berlin (DDR)/Weimar.

Günther Weisenborn (1947): Aus dem «Berliner Totentanz», in: Walther G. Oschilewski/Lothar Blanvalet (Hg.): Berliner Almanach 1947, Berlin.

Peter Weiss (1985): Die Besiegten, Frankfurt am Main.

Dieter Wellershoff (1976): Gottfried Benn. Phänotyp dieser Stunde, München.

Peter Werbick (1978): Der faschistische historische Roman in Deutschland, in: Ralf Schnell (Hg.): Kunst und Kultur im deutschen Faschismus, Stuttgart.

Wolfgang Weyrauch (1947): Ode an Berlin, in: Walther G. Oschilewski/ Lothar Blanvalet (Hg.): Berliner Almanach 1947, Berlin.

Ernst Wiechert (1939): Das einfache Leben, München.

Ernst Wiechert (1949): Jahre und Zeiten. Erinnerungen, Erlenbach/Zürich.

Gero von Wilpert (Hg.; 1963): Lexikon der Weltliteratur. Biographisch-bibliographisches Handwörterbuch nach Autoren und anonymen Werken, Stuttgart.

Karsten Witte (1979): Gebremste Schaulust. Momente des deutschen Revuefilms, in: Wir tanzen um die Welt. Deutsche Revuefilme 1933–1945, Zusammengestellt von Helga Belach, München.

Karsten Witte (1995): Lachende Erben, Toller Tag. Filmkomödie im Dritten Reich, Berlin.

Joseph Wulf (1966): Literatur und Dichtung im Dritten Reich. Eine Dokumentation, Reinbek.

Carl Zuckmayer (1966): Als wärs ein Stück von mir. Horen der Freundschaft, Frankfurt am Main.

Namenregister

Eine Auswahl